T0169800

Bernard Andrieu, philosophe, est professeur à l'université Paris Cité et directeur de l'URP 3625 « Institut des Sciences du Sport-Santé de Paris ».

AU CONTACT DU VIVANT

DANS LA MÊME COLLECTION

ANDRIEU B., *La langue du corps vivant. Émersiologie 2*, 2018

ANDRIEU B., *Sentir son corps vivant. Émersiologie 1*, 2016.

BENOIST J., *L'adresse du réel*, 2017.

BOURGEOIS B., *Sept questions politiques du jour*, 2017.

CASTILLO M., *Faire renaissance. Une éthique publique pour demain*, 2016.

FISCHBACH F., *Après la production. Travail, nature et capital*, 2019.

FISCHBACH F., *Philosophies de Marx*, 2015.

GABRIEL M., *Propos réalistes*, 2020.

HOTTOIS G., *Le signe et la technique. La philosophie à l'épreuve de la technique*, 2018.

KERVÉGAN J.-Fr., *La raison des normes. Essai sur Kant*, 2015.

LAUGIER S., *Wittgenstein, Politique de l'ordinaire*, 2021.

MEYER M., *Principia Politica. Histoire, économie et société*, 2022.

MEYER M., *Qu'est-ce que la philosophie ?*, 2018.

MULLER R., *Puissance de la musique*, 2021.

POUIVET R., *L'éthique intellectuelle. Une épistémologie des vertus*, 2020.

POUIVET R., *Après Wittgenstein, saint Thomas ?*, 2014.

MOMENTS PHILOSOPHIQUES

Bernard ANDRIEU

AU CONTACT DU VIVANT
ÉMERSIOLOGIE 3

Ouvrage publié avec le soutien du URP 3625
« Institut des Sciences du Sport-Santé Paris »

PARIS
LIBRAIRIE PHILOSOPHIQUE J. VRIN
6 place de la Sorbonne, V e
2023

© *Librairie Philosophique J. VRIN*, 2023
Imprimé en France
ISSN 1968-1178
ISBN 978-2-7116-3120-9
www.vrin.fr

INTRODUCTION

À la mémoire de Dominique Lecourt

La pensée du vivant doit tenir du vivant l'idée du vivant [1].

Ce à quoi personnellement je tiens le plus et qui me procure la plus grande émotion, c'est le contact [2].

Les philosophes, que nous étudions ici, peuvent être vus comme des précurseurs de l'émersiologie, en ce sens qu'ils ont, chacun dans le contexte de son époque, défini ce qui émerge de l'activité du vivant, en soulignant la discontinuité entre l'activité du corps vivant et la perception du corps vécu. Une vie philosophique n'échappe pas au vivant; philosopher, c'est autant apprendre à vivre qu'à mourir. Le philosophe, comme les autres, ressent la puissance et l'intensité de ce qui advient involontairement dans son corps à travers la passion, la colère, l'orgasme, l'hallucination, la douleur ou l'imagination. Nous sommes au contact du vivant par l'expérience corporelle que nous faisons du monde,

---

1. G. Canguilhem, *La connaissance de la vie*, Paris, Vrin, 1965, p. 13.
2. E. Snowden, *Mémoires vives*, Paris, Seuil, 2019, p. 12.

des autres et de nous-mêmes. Si une certaine sensibilité philosophique favorise ce contact par immersion dans les logiques des corps vivants, le philosophe liera l'écriture sur le corps avec l'écriture de son corps dans une sorte de formation idiosyncrasique plutôt que dans un aveu testimonial.

L'expérience de la philosophie, comme nous le montrons ici, est dans ce corps à corps avec notre vivant : par son imagination, la philosophie parvient à en extraire des concepts en les hypostasiant en abstractions. Mais pour qui, de son poêle ou de sa grotte, de sa maladie ou de ses passions, est habité par ce vivant surprenant, la philosophie tient alors, depuis Sénèque, Montaigne ou Hélène Cixous, le journal de ces émersions. Ici, nous avons retenu les idées de leur corps [1], à ceux et celles qui, depuis leur corps, inventent des concepts pour sortir du chaos, de Carnap à Deleuze, afin de dégager la logique corporelle.

La logique du vivant nous traverse plutôt que nous ne traversons la vie. Avec l'émersiologie, nous savons que sentir ce corps vivant implique à la fois son accueil bien involontaire par notre sensibilité interne et une empathie spontanée avec les autres espèces et individus. Apprendre à voir le point de vue du vivant [2] est, depuis les naturalistes Humboldt, Darwin, Lamarck, Diane Fossey [3] mais aussi les philosophes John Muir, Thoreau, Rachel Carlson, Arne Naess, Catherine et Raphaël Larrère, Jean-Marc Drouin, Donna Haraway, Vinciane Despret, Hicham-Stéphane

---

1. B. Andrieu, *Avant moi. Les idées de mon corps, 1959-1969*, Paris, L'Harmattan, 2020.

2. E. Zhong Mengual, *Le point de vue du vivant*, *Apprendre à voir*, Paris, Actes Sud, 2021.

3. D. Fossey, *Treize ans chez les gorilles*, Paris, Presses de la cité, 1983.

Afeissa[1], Benoit Grison[2]… un mode d'existence pour définir une écologie plus immersive que contemplative. La collection de plantes et d'animaux dans des histoires naturelles, comme Buffon a pu le réaliser, aura nourri aussi la réflexion des philosophes sur le vivant : ainsi la plante est pour le ou la philosophe[3] le moyen d'une réflexion sur l'origine de la vie. La plante, entre l'animal et l'homme, est une philosophie du végétal[4]. Le vivant comme modèle, pour un biomimétisme radical[5], inspire autant les formes que les flux.

Depuis la cabane de Thoreau au milieu de la nature, il faudrait dépasser – est-ce seulement possible – l'analogie ou la comparaison, pour éviter ce que Kant définissait déjà comme une confusion entre le jugement déterminant et le jugement réfléchissant. Réfléchir au vivant, ce n'est jamais le vivre comme tel. Imaginer « l'autobiographie d'un poulpe »[6], « être sur la piste animale »[7] ou « habiter en oiseau » n'est plus seulement une simulation ou une expérience de pensée, cela voudrait être une expérience hétérocentrée d'un autre corps. Se mettre dans la peau de l'autre est une forme d'ensauvagement qui nous permet d'être en osmose avec la nature.

1. H. S. Afeissa, *Nouveaux fronts écologiques Essais d'éthique environnementale et de philosophie animale*, Paris, Vrin, 2012.

2. B. Grison, *Les portes de la perception animale*, Paris, Delachaux et Niestlé, 2021.

3. M. Marder, *La plante du philosophe. Un herbier intellectuel*, Paris, Mimesis, 2020.

4. G. Hierniaux (éd.), *Textes clés de philosophie du végétal. Botanique, épistémologie, ontologie*, Paris, Vrin, 2021.

5. G. Chapelle, M. Decoust, *Le vivant comme modèle comme un biomimétisme radical*, Paris, Albin Michel, 2020, p. 255.

6. V. Desprès, *Autobiographie d'un poulpe*, Arles, Actes Sud, 2021.

7. B. Morizot, *Sur la piste animale*, Arles, Actes Sud, 2018.

Pourtant le vivant est déjà en nous! L'émersiologie analyse cette mouvance vivace qui écologise et adapte notre corps dans le cours de ses interactions. Rien n'est stable ni permanent dans le vivant de notre corps. Émersent ainsi des sensations internes jusqu'à la conscience sans que nous n'en contrôlions le rythme, le contenu et la forme. Cette créativité fournit les idées de notre corps. Sans parvenir à déterminer ce qui nous rend vivant, l'émersiologie en dresse le récit en première personne selon la manière dont le sujet est affecté par cet éveil de sa conscience.

Ainsi, se mettre au contact de son vivant, rappeler que « rien de ce qui est vivant ne m'est étranger »[1], aura modifié le projet de la philosophie. Si l'on se met à l'écoute des philosophes, « le vivant est l'idée pleinement matérialisée »[2]. La normativité de la vie, décrite par Georges Canguilhem, prouve bien combien le vivant est une expérience à part entière. Pierre Macherey le précise aussi très bien : « Ce vivant, qui est en vie dans la mesure où il se fait vivre, se qualifie par le fait qu'il est porteur d'une "expérience" »[3]. Dans « Le cours de philosophie générale et de logique » de 1942-1943, qui préfigure la parution de sa thèse sur *Le normal et le pathologique*, Canguilhem précise : « du moment qu'il y a vie, il y a norme : la vie est une activité polarisée »[4]. La pathologie n'est pas anormale, « c'est la santé qui

---

1. B. Morizot, *Manières d'être vivant, Enquêtes sur la vie à travers nous*, Arles, Actes Sud, 2020, p. 237.

2. F. Dagognet, *Le vivant*, Paris, Bordas, 1988, p. 8.

3. P. Macherey, *De Canguilhem à Foucault, la force des normes*, Paris, La Fabrique, 2009, p. 100.

4. G. Canguilhem, *Résistance, philosophie biologique et histoire des sciences 1940-1965* des *Œuvres complètes*, Paris, Vrin, 2015, p. 104.

doit être opposée à la maladie. Car la santé c'est plus que le normal simplement. La santé c'est la normativité »[1]. Cette opposition entre normalité et normativité établit une discontinuité entre la vie et la santé comme entre le milieu et la culture : « Aucun milieu n'est normal, il est ce qu'il peut être »[2].

Le problème qui occupe Georges Canguilhem en 1943, est en fait de définir cette normalité fonctionnelle du vivant à partir de la normativité idéologique du vivable. La recherche de l'idéal est impliquée par l'écart entre normalité et normativité :

> L'homme, même physique, ne se limite pas à son organisme. L'homme ayant prolongé ses organes par des outils, ne voit dans son corps que le moyen de tous les moyens d'action possibles[3].

Il faut attendre de la normativité la création d'une normalité strictement culturelle dans laquelle la santé de l'organisme deviendra dépendante de technologies corporelles artificielles : ainsi « la vitalité organique s'épanouit chez l'homme en plasticité technique »[4]. Canguilhem définit donc la norme corporelle du vivant dans sa double dimension subjective et objective : « l'homme normal c'est l'homme normatif, l'être capable d'instituer de nouvelles normes, même organiques »[5]. C'est bien l'expérience du contact avec le vivant qui donne un sens à sa catégorisation et non l'inverse :

1. *Ibid.*
2. *Ibid.*, p. 105.
3. G. Canguilhem, *Le normal et le pathologique*, Paris, P.U.F., « Quadridge », 1943, p. 133.
4. *Ibid.*
5. *Ibid.*, p. 83.

> Nous soutenons que la vie d'un vivant, fût-ce d'une
> amibe, ne reconnaît les catégories de santé et de maladie
> que sur le plan de l'expérience, qui est d'abord épreuve
> au sens affectif du terme[1].

Nous sommes au contact du vivant et des vivants par cette sensation spontanée qui émerse depuis notre corps vivant. *Sentir son corps vivant* (le tome 1, méthodologique et ontologique, de l'*Émersiologie*) aura démontré comment l'écologisation du vivant corporel active, avant que le sujet en ait conscience, des informations qui se rendent sensibles. Être au contact de son vivant et du vivant exige pourtant de ne pas anticiper, par la représentation, mais d'accueillir ce qui serait la présence familière même de la chose. En supposant une *langue du corps vivant* (voir le tome 2 de l'*Émersiologie*), nous avions cru parvenir à réduire l'écart entre le corps vécu et son vivant, ce qui se révèle finalement impossible. Car le langage du corps, interprété selon des équivalences entre gestes et significations, ne dit rien de la langue active dans le corps, qui laisse émerser des signes à la conscience sans que nous en ayons le lexique[2].

Pourtant, le vivant, par sa vivacité, est déjà en nous, même si nous ne parvenons jamais à l'exprimer entièrement. En confondant l'apparence avec le vivant, la philosophie de la représentation n'en donne qu'une vue partielle. Quiconque voudrait construire une philosophie au contact du vivant, et pas seulement du vécu représenté, doit pouvoir décrire la vie interne. L'empathie a pu ainsi être considérée comme un moyen plus direct de

---

1. G. Canguilhem, *Le normal et le pathologique*, *op. cit.*, p. 131.
2. B. Andrieu (éd.), *Manuel d'émersiologie. Apprends le langage de ton corps*, Paris, Mimésis, 2020.

communiquer avec le vivant[1], mais le risque est grand de confondre le ressenti interne avec son image vécue :

> La vision instantanée d'un fragment de vie est bouleversante pour qui s'éloigne de la vie en brisant ses élans d'appropriation, et, se déversant hors de soi, se fond dans l'image reconnue illusoire[2].

Un des biais méthodologiques consiste à vouloir décrire le corps vivant à partir de la seule phénoménologie du corps vécu. En partant de la conscience, le langage trouve dans le verbatim et le texte écrit des modes d'expression plus ou moins directs de ce que ressent le corps vécu de son corps vivant. Le mot, même s'il semble ajusté au mieux y compris dans la métaphore, est toujours une incarnation de la sensation, du sentiment ou de l'image qui émerge à la conscience depuis la profondeur du corps vivant. Un autre biais méthodologique tient au retard ontologique de la conscience du corps vécu sur son corps vivant. La conscience du corps vécu n'a accès à l'information produite par son corps vivant que 450 ms après sa production par le système nerveux.

Comment, si la sensation et le langage se révèlent si vains à contenir l'émersion du vivant, des expériences de contact avec le vivant vécues et décrites par les philosophes analysés ici, pourraient nous mettre en contact avec le vivant ? Ils/elles en indiquent dans cet ouvrage les chemins, les objets et les traces à partir desquels une philosophie de la vivacité est possible. En étant au contact du vivant la philosophie se transforme, car elle ne

---

1. P. J. Walsh, « Empathy, Embodiment, and the Unity of Expression », *Topoi* 33 (1), 2014, p. 215-226.
2. G. Colli, *Philosophie de l'expression* [1969], Paris, trad. fr. M.-J. Tramuta, Éditions de l'éclat, 1988, p. 20

se réfugie plus dans le poêle cartésien de la méditation ; la conscience accepte ici de perdre pied en découvrant les vertus de l'activité du vivant. Dans ce contact le/ la philosophe laisse son vivant envahir sa pensée, qui par le désir, qui par la maladie, qui par la création, qui par la folie, qui par le rêve, qui par l'intelligence… La confrontation avec le vivant n'est pas une philosophie au contact des vivants seulement extérieure, elle oblige le sujet philosophique à se transformer de l'intérieur par la confrontation : aux passions de l'âme chez Descartes[1], par le silence et l'écoute du dialogue chez Socrate[2], par la greffe d'un « intrus » chez Jean-Luc Nancy[3] ou par la souffrance du souvenir chez Sarah Kofman[4]. La dimension idiosyncrasique est ici sublimée dans des objets d'études philosophiques qui correspondent aux activités de leur vivant.

Au contact de leur vivant, les philosophes ont dû modifier l'étude abstraite des concepts pour laisser émerser des significations mouvantes, mobiles, plastiques et instables. Le corps possède une plasticité qui n'assure jamais une individuation définitive dans ce qui serait l'individu. Chaque philosophe ici exposé a traversé l'épreuve du vivant à partir de ses conditions de vie : la santé, l'habitat, la sexualité, la relation aux autres, le sommeil et le rêve, les maladies, les milieux… La vivacité du vivant exalte sa vitalité en rendant vif pour le sujet conscient une activité sous-jacente. Définir

1. D. Kambouchner, *L'Homme des passions*, *Commentaires sur Descartes*, Paris, Albin Michel, 1995.

2. F. Nietzsche, *Platon. Écrits philologiques VIII*, Paris, Les Belles Lettres, 2019.

3. J.-L. Nancy, *L'intrus*, Paris, Galilée, 2000.

4. I. Ullern, « Sarah Kofman Souvenirs d'archives », dans G. Michaud, I. Ullern, *Sarah Kofman et Jacques Derrida. Croisements, écarts, différences*, Paris, Hermann, 2018, p. 300-354.

le vivant, et notamment l'infravie active, est rendu difficile selon que l'on mettra l'accent sur les fonctions (« capacité latente ou explicite de réplication, de métabolisme » et « évolution »)[1], sur les structures des formes (« membranes cellulaires, parois bactériennes, capsides virales ») ou sur la matière moléculaire.

Par l'écologie corporelle[2], le vivant produit une puissance capacitaire qui impose sa normativité face à nos biopolitiques, incapables de le contenir. Cette nouvelle viabilité peut entamer la représentation du vivable et de la dignité humaine telle qu'elle a été définie en fonction des possibilités techniques d'un moment de l'histoire humaine. Le corps écologisé dans son milieu est dans la dynamique du vivant car le milieu favorise l'activation du vivant et sa diversification : « l'une quelconque de ces formes pourra se révéler plus avantageuse, donc plus *viable* »[3]. Si être malade c'est ne pas supporter de le devenir, devenir malade c'est faire « un effort pour instaurer un nouvel ordre dans son débat avec le milieu »[4]. Cette puissance capacitaire est la normativité du vivant qui réorganise sa matière en produisant de nouvelles normes. En activant ce qui est vivable, le vivant réalise une performativité en passant du capacitaire à une nouvelle capacité. Le vivable pour le vivant peut être invivable pour le sujet conscient. Le vécu ne peut toujours contenir cette vitalité, faute de l'avoir même imaginée dans une représentation possible.

---

1. T. Heams, *Infravies. Le vivant sans frontières*, Paris, Seuil, 2019, p. 18.

2. B. Andrieu, *L'écologie corporelle*, Biarritz, Atlantica, 2009-2011, 4 tomes.

3. G. Canguilhem, *Résistance, philosophie biologique et histoire des sciences 1940-1965*, op. cit., p. 106.

4. *Ibid.*, p. 107.

Le corps vivant[1] est cette activité de l'organisme qui s'accomplit en nous sans que notre volonté n'exerce le moindre contrôle sur le processus ; « à notre insu », pourrait-on dire. Cette part inconnue du fonctionnement physiologique du corps humain est pour Georges Canguilhem ce qui « échappe presque entièrement à l'observation simple des actions de la vie sur soi-même ou sur autrui »[2].

Comment dès lors filmer ce cinéma intérieur qu'est le corps vivant[3] si celui-ci ne peut être perçu directement ? La solution pour Canguilhem est de se servir des symptômes, des troubles et des maladies du corps vivant comme scène. Car, dans l'état de santé, « l'expérience vécue » de l'accomplissement des fonctions organiques « nous manque presque toujours » et « quand elle nous est donnée par quelque trouble ou interruption de ces fonctions, dans la maladie, elle ne contient en elle-même aucune indication, aucun enseignement, concernant les phénomènes qui les constituent »[4].

Dans la première partie de l'ouvrage nous étudions comment, avec Arthur Schopenhauer, Rudolf Carnap et Michel Serres, le contact animé doit être décrit sans présupposé métaphysique. L'origine est perdue et cette inaccessibilité engage ces philosophes dans une

1. B. Andrieu, N. Burel, « La communication directe du corps vivant. Une émersiologie en première personne », *Hermès* 68, « L'Autre n'est pas une donnée. Altérités, corps et artefacts », 2014, p. 46-52.

2. G. Canguilhem, « La connaissance physiologique du corps humain » [1967], dans *Œuvres complètes*, t. 5, Paris, Vrin, 2018, p. 169 et p. 170.

3. L. Naccache, *Le cinéma intérieur, Projection privée au cœur de la conscience*, Paris, Odile Jacob, 2020.

4. G. Canguilhem, « La connaissance physiologique du corps humain » [1967], dans *Œuvres complètes, op. cit.*, p. 170.

construction du monde plutôt qu'une reconstitution. Ainsi cette discontinuité entre le vivant et le vécu, par le refus de tout arrière-monde, pose un problème commun à eux trois : comment décrire la présence corporelle ? Il convient de la ressentir à la fois en soi-même mais aussi au contact des êtres vivants ; mais la difficulté méthodologique est de traverser l'apparence de la perception pour décrire comment le corps émerse du chaos chez Carnap, du cerveau chez Schopenhauer et des sens chez Serres.

Pour résumer, le contact du corps avec le monde définit une expérience moins immanente qu'émersive par la difficulté à distinguer ce qui provient du monde et ce qui en résonne dans le corps. Ces philosophes s'inscrivent dans un débat qui opposa l'animisme et le mécanisme autour de la question de savoir s'il y a ou non une téléologie naturelle. Car si le contact est animé, qu'est-ce qui l'anime en nous ? Schopenhauer, Carnap et Serres répondent selon trois méthodologies différentes à cette question de ce qui anime le contact avec le vivant ; d'une part, Schopenhauer montre comment la volonté est sous l'influence des mouvements de la sensibilité nerveuse pour émerser ; d'autre part, Carnap sort le corps du chaos à travers une logique formelle qui n'oublie pas la distinction entre les différents sens ; enfin Serres, depuis son travail sur Leibniz, place le vivant au principe du réseau de la communication.

Comme nous le montrerons dans la seconde partie de l'ouvrage, avec la médecine du vivant chez Michel Foucault, le contact moléculaire chez Deleuze et Guattari et l'intelligence du corps vivant chez Dreyfus, Putnam et Kim, notre viabilité active une pensée du corps. Avec la médecine du vivant, Michel Foucault dénonce la biomédecine des institutions corporelles (Prison, Hôpital, Clinique) dans un premier temps de son œuvre ; mais son histoire de la sexualité transforme la volonté de savoir en recherche, comme chez les Grecs, des *aphrodisia*. En se mettant en contact avec le moléculaire, Deleuze et Guattari cherchent un corps sans organes qui pourrait devenir hybride : les mutations du vivant sont autant de formes de contact de la matière avec de nouveaux milieux. Une logique de la sensation déforme les corps, comme chez Bacon, mais de l'intérieur même du vivant, tandis que la schizo-analyse délivre le langage en y inscrivant l'invivable. David Lapoujade précise : « *on* atteint ce point où la vie devient "trop grande pour moi, jetant partout ses singularités sans rapport avec moi" où elle entraîne le sujet vers des expérimentations à la limite de l'invivable »[1]. L'intelligence du corps vivant[2] trouve aussi dans la robotisation des mouvements un moyen de démontrer par contraste sa plasticité et son adaptabilité : le robot, depuis la machine de Turing jusqu'à l'intelligence artificielle[3], présente un corps mimétique avec le corps humain. Comment le vivant du corps humain aurait-il incorporé des techniques corporelles dont le robot ne serait pas capable ?

Relire ces débats des années 1970-1980 est un moyen de situer les enjeux actuels autour du cyborg et du post-humanisme : car l'incarnation de l'esprit trouve

1. D. Lapoujade, *Deleuze, les mouvements aberrants*, Paris, Minuit, 2014, p. 22.
2. B. Andrieu, « Une théorie évolutionniste de l'intelligence », dans M. Belit (éd.), *Les Intelligences, Animal, Homme, Machine*, Mont de Marsan, InterUniversitaires-Le Parvis, 1992, p. 97-118.
3. B. Andrieu, « Intelligence Artificielle : la tentation des sciences sociales », *TIP, Technologies, Idéologies Pratiques*, vol. X, n°2-4, « Sciences sociales et intelligences artificielle », 1991, p. 223-238.

dans la mémoire corporelle les preuves d'une émersion affective du corps humain, à la différence du robot. Durant cette première période, les philosophes pouvaient bénéficier des débats sur les nouvelles avancées de la neurologie physiologique, de la logique mathématique et de la communication électronique à travers la notion d'émergence de l'information dans des réseaux et des arborescences. Mais avec la génération suivante, formée à la médecine, la psychologie, la psychiatrie, la biologie, les sciences cognitives et l'intelligence artificielle, Michel Foucault, Gilles Deleuze et Félix Guattari, Hubert Dreyfus et Hilary Putnam ont dû lutter contre les réductionnismes du tout génétique et du tout neuronal : en critiquant la médecine déshumanisée et l'expertise normalisatrice, ces philosophes n'ont pas abandonné le projet, si émersiologique, de décrire comment le vivant organise la relation au corps et aux autres par des hydrides, par des rhizomes, par des techniques d'existence et par des processus de subjectivation.

Dans la dernière partie sur l'émersion écologique, et dans le contexte des impacts du milieu sur la vie et les sensations internes du corps, nous verrons que les philosophes depuis Nietzsche lient le contact avec le vivant à l'idiosyncrasie de leur propre devenir. La découverte d'un contact invasif, tant dans la maladie (chez Artaud) que dans la pollution par le DTT par exemple (*cf.* Rachel Carson), déstabilise non seulement l'heureuse harmonie d'un corps naturel mais affecte les conditions de viabilité mêmes du corps. La fin de l'utopie rousseauiste est analysée ici à la lumière de l'Anthropocène, ce remplacement de la nature par des environnements industriels et technologiques. L'émersion écologique décrit ces mutations à la fois du point de vue de la viabilité du corps et au sein des milieux de vie. Par leur contact avec les éléments, les philosophes, d'Héraclite à Bachelard, ne consentent plus aux cosmogonies, mais proposent de nous inclure comme éléments du cosmos. Repenser une écologie corporelle implique une relation durable en vue d'un mode de vie soutenable pour toutes les espèces de la Terre.

Comment dès lors modéliser ces mouvements émersifs de la vie dans une écologie des vivants ? L'émersiologie nous met en contact avec le vivant mais sans jamais parvenir à le maîtriser. Cependant, laisser passer le vivant à travers les trois modalités que nous décrivons ici favorise cette connaissance philosophique par contact :

Éveil physique

Émersion inédite

Immersion écologique

L'immersion écologique est ce contact permanent du corps vivant décrit par les naturalistes et philosophes. Le milieu traverse la porosité de notre corps et active le vivant pour en faire émerser des émotions et des sensations inédites. Cette émersion inédite exige une adaptation du corps vivant et une surprise pour la conscience habituelle du corps. L'éveil physique en est le résultat, par une extension du champ de conscience. La vie ne peut être contenue dans l'expérience mécanique, car celle-ci nous fait perdre, par sa fonction prosthétique, la possibilité de la ressentir « comme une extension de notre corps » [1]. La vie est formation de formes, de connaissances et d'analyses de formes toujours nouvelles. Il y a une dialectique incessante entre une vie qui ne cesse d'échapper à nos catégories, une vie que nous connaissons comme vécu et expérience.

---

1. M. Crawford, *Prendre la route. Une philosophie de la conduite*, Paris, La Découverte, 2021, p. 34.

PREMIÈRE PARTIE

À L'ORIGINE DU VIVANT

Dans la première partie de cet ouvrage, nous étudierons comment, avec Arthur Schopenhauer, Rudolf Carnap et Michel Serres, le contact animé doit être décrit sans présupposé métaphysique. Le choix de ces trois auteurs provient de notre quête de modèles émersiologiques dans l'histoire de la philosophie qui décrivent le mouvement du vivant. À la différence du corps-machine de l'automate cartésien, le vivant est compris par le contact qu'il établit dans l'organisme entre les différents niveaux de la cognition, jusqu'à l'émotion.

Ainsi, par le contact animé, ces philosophes cherchent à définir ce qui déclenche la formation du corps par les mouvements internes du vivant. Pour cela, le contact doit aussi être « animant », et pas seulement animé : car dès lors qu'ils considèrent qu'aucun principe n'ordonne le développement ontogénétique, ces philosophes s'inscrivent dans un débat qui oppose l'animisme et le mécanisme autour de la question de savoir s'il y a ou non une téléologie naturelle. Si le contact est animant, qu'est-ce qui l'anime en nous ?

Tout en refusant le dualisme corps/âme, ces philosophes ne sont pas pour autant matérialistes : ils ne réduisent pas l'émersion à une pure dynamique mécanique de la matière vivante. Rappelons que l'origine du corps vivant est pour l'émersiologie inaccessible à la conscience : d'une part l'activité de l'organisme et du cerveau précède la conscience (d'au moins 40 ms pour le réflexe et jusqu'à 450 ms pour la sensation consciente), ce qui revient à dire que nous ne sommes pas en direct avec notre corps vivant ; d'autre part, l'accès au corps vivant ne peut être objectivé que par des moyens d'exploration *top down* comme la méditation et la focalisation transcendantale de la conscience ou de l'imagerie *in vivo* selon le modèle d'une auto-cérébroscopie, comme nous l'avons démontré ailleurs avec Herbert Feigl[1].

Aussi décrire ce processus irréversible devient-il pour ces philosophes un moyen d'établir les conditions de l'émergence à partir de la force vitale, du chaos et des sensations. Le point commun des trois méthodologies est le rôle de la sensation, respectivement expression nerveuse de l'organisme selon le modèle de la physiologie de Flourens pour Schopenhauer, puis distinction entre les classes sensibles selon le modèle de la logique chez Carnap, et enfin au sein d'une genèse sensorielle des cinq sens chez Michel Serres. Ces trois philosophes proposent une modélisation dynamique qui correspond au mouvement d'émersion : la structuration en réseaux, les arborescences et les couches.

Partant de l'absence de couche première et contre le modèle archéologique, l'émersiologie trouve chez Schopenhauer un modèle non réductionniste. Schopenhauer utilise la distinction entre nerfs cérébraux et nerfs de la moelle épinière, moins pour établir une différence de nature que pour décrire une différence de degré dans l'expression de la force vitale comme manifestation dans le monde organique de la volonté. Ainsi la volonté peut être informée sans être consciente

1. B. Andrieu (dir.), *Herbert Feigl – De la physique au mental*, Paris, Vrin, 2006.

et produire une connaissance de son activité sans que celle-ci lui soit elle-même connue. La volonté sans connaissance est présente dans tous les ordres de la nature et elle est active en l'homme dans les racines rachidiennes des réflexes.

Cette activité, sans connaissance de ce que Marc Jeannerod appelle le cerveau volontaire[1], repose pourtant sur des compétences implicites, car sentir c'est déjà savoir. Antonio Damasio[2] s'inscrit lui aussi dans ce passage du chaos au corps sur lequel Carnap travaille depuis 1922 pour décrire la construction logique du monde, la question que nous posions dans le tome 2 d'Émersiologie, *La langue du corps vivant*[3]. La construction à partir du chaos est une fiction méthodologique, et le principe d'un chaos originel lui-même est pour Carnap une fiction ontologique. La réalité est phénoménale et ordonnée, mais par le biais d'une reconstruction théorique. Ainsi le corps n'existe, comme ce corps-ci [*Körper*], qu'en étant en lien avec les classes sensibles. Il est remarquable que Carnap fasse de la classe tactile un équivalent formel de la classe sensible tandis qu'il accorde un rôle déterminant à la classe de pression, selon une distinction en psychologie entre sensations musculaires (classe de mouvement) et sensations kinesthésiques (classe de tension). Le passage à la réalité est le moyen d'introduire le corps dans sa sensibilité et dans ses relations avec les autres corps.

---

1. M. Jeannerod, *Le cerveau volontaire*, Paris, Odile Jacob, 2009.

2. A. Damasio, *Sentir et savoir. Une nouvelle théorie de la conscience*, Paris, Odile Jacob, 2021.

3. B. Andrieu, *La langue du corps vivant. Émersiologie 2*, Paris, Vrin, 2018.

L'émersiologie définit la constitution de la sensibilité du corps à son vivant, ce que nous avons déjà établi[1] et ce que Michel Serres a développé à travers sa philosophie hédoniste des cinq sens. L'émersion est possible par l'écoulement des fluides. La continuité entre le corps et le monde permet le mélange sans pour autant déséquilibrer la subjectivité. Le corps se mêle aux choses mêmes dans la mesure où il les incorpore. Ce corps entier n'est plus appréhensible comme corps complet. Le vivant du corps reste hors d'atteinte, à force d'être mêlé aux autres formes vivantes.

1. B. Andrieu, *Sentir son corps vivant. Émersiologie 1*, Paris, Vrin, 2016.

CHAPITRE PREMIER

LA CORPORÉISATION DU RÊVE
CHEZ SCHOPENHAUER[1]

Pour François Félix

> La volonté est la connaissance *a priori*
> du corps ; le corps est la connaissance
> *a posteriori* de la volonté[2].

Schopenhauer est un philosophe non réductionniste[3]. La philosophie non réductionniste s'est fondée en réaction à la phrénologie de Gall et à son utilisation dans

1. Une version de ce texte a été publiée en 2011, dans J. C. Banvoy, C. Bouriau, B. Andrieu (éd.), *Schopenhauer et l'Inconscient. Approches historiques, métaphysiques et épistémologiques*, Nancy, Presses Universitaires de Nancy, 2011. Merci à Jean-Charles Banvoy, François Félix et Christophe Bouriau pour les relectures critiques et apports philosophiques. Le corpus des citations a été établi par Jean-Charles Banvoy.

2. A. Schopenhauer, *Le monde comme volonté et représentation*, § 18, cité par François Félix dans son ouvrage *Schopenhauer ou les passions du sujet*, Lausanne, L'Âge d'homme 2007, p. 137.

3. Voir B. Andrieu « Les réductions et les sciences de la vie », *Revue Internationale de Psychopathologie* 23, Paris, P.U.F., 1996, p. 649-673.

le positivisme d'Auguste Comte [1] : Schopenhauer refuse, par ses emprunts à Flourens et Magendie, de réduire les facultés affectives et intellectuelles de l'homme à une cranioscopie qui parviendrait à localiser la fonction dans la forme, et à expliquer les activités de l'esprit par le déterminisme physiologique.

Mais s'il a bien eu le souci d'intégrer dans son modèle de la Volonté les plus récentes données de la physiologie nerveuse de son époque en refusant clairement la phrénologie, au nom du même principe antiréductionniste, il a ignoré les travaux, pourtant valables, sur la localisation du langage et de la mémoire, produits à partir de 1860 par Paul Broca et Carl Wernicke. Il ne participe donc pas à la naturalisation de la philosophie, ni à la spiritualisation du cerveau, il appartient au *laboratoire du cerveau psychologique* [2] qui se met en place dès 1830 : le corps et l'esprit sont des modes de la volonté mais pas le cerveau qui participe pourtant à ses expressions conscientes et inconscientes.

Le cerveau est un intermédiaire dans la corporéisation [3] de la volonté, aussi sa description reste-t-elle

1. Voir B. Andrieu « La psychophysiologie positiviste d'Auguste Comte », dans *Le laboratoire du cerveau psychologique. Histoire et modèles*, Paris, CNRS, « Histoire des sciences », 2002, chap. IV, p. 135-158.

2. Voir B. Andrieu, « Les neurosciences du développement de l'action : Vers une agentivité de la pensée », *Enfance, Le rôle de l'action dans le développement de la pensée*, (sous la dir. de Chr. Sorsana), Paris, P.U.F., 2011.

3. Jean-Charles Banvoy nous propose de traduire *Leibhaftigkeit* par corporéisation : « Cela explique donc cette corporéisation des rêves, qui les distingue si puissamment des simples imaginations. Le tableau de l'imagination (à l'état de veille) n'existe jamais que dans le cerveau ; car il est seulement la réminiscence, bien que modifiée, d'une excitation matérielle antérieure à l'activité cérébrale intuitive, effectuée par les sens. La vision, au contraire, n'existe jamais que dans le cerveau mais

fonctionnaliste en se contentant de dénoncer la théorie des facultés de Kant[1] pour son défaut d'incarnation. Nous analysons ici comment, sans se contredire, Schopenhauer admet une activité du vivant dans les racines inconscientes du cerveau de la volonté. Il s'agira donc de voir comment Schopenhauer, en discussion avec les sciences de son temps, inscrit dans le corps ce qui relevait du transcendantal chez Kant.

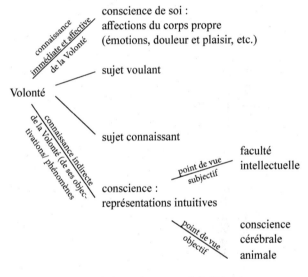

Figure 1. La connaissance de la Volonté
(*Schéma établi par l'auteur et Jean-Charles Banvoy*)

aussi dans les nerfs sensoriels, et provient d'une excitation matérielle, actuellement active, de ceux-ci, qui s'affirme de l'intérieur et pénètre le cerveau. » (A. Schopenhauer, *Parerga et Paralipomena* [1851], trad. fr. J-P. Jackson, Paris, Coda, 2005, p. 209).

1. Voir B. Andrieu, *La causalité dans les trois critiques de Kant*, T.E.R. de philosophie, sous la direction de J. C. Fraisse, Université de Bordeaux III, 1986.

LE MODÈLE DU BULBE RACHIDIEN
DANS LES RACINES CÉRÉBRALES DE LA VOLONTÉ

Comme le rappelle Georges Canguilhem[1] les années 1824-1850 voient l'opposition entre deux conceptions du nerf : d'une part pour Müller, après Willis, Whytt, Unzer et Prochaska, le réflexe est compris comme un mouvement qui succède à la sensation et, d'autre part, à partir de 1833 avec son mémoire présenté à la Royal Society, Marshall Hall (1790-1857), dans *The Reflex Function of the Medulla oblongata and the Medulla Spinalis*, établissait que la fonction réflexe dépendait de fibres excito-motrices et réflexo-motrices limitées à la moelle épinière. Cette conception segmentaire allait à l'opposé du principe téléologique de conservation organique de la sensation ou de l'instinct. Le mouvement respiratoire est bien commandé par le bulbe, même si le mouvement volontaire reste commandé par le cerveau.

Charles Bell (1774-1842) a, dès 1811, entrepris de définir le rôle des racines rachidiennes dans la conduction nerveuse. Si François Magendie (1783-1855), en 1822, précisa le rôle des racines antérieures et postérieures des nerfs rachidiens, Charles Bell le confirma en 1824. Charles Bell (1774-1842) aura su mettre en évidence les fonctions distinctes des racines antérieures (ou ventrales) et postérieures (ou dorsales) des nerfs spinaux. Il montra que la stimulation de la racine antérieure affecte davantage la contraction musculaire que celle de la racine postérieure, mais ne précisa pas davantage le rôle de cette dernière. En fait c'est Magendie qui, onze ans plus tard, décrira le rôle exact de ces racines, montrera leur polarité

---

1. Voir G. Canguilhem, *Études d'Histoire et de Philosophie des sciences*, Paris, Vrin. 1962, p. 298-301.

et établira la loi de « Bell et Magendie » qui démontrera comment les racines antérieures ou ventrales conduisent les messages efférents (racines motrices), alors que dans les secondes (racines dorsales ou postérieures) cheminent les messages afférents (racines sensitives).

Ainsi en 1822, Magendie a pu démontrer la sensibilité de la racine antérieure. Il utilise alors le galvanisme comme agent excitant pour confirmer les résultats obtenus par la section progressive des racines antérieures et postérieures des nerfs qui naissent des lombaires de la moelle épinière de jeunes chiens. Il constate à même l'activité nerveuse que l'électricité des nerfs est un courant[1], et non pas un fluide. De 1822 à 1824, à l'Académie des sciences de Paris, Pierre Flourens (1794-1867) présente plusieurs mémoires sur les fonctions des hémisphères cérébraux : il utilise la méthode des excitations mécaniques (piqûres), celle des ablations totales (deux lobes) ou partielles (un lobe). Il met au point une méthode plus fine et plus rigoureuse que celle utilisée par les physiologistes et les chirurgiens du XVIIIe siècle :

> Au lieu d'ouvrir le crâne par un trépan et d'enfoncer un trois quarts ou un scalpel par cette ouverture pour atteindre et détruire une partie de l'encéphale, il pratiqua une large ouverture pour dénuder toute la région dont il voulait connaître les fonctions[2].

Par sa correspondance avec Marshall, on sait que l'utilisation de l'excitation galvanique lui posait bien des problèmes, car il pensait que l'excitation pouvait être transmise à d'autres parties que celles choisies par

---

1. Voir J. N. Barbara, *L'invention du neurone*, Paris, Vrin, 2010.
2. C. Legée, *Pierre Flourens, physiologiste et historien des sciences*, Abbeville, Paillart, 1992., p. 394.

l'expérimentateur. Il déclare, après le rejet des irritants chimiques, dans son ouvrage de 1824, *Recherches expérimentales sur les propriétés et les fonctions du système nerveux* :

> C'est par un motif semblable que je réserve pour un autre ouvrage l'exposé de mes observations sur le galvanisme. Cet agent se conduit d'une manière trop spéciale, pour qu'il soit permis d'en user conformément avec d'autres[1].

L'électricité n'apparaît jamais comme un mode de communication neuromusculaire. Magendie et Flourens appartiennent à l'École chirurgicale du cerveau pour laquelle la lésion mécanique est analysée avec vérification sur les systèmes sensitif et moteur.

Sur le plan épistémologique, Schopenhauer s'appuie pour sa définition des manifestations physiologiques de la volonté sur cette distinction, établie par Flourens et Hall, entre les nerfs sensori-moteurs et les nerfs de la moelle épinière. Flourens constatant, en 1824, dans son livre *Recherches expérimentales sur les propriétés et les fonctions du système nerveux dans les animaux vertébrés*, au cours de ses expériences de destruction des lobes cérébraux que les fonctions n'étaient pas perdues, concluait qu'une part même restreinte des lobes cérébraux suffisait pour le fonctionnement de l'intelligence, de la sensation et de la volition. L'idée d'un minimum matériel pour assurer les fonctions cérébrales implique la conservation de la fonction unitaire à laquelle Flourens reste attaché avec sa thèse du nœud

---

1. P. Flourens, *Recherches expérimentales sur les propriétés et les fonctions du système nerveux dans les animaux vertébrés*, Paris, Crevot, 1824, p. IV-V.

vital. Flourens reprend les expériences de Félix Fontana (1730-1805) qui est le premier à avoir noté, en 1775, dans son ouvrage paru à Florence *Ricerche filosofiche sopra la fisica animale*, la disparition des fonctions d'un nerf par section suivie d'excitation. Il aperçoit, après avoir rencontré l'anatomiste Wilhem Cruckshens à Londres, la régénération des propriétés des nerfs et la régénération des fonctions lors de ses expériences de section des nerfs de la 8e paire. Dans sa correspondance avec Étienne Geoffroy Saint-Hilaire en 1827, citée par Georgette Legée, Flourens décrit les mêmes processus de régénérations anatomiques, reconnaissant ainsi le rétablissement de la continuité de vie et d'action de la substance nerveuse. Même si ces premiers résultats sur la restauration fonctionnelle furent considérés comme des arguments contre le principe même des localisations, ils permirent d'introduire la dynamique de la plasticité au cœur des nerfs.

Reprenant ces travaux en 1841, François Achille Longet (1811-1871) détermine, en opérant sur le chien et le lapin, que le segment périphérique des nerfs après séparation de leur centre trophique perd ses propriétés au bout de quatre jours. À l'inverse, le chirurgien Stanislas Laugier (1799-1872), Auguste Nelaton (1807-1873) et Sir James Paget (1814-1899) signalent des cas de restitution rapide des fonctions des nerfs coupés, cinq, sept ou treize jours après la section. La découverte des propriétés fonctionnelles des racines dorsales et ventrales est à l'origine de la notion d'arc réflexe proposée plus tard par Marshall Hall. Bell identifia, avant Sherrington, le principe de l'innervation réciproque (le fait qu'un muscle extenseur se relaxe lorsque le fléchisseur qui lui est associé se contracte).

Schopenhauer connaît très bien ce contexte scientifique en établissant une continuité entre les travaux de physiologie mécaniste de Descartes et ceux de la sensibilité motrice des mouvements réflexes. Même si la glande pinéale n'existe pas [1], elle posait déjà le principe, si important dans le continuum psychophysiologique de Schopenhauer, d'une conversion asymétrique des esprits animaux en volontés conscientes :

> La philosophie et la physiologie ont pourtant fait en deux cents ans un beau chemin, en s'élevant de la *glande pinéale* de Descartes et des *esprits animaux* la mouvant ou mus par elle, jusqu'aux nerfs moteurs et sensibles de la moelle épinière de Charles Bell et aux mouvements réflexes de Marshall Hall. La belle découverte de ce dernier, exposée dans son excellent livre *On the Diseases of the Nervous System*, est une théorie des actions involontaires, c'est-à-dire de celles qui n'ont pas leur source dans l'intellect [au sens où ces actions ne sont pas déterminées par des motifs], bien qu'elles doivent néanmoins émaner de la Volonté [2].

Schopenhauer ne s'étonne nullement du paradoxe que puisse émaner de la Volonté des actions involontaires car celles-ci, n'ayant pas leur source dans l'Intellect, participent aux mouvements de la Volonté comme une de ses modalités. Cette motricité non motivée par l'Intellect pose toutefois le problème de son origine et de sa signification pour une Volonté qui ne peut en prendre le contrôle par les nerfs cérébraux !

---

1. Voir B. Andrieu, « Cerveau et glande pinéale chez Descartes », dans *L'invention du cerveau, Anthologie des neurosciences*, Paris, Agora Pocket, 2002, p. 43-64.

2. A. Schopenhauer, *Parerga et Paralipomena, op. cit.*, p. 544.

SUBSTITUTION DES NERFS CÉRÉBRAUX
AUX NERFS DE LA MOELLE ÉPINIÈRE

Schopenhauer utilise cette distinction entre nerfs cérébraux et nerfs de la moelle épinière, moins pour établir une différence de nature que pour décrire une différence de degré dans l'expression de la force vitale, comme manifestation dans le monde organique de la volonté. Cette relation des nerfs cérébraux aux nerfs de la moelle épinière est le passage des fonctions conscientes à des fonctions inconscientes. Les activités involontaires peuvent « émaner de la volonté » sans pour autant parvenir au contrôle conscient qui les cortaliseraient par les nerfs cérébraux. Le cerveau conscient cède le pas à la moelle épinière comme dans les déclenchements réflexes du bâillement, du rire et des pleurs tandis que la respiration, plus conscientisable, peut être contrôlée par les nerfs cérébraux en modulant son rythme et son intensité. La volonté s'exprimerait ainsi par deux modes : les nerfs cérébraux et les nerfs de la moelle épinière, sans quoi ce serait admettre, par un réductionnisme médullaire, un strict déterminisme réflexe de toutes nos actions remettant en cause l'empire de la volonté. Pour autant la volonté n'est pas seulement un vouloir-conscient, puisqu'il existe chez Schopenhauer une différence entre la Volonté [*Wille*] et le vouloir conscient [*Willkür*] [1]. La distinction entre cerveau volontaire (nerfs cérébraux) et cerveau involontaire (nerfs de la moelle épinière) s'effectue à l'intérieur même de l'action de la volonté, le réflexe étant une activité inconsciente de la volonté.

Sur le plan physiologique, la différence entre excitation et motif peut se caractériser ainsi : l'excitation appelle

1. *Ibid.*, p. 544.

immédiatement la réaction, celle-ci venant de la partie même sur laquelle vient agir l'excitation. Le motif, au contraire, est une excitation qui doit faire le détour par le cerveau, lequel donne naissance à une image : c'est cette dernière qui engendre la réaction : cette réaction s'appelle alors acte de volonté, acte volontaire. La différence entre mouvements volontaires et involontaires ne touche donc pas l'élément essentiel, primaire, qui est dans les deux cas la Volonté, mais uniquement le facteur secondaire, celui qui provoque la manifestation de la Volonté, que cette manifestation vienne d'une cause, d'une excitation ou d'un motif, c'est-à-dire d'une cause qui a traversé le champ de la connaissance.[1]

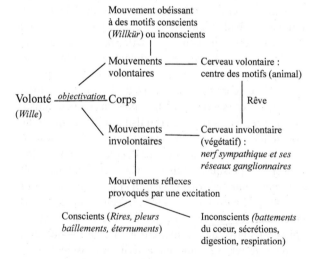

Figure 2. Mouvements volontaires et mouvements involontaires (Schéma établi par l'auteur et Jean-Charles Banvoy).

1. A. Schopenhauer, *De la volonté dans la nature* [1836], trad. fr., introd. et notes E. Sans, Paris, P.U.F., 1969.

La volonté peut être informée sans être consciente et produire une connaissance de son activité sans que celle-ci lui soit elle-même connue. La volonté sans connaissance est présente dans tous les ordres de la nature et est active en l'homme dans les racines rachidiennes des réflexes :

> Par contre, la connaissance et son substrat, l'intellect, sont totalement séparés de la Volonté ; ils sont secondaires et n'accompagnent que les degrés supérieurs de l'objectivation de la Volonté ; ils ne lui sont pas essentiels, ils dépendent de sa manifestation dans l'organisme animal, et sont donc physiques, et non métaphysiques comme elle ; ainsi l'absence de connaissance ne peut faire conclure à une absence de Volonté ; bien plutôt on peut constater la présence de cette dernière dans tous les phénomènes de la nature inintelligente, végétale aussi bien que minérale. Donc, au contraire de l'opinion qui a régné jusqu'ici sans exception aucune, je dis que la connaissance ne conditionne pas la Volonté, bien que la Volonté conditionne la connaissance [1].

Le contrôle conscient des nerfs est exercé par la volonté dans un accès direct à la subjectivité avec la conscience de soi et dans un accès indirect par les représentations organiques produites par la conscience cérébrale animale.

Comme nous le disions, cette différence entre nerfs cérébraux et nerfs de la moelle épinière est essentielle pour Schopenhauer afin de situer celle entre les fonctions conscientes et les fonctions inconscientes :

> Que, pendant cette substitution des nerfs cérébraux aux nerfs de la moelle épinière, et par conséquent des fonctions conscientes à des fonctions inconscientes, nous cherchions à nous procurer quelque soulagement

---

1. A. Schopenhauer, *Parerga et Paralipomena, op. cit.*, p. 61.

par de rapides mouvements des jambes et des bras, je me l'explique par le fait que, tandis que la force nerveuse est ainsi dirigée vers les nerfs actifs excitant l'irritabilité, les nerfs sensibles qui excitent, en tant que messagers du cerveau, cette pénible sensation perdent quelque peu de sensibilité[1].

L'irritabilité est un modèle que Schopenhauer reprend à Bichat, distinguant ainsi différents degrés de sensibilité nerveuse au fur et à mesure que les nerfs afférents et les informations efférentes sont ressentis par la conscience dans la sensation vécue. Le mouvement corporel, pour réparateur qu'il soit en diminuant l'intensité sensible, est pourtant le résultat d'une réadaptation motrice spontanée. La force nerveuse est plus intense et rapide que la fonction consciente de la volonté : elle dispose le corps au mieux par un soulagement postural dès que la sensation devient excessive, comme dans la douleur. La volonté s'appuie sur cette veille organique de notre confort corporel, en laissant franchir au seuil de la conscience ce qui est supportable pour l'exercice de ses fonctions intellectuelles, et réservant à des sensations internes l'activité inconsciente du vivant.

Ainsi la vitalité physiologique de la respiration est ressentie dans l'ensemble du corps et apportera son bénéfice, Schopenhauer anticipe les réflexions sur la fatigue corporelle :

Mais tout cerveau éclairé aura certainement remarqué que la marche en pleine nature est extraordinairement favorable à l'éclosion de la pensée personnelle. J'attribue le fait à l'acte de la respiration accéléré par le mouvement qui, d'une part, fortifie et active la circulation du sang, et, de l'autre, oxyde mieux

1. A. Schopenhauer, *Parerga et Paralipomena, op. cit.*, p. 545.

celui-ci. En premier lieu, le double mouvement du cerveau, celui qui suit chaque expiration et celui qui suit chaque battement du pouls, devient plus rapide et plus énergique, de même que son *gonflement vital*; et, en second lieu, un sang artériel plus complètement oxydé et délesté du carbone, en conséquence plus vital, pénètre les ramifications partant des carotides dans la substance entière du cerveau et augmente la vitalité intérieure de celui-ci. Mais la stimulation de l'activité pensante provoquée par tout ceci ne dure qu'autant que la marche ne fatigue pas[1].

Si la marche procure un gonflement vital, Schopenhauer le doit au modèle physiologique de la respiration[2] qui fortifie et stimule la réaction corporelle. En 1890 Fernand Lagrange (1846-1909) défend cette hygiène du plein air. Une « éducation respiratoire »[3] devrait, dans une *Physiologie des exercices du corps*, faire partie de l'enseignement obligatoire. L'auto-intoxication, qui peut aller jusqu'à « l'autophagie et l'épuisement »[4] par l'acide carbonique, implique que le besoin de respirer puisse rencontrer un milieu défavorable et surtout une absence d'exercice : l'insolation, en empêchant l'homme de « se défaire de sa chaleur intérieure »[5], comme le travail, maintient le corps dans un miasme nauséeux. Dans le chapitre III « Les exercices en plein air » de son livre publié en 1890 *Hygiène de l'exercice chez les enfants et les jeunes gens*, Fernand Lagrange précise que :

1. A. Schopenhauer, *Parerga et Paralipomena*, *op. cit.*, p. 541.
2. Voir B. Andrieu, *Prendre l'air. Vers l'écologie corporelle*, Paris, Atlantica-Musée National du Sport, 2009, p. 25-45.
3. F. Lagrange, « L'essoufflement » [1888], *Physiologie des exercices du corps*, Paris, Alcan, Reed, *Revue EP&S*, 1995, p 93.
4. F. Lagrange, « L'essoufflement », *op. cit.*, p. 153.
5. *Ibid.*, p. 137.

Le grand air est un agent hygiénique de premier ordre. Tout le monde sait, et chacun reconnaît qu'il n'est pas sain de respirer un air vicié par la cohabitation de plusieurs personnes[1].

LE MODÈLE INTERNE DE LA SÉCRÉTION

La vie organique du système nerveux végétatif trouve dans le modèle de la sécrétion digestive plus qu'une simple métaphore, mais un paradigme pour la décrire. Schopenhauer utilise le modèle de la digestion d'abord comme une comparaison puis comme un moyen de comprendre l'action de la vie de la volonté à deux niveaux :

> Nous voyons ainsi que la connaissance sans la perception intuitive transmise par le corps, n'a pas de matière, et que, par suite, le sujet connaissant en tant que tel n'est qu'une forme vide sans la présupposition du corps; sans compter que toute pensée est une fonction physiologique du cerveau, comme la digestion l'est de l'estomac[2].

L'entendement est une fonction naturelle innée du cerveau : l'entendement ne va pas sans le cerveau. L'estomac est tour à tour assimilé à l'entendement[3] et

---

1. F. Lagrange, « Les exercices en plein air » [1890], *Hygiène de l'exercice chez les enfants et les jeunes gens*, Paris, Alcan, Reed, *Revue EP&S*, p. 78.

2. A. Schopenhauer, *Parerga et Paralipomena, op. cit.*, p. 49.

3. A. Schopenhauer, *De la quadruple racine du principe de raison suffisante* [1847], trad. fr. F.-X. Chenet, Paris, Vrin, 1997, p. 88 : « Physiologiquement, l'entendement est une fonction du cerveau qu'il a aussi peu apprise par expérience que l'estomac n'a appris à digérer ».

au cerveau[1], preuve d'une identité fonctionnelle dont la séparation est seulement logique mais pas physiologique. Est-ce l'entendement qui n'a pas appris à penser parce que son cerveau lui a fourni une fonction et des contenus innés ? Ou est-ce l'entendement qui, comme la digestion, est une fonction du cerveau-estomac, si bien que le cerveau n'a pas appris à utiliser son entendement ? L'usage de l'analogie est si peu rigoureux que l'homologie entendement-cerveau est sans doute le postulat de Schopenhauer.

> La conséquence la plus proche et la plus incommode pour tous ces philosophes de leur erreur commune, est la suivante : comme la connaissance consciente s'évanouit manifestement à la mort, ils sont obligés ou de considérer la mort comme l'anéantissement de l'homme, et tout notre être se révolte contre cette idée ; ou d'admettre une persistance de la connaissance consciente, dogme philosophique qui exige une foi à toute épreuve, car chacun a pu se convaincre par expérience que sa connaissance est dans une dépendance absolue du cerveau, et il est aussi facile de croire à une connaissance sans cerveau, qu'à une digestion sans estomac[2].

Soulignant la « dépendance absolue » de la connaissance consciente au cerveau, seule une croyance peut admettre une connaissance sans cerveau, plus facile à croire qu'une digestion sans estomac. Selon cette

---

1. A. Schopenhauer, *Le monde comme volonté et comme représentation* [1844], trad. fr. A. Burdeau (1889) revue et corrigée par R. Roos, Paris, P.U.F., 1966, p. 741 : « Un être pensant, sans cerveau, c'est un être qui digère sans estomac » et p. 895 : « une connaissance sans cerveau, qu'à une digestion sans estomac ».

2. *Ibid.*, p. 895.

croyance, il serait possible qu'une connaissance sans cerveau existât, notamment *post mortem* c'est-à-dire en dehors des conditions de dépendance physiologique de l'entendement envers son cerveau.

Mais, sur le ton de la moquerie envers ces croyances métaphysiques, Schopenhauer dit qu'il « est aussi facile de croire à une connaissance sans cerveau, qu'à une digestion sans estomac. » Nul ne pourrait distinguer la digestion de son estomac comme l'entendement ou la connaissance consciente de son cerveau sauf à nier la dépendance physiologique pour défendre une persistance psychique de la conscience.

> De même que les actions du corps ne sont que les différents actes de la Volonté qui se réfléchissent dans la représentation, de même leur substrat, la forme de ce corps, en est l'image globale : ainsi, dans toutes les fonctions organiques du corps, autant que dans ses actions extérieures, c'est la Volonté qui constitue l'*agens*. La physiologie véritable, à son apogée, démontre que l'élément spirituel de l'homme (la connaissance) est un produit de son physique ; c'est à Cabanis, plus qu'à aucun autre, que revient ce mérite[1].

Schopenhauer poursuit dans d'autres textes cette analogie en soulignant l'absence d'apprentissage des fonctions cérébrales car l'innéité du rapport forme-fonction rend impossible la construction de l'entendement à partir du cerveau :

> L'existence toute prête de ces formes antérieures à toute expérience est justement ce qui constitue l'intellect. Physiologiquement, l'entendement est une fonction du

---

1. A. Schopenhauer, *De la volonté dans la nature, op. cit.*, p. 76-77.

cerveau qu'il a aussi peu apprise par expérience que l'estomac n'a appris à digérer ni le foie à sécréter la bile[1].

Comme forme vide le sujet ne présuppose pas le corps comme la condition de son existence ni de son activité cognitive, la fonction pensante est proprement neurophysiologique :

> Nous voyons ainsi que la connaissance sans la perception intuitive transmise par le corps, n'a pas de matière, et que, par suite, le sujet connaissant en tant que tel n'est qu'une forme vide sans la présupposition du corps ; sans compter que toute pensée est une fonction physiologique du cerveau, comme la digestion l'est de l'estomac[2].

La vitalité incessante du rythme organique assure un mouvement qui renouvelle le contenu du cerveau à partir de l'activité de tout l'organisme :

> À l'intérieur de tout organisme règne un mouvement incessant et rapide : le cœur, dans son double mouvement si compliqué de systole et de diastole, bat impétueusement et infatigablement ; (…) les intestins se contractent sans cesse d'un *mouvement péristaltique* ; les glandes absorbent et sécrètent sans interruption ; le cerveau lui-même a un double mouvement pour chaque battement du cœur, pour chaque aspiration du poumon[3].

Schopenhauer analyse le bâillement, le rire, les pleurs, l'érection, le chatouillement en soulignant que si

---

1. A. Schopenhauer, *De la quadruple racine du principe de raison suffisante*, *op. cit.*, p. 88.
2. A. Schopenhauer, *Parerga et Paralipomena*, *op. cit.*, p. 49.
3. *Ibid.*, p. 265.

le mouvement réflexe est bien dû à des causes physiques, la question du *stimulus* mental se pose à l'intérieur même de l'excitation de la fonction cérébrale. Dès lors que le cerveau volontaire cède le pas à la moelle épinière, le mouvement réflexe ne peut être empêché même s'il reste encore l'expression d'une vitalité animale. Le modèle de la stimulation mentale suppose que par la moelle épinière le nerf détermine une action motrice spontanée dans l'organisme dont la surface du corps (érection, éternuement, chatouillement, rire, bâillement) est l'expression visible et irrépressible par le cerveau volontaire. L'action de représentations intuitives ou abstraites sur le bulbe rachidien correspond à un stimulus mental qui reste cependant strictement une détermination physique :

> Le *bâillement* appartient aux mouvements réflexes. Je soupçonne que sa cause éloignée est une dépression momentanée du cerveau amenée par l'ennui, la paresse d'esprit ou la somnolence, le cerveau cédant alors le pas sur la moelle épinière, qui, par des moyens propres, provoque cette crampe étrange[1].

Si le cerveau cède le pas à la moelle épinière il ne peut empêcher le corps de s'abandonner à l'expression vitale de son activité réflexe :

> Le rire et les pleurs se produisent par simple *stimulus mental*, ce qui leur est commun avec l'érection, qui se range parmi les mouvements réflexes ; le rire peut en outre être provoqué d'une façon purement physique, par le chatouillement. Son excitation ordinaire, c'est-à-dire mentale, s'explique par le fait que la fonction cérébrale au moyen de laquelle nous reconnaissons

---

1. A. Schopenhauer, *Parerga et Paralipomena, op. cit.*, p. 544.

soudainement l'incongruité d'une représentation intuitive et d'une représentation abstraite par ailleurs appropriée à celle-ci, a une action particulière sur le *bulbe rachidien* ou une partie appartenant au système excitant-moteur, d'où part ensuite l'étrange mouvement réflexe qui ébranle à la fois beaucoup de parties[1].

La notion de stimulus mental est le résultat d'une action directe sur le bulbe-rachidien en modifiant dans l'humeur moins un désir volontaire qu'un mouvement spontané des extrémités corporelles que sont le pénis ou les yeux en larmes.

Cette participation des nerfs cérébraux à la respiration explique également comment, lorsque le cerveau concentre son activité en vue d'une réflexion ou d'une lecture opiniâtre, la respiration devient plus légère et plus lente, ainsi que l'a remarqué Nasse[2].

Schopenhauer explique bien ce passage de la fonction consciente à la fonction inconsciente de l'organisme :

La marche et les mouvements du bras sont avant tout des fonctions du cerveau ; les membres externes reçoivent en effet leur mouvement de lui, et chacune de ses modifications, même la plus faible, par les nerfs de la moelle épinière ; c'est précisément pourquoi les mouvements volontaires nous fatiguent. Cette fatigue a, comme la douleur, son siège dans le cerveau, et non pas, comme nous l'imaginons, dans les membres ; aussi amène-t-elle le sommeil. D'autre part, les mouvements non provoqués par le cerveau, c'est-à-dire les mouvements involontaires de la vie organique, du cœur, des poumons, etc., s'effectuent sans causer de

---

1. A. Schopenhauer, *Parerga et Paralipomena*, *op. cit.*, p. 545.
2. *Ibid.*, p. 543.

fatigue. La pensée, aussi bien que le gouvernement des membres, incombant au même cerveau, le caractère de son activité s'imprime dans celle-là comme dans ceux-ci, suivant la nature de l'individu[1].

La motricité n'est pas sous le contrôle volontaire, elle est sous l'influence des modifications qualitatives de la vie organique qui ordonnent au cerveau de déclencher une réponse spontanée :

> Que, pendant cette substitution des nerfs cérébraux aux nerfs de la moelle épinière, et par conséquent des fonctions conscientes à des fonctions inconscientes, nous cherchions à nous procurer quelque soulagement par de rapides mouvements des jambes et des bras, je me l'explique par le fait que, tandis que la force nerveuse est ainsi dirigée vers les nerfs actifs excitant l'irritabilité, les nerfs sensibles qui excitent, en tant que messagers du cerveau, cette pénible sensation perdent quelque peu de sensibilité[2].

L'irritabilité n'est pas la sensibilité car les nerfs de la moelle épinière nous informent en premier de la disposition que prennent nos orifices en fonction des nécessités de la nature. Le corps n'est pas une perception consciente comme pourra l'être le corps propre car ici le corps est perçu à travers l'action de la volonté sur son cerveau : « Le corps de chacun est seulement la perception intuitive de sa volonté, perception naissant dans son cerveau »[3]. Par les nerfs cérébraux le corps vécu sera celui de la respiration, de la douleur et du plaisir qui fait éprouver la manière dont la volonté informe le sujet.

---

1. A. Schopenhauer, *Parerga et Paralipomena, op. cit.*, p. 927.
2. *Ibid.*, p. 545.
3. *Ibid.*, p. 71.

La forme de notre propre corps ne nous est donc pas révélée par la sensibilité générale ; ce n'est que par le fait de la connaissance et par la représentation, c'est-à-dire dans le cerveau, que le corps s'apparaît à lui-même comme quelque chose d'étendu, d'articulé, d'organisé[1].

Le corps se révèle lui-même non par lui-même mais par l'intermédiaire du cerveau qui en fournit la représentation à l'inverse de la thèse sensualiste qui ferait du corps une connaissance directe par la sensation.

La connaissance objective du corps, c'est-à-dire sa connaissance comme objet, est également une connaissance *médiate*, car, pareil à tous les autres objets, il se représente à l'entendement et au cerveau (ce qui est la même chose) objectivement, c'est-à-dire reconnu comme cause d'un effet subjectivement donné ; or ceci ne peut se faire que si ses parties agissent sur ses propres sens, donc si l'œil voit le corps, si la main le touche, etc., et c'est alors sur ces données que le cerveau ou l'entendement le construit dans l'espace, comme il le fait pour tous les autres objets, selon sa forme et sa qualité[2].

Les organes sensibles informent bien le cerveau, mais ne peuvent fournir une connaissance corporelle faute d'une expérience directe de la physiologie de nos organes. Cette connaissance est le résultat d'une construction par notre cerveau :

---

1. A. Schopenhauer, *Le monde comme volonté et comme représentation, op. cit.*, p. 46.
2. *Ibid.*, p. 121.

Grâce à l'intuition que notre cerveau construit avec les données des sens, d'une manière par conséquent indirecte, nous connaissons notre propre corps[1].

La Volonté se sert du cerveau pour représenter son contenu :

Chez moi, le sujet de la connaissance est, comme le corps, un phénomène de la volonté, et il se manifeste lui-même objectivement comme fonction cérébrale du corps[2].

Comme phénomène, le sujet de la connaissance ne parvient jamais à une autocérébroscopie, il découvre sa volonté au fur et à mesure de sa performativité dans le corps et l'action.

Nous arrivons ainsi à cette grande vérité, que la *nature naturante*, ou chose en soi, c'est la volonté dans notre cœur, tandis que la *nature naturée*, ou phénomène, en est la représentation dans notre cerveau[3].

Le corps est un phénomène de la volonté et le cerveau sert de la fonction représentative de la volonté sans produire par lui-même, sauf sous l'influence des nerfs de la moelle épinière, une information propre à lui.

La conscience a son siège dans le cerveau et se limite donc aux parties dont les nerfs vont au cerveau ; elle disparaît d'ailleurs si on sectionne ces nerfs : ainsi s'explique absolument la différence entre le conscient et l'inconscient, et donc entre le volontaire et l'involontaire dans les mouvements du corps[4].

1. A. Schopenhauer, *Le fondement de la morale* [1840], trad. fr. A. Burdeau, Paris, Le Livre de Poche, 1991, p. 228-229.
2. A. Schopenhauer, *Parerga et Paralipomena, op. cit.*, p. 95.
3. *Ibid.*, p. 105.
4. A. Schopenhauer, *De la volonté dans la nature, op. cit.*, p. 81.

CERVEAU ET FONCTIONS TRANSCENDANTALES

Jusqu'à Franz Joseph Gall, le cortex n'avait aucune importance dans l'explication du système nerveux[1]. La dimension de systématisation régulière dépasse les travaux des anatomistes qui avaient mis l'accent sur les formations de la ligne médiane. Devenu la partie la plus significative chez les mammifères supérieurs, le cortex est cependant maintenu par Gall dans son unité morphologique[2]. Il faudra attendre Friedrich Arnold (1803-1890), François Leuret (1797-1851), Louis-Pierre Gratiolet (1815-1865) et Pierre Paul Broca (1815-1865) pour fonder une description analytique des lobes antérieurs et postérieurs et des circonvolutions afin de préciser une nomenclature. La surface du cortex apparaît, pour Gall, comme l'aboutissement des fibres de substance blanche du cerveau.

Les épistémologues modernes distinguent deux formes dans les travaux de Gall : Roger Saban affirme à la fois que Gall « voulait à tout prix reconnaître les fonctions cérébrales et les qualités morales ou intellectuelles, les instincts, les talents ou les penchants, aussi bien chez l'homme que chez l'animal, accréditant même certains traits de caricatures zoomorphes », et que « cependant, tout n'est pas négatif dans l'œuvre de Gall. [...] Il fut même le premier à distinguer dans le cervelet des faisceaux de projection et d'association montrant

---

1. Voir E. H. Ackerknecht, « Contribution of Gall and the Phrenologists to Knowledge of Brain Function », in *The History and Philosophy of Knowledge of the Brain and Its Functions*, Oxford, Blackwell, 1958.
2. Voir C. Pogliano, « Il primato del cervello », in *F. J. Gall, L'organo dell'anima. Fisio logia cerebrale e disciplina dei comporta menti*, Venezia, Marsilio, 1985, p. 7-37.

le rôle des commissures, et prouva définitivement l'entrecroisement des fibres pyramidales »[1]. Clarke et O'Malley soulignent pour leur part que l'apport gallien fut celui de la localisation fonctionnelle sur la surface du cerveau. Ils précisent :

> Que la part la plus significative des travaux de F. J. Gall pour la théorie de la localisation cérébrale fût celle sur la faculté du langage et de la parole […]. Il sépare la mémoire verbale de la faculté du langage, mais il relia leurs organes cérébraux et les plaça ensemble dans les circonvolutions frontales […]. Il avait observé que les individus ayant une bonne mémoire avaient des yeux globuleux, et dans son système il argumentait que les aires représentant la mémoire des mots étaient sur les surfaces orbitales des lobes frontaux […][2].

Pourtant Johann Gaspar Spurzheim et Franz Joseph Gall ont commis un contresens clinique en attribuant le langage à une localisation orbitale. Les travaux de Pierre Flourens (1784-1867), Jean Bouillaud (1796-1875), Simon Alexandre Ernest Aubertin (1825-1893) et Paul Broca (1824-1880) viendront corriger cette erreur.

Bouillaud, Aubertin et Broca vont définitivement dépasser Gall par toute leur pertinence clinique à localiser la fonction du langage. Dans leur livre *Naissance de la neuropsychologie du langage* (1969), Henri Hecaen et Julien Dubois ont analysé la nature du débat au sein de la *Société d'anthropologie de Paris* qui réunit, en 1861, Bouillaud, Aubertin et Broca. Comme le rappellent

---

1. R. Saban, *Le cerveau dans tous ses états*, Paris, CNRS Éditions, 1991, p. 64-65.
2. E. Clarke, E., C. D. O'Malley, *The human Brain and the Spinal Cord. A Historical Study Illustrated*, Berkeley, University of California Press, 1968, p. 478, nous traduisons.

Hecaen et Lanteri-Laura, Bouillaud publie dès 1825[1] des recherches cliniques qui démontrent, à l'appui de 114 observations, que la perte de la parole correspond à l'atteinte des lobules antérieurs du cerveau. Bien qu'il confirme les opinions de Gall, il attribue au cortex la causalité de l'émission de la parole là où son maître situait le langage à la surface globulaire. S'opposant à Flourens, Bouillaud démontre la disjonction entre l'abolition de la parole et la perte d'une fonction motrice à partir d'études cliniques sur les paralysies. En effet il s'oppose à la thèse de Flourens[2] selon laquelle le cerveau n'exerce aucune influence directe sur les phénomènes de la parole. Il ne recherche pas seulement à localiser le centre particulier dans le cerveau, mais aussi le centre coordonnateur des mouvements musculaires et des pensées.

Pour cela, Bouillaud publie en 1848 ses *Recherches cliniques propres à démontrer que le sens du langage articulé et le principe coordinateur des mouvements de la parole résident dans les lobules antérieurs du cerveau*[3] et conclut ainsi :

> Le cerveau, chez l'homme, joue un rôle essentiel dans le mécanisme d'un grand nombre de mouvements ; il régit tous ceux qui sont soumis à l'empire de l'intelligence et de la volonté [...]. La perte de la parole dépend tantôt de celle de la mémoire des mots, et tantôt de celle des

1. J. Bouillaud, *Traité clinique et physiologique de l'encéphalite*, Paris, J. B. Baillère, 1825.

2. Voir R. M. Young, *Mind, Brain and Adaptation in the Nineteenth Century*, Oxford, Clarendon Press, 1970 ; rééd. New York, Oxford University Press, « History of Neuroscience Series », 1990, p. 135-140.

3. J. Bouillaud, *Recherches cliniques propres à démontrer que la perte de la parole correspond à la lésion des lobules antérieurs du cerveau*, Paris, J. B. Baillère, 1848.

> mouvements musculaires dont la parole se compose, ou
> ce qui est peut-être la même chose, tantôt de la lésion
> de la substance grise, et tantôt de celle de la substance
> blanche des lobules antérieurs [...] [1].

Bouillaud apparaît donc comme le pionnier de la localisation du langage, et comme le pourfendeur des partisans de l'unitarisme François Lallemand (1790-1854) et Jean Cruveilher (1791-1790) qui n'avaient pas reconnu, à propos du langage, la distinction dans les lobules antérieurs entre les troubles de l'articulation des sons et la faculté d'organiser le discours verbal. Lallemand, disciple fidèle de Gall, auteur des *Recherches anatomiques et pathologiques sur l'encéphale et ses dépendances* [2], dénie le rôle, reconnu cependant par Gall, des lésions frontales bilatérales dans le langage articulé. Cruveilher, auteur en 1835 d'une *Anatomie descriptive* [3] où il présente les travaux de Gall, partage avec les deux autres la même confusion.

Schopenhauer refuse la confusion de la localisation phrénologique car l'entendement entre en activité et il n'est pas anatomiquement constitué :

> Ce n'est que quand l'*entendement*, fonction propre, non
> à des extrémités nerveuses frêles et particulières, mais à
> ce cerveau bâti avec autant d'art et si énigmatiquement,
> qui pèse trois livres, cinq exceptionnellement, c'est
> seulement quand cet *entendement* entre en activité et

1. H. Hecaen, G. Lanteri-Laura, *Évolution des connaissances et des doctrines sur les localisations cérébrales*. Paris, Desclée de Brouwer, 1977, p. 87.

2. F. Lallemand, *Recherches anatomiques et pathologiques sur l'encéphale et ses dépendances*, Paris, Brechet-Jeune, 3 vol., 1820-1823.

3. J. Cruveilher, *Anatomie descriptive*, Paris, Brechet-Jeune, 1835.

qu'il vient appliquer sa seule et unique forme, la *loi de causalité*, qu'il se produit une immense modification par la transformation de la sensation subjective en intuition objective. (…) Il appelle, en même temps, à l'aide la forme du sens *externe*, l'*espace*, forme qui réside également toute prête dans l'intellect, c'est-à-dire dans le cerveau, pour situer cette cause *en dehors* de l'organisme ; car c'est ainsi seulement que naît pour lui le « dehors » dont la possibilité est précisément l'espace, de telle sorte que l'intuition pure doit fournir le fondement de l'intuition empirique [1].

C'est un jeu de formes qui s'applique, à partir de leurs formations dans le cerveau, aux objets extérieurs qui constitue la réalité objective comme une extériorité.

Quant à moi, voici comment j'argumente : entre l'acte de la Volonté et l'action du corps, il n'existe aucun rapport de causalité ; les deux sont directement une seule et même idée perçue deux fois : une première fois dans la conscience ou sens interne, comme acte de la Volonté et en même temps dans la perception cérébrale, extérieure, de l'espace, comme action musculaire [2].

Sans rapport de causalité entre l'acte de Volonté et l'action du corps, « les deux sont directement une seule et même idée perçue deux fois » à la fois et en même temps comme acte de Volonté aperçu dans la conscience de soi et comme action musculaire dans la perception cérébrale de l'espace. Schopenhauer n'établit pas de lien de causalité entre le cerveau et la conscience tant dans le passage de la conscience dans le corps que dans

---

1. A. Schopenhauer, *De la quadruple racine du principe de raison suffisante, op. cit.*, p. 83.
2. *Ibid.*, p. 115.

le retour de la conscience sur son cerveau. La forme de l'espace réside toute prête « dans l'intellect c'est-à-dire dans le cerveau »[1] : à la différence de Gall, la forme de l'espace n'est pas une structure avec des contenus préétablis, car le dehors, l'extériorité est nécessaire pour que la forme existe : l'intuition pure du sens externe est la condition de l'intuition empirique des causes en dehors de l'organisme. Il convient de distinguer ici un argument de constitution, la forme de l'espace dans le cerveau, de l'argument de fonctionnement « quand l'entendement entre en activité »[2]. L'entendement est une fonction de l'intellect, qui est le cerveau vu objectivement. Le travail de l'entendement, qui constitue la représentation, correspond à l'activité d'une partie du cerveau. Les deux arguments légitiment que la forme dans le cerveau et l'activité de l'entendement fonctionnent en même temps, mais c'est bien l'entendement seul en tant que fonction consciente, et non le cerveau, qui applique sa seule loi, la loi de causalité : « entre l'acte de la Volonté et l'action du corps, il n'existe aucun rapport de causalité »[3], seul l'entendement « vient appliquer sa seule et unique forme, la *loi de causalité*, qu'il se produit une immense modification par la transformation de la sensation subjective en intuition objective »[4]. L'ambiguïté vient du niveau de cérébralité qu'attribue Schopenhauer à l'entendement : ce n'est pas « des extrémités nerveuses frêles et particulières » que provient la fonction propre de l'entendement, mais de « ce cerveau bâti avec autant

---

1. A. Schopenhauer, *De la quadruple racine du principe de raison suffisante, op. cit.*, p. 83.

2. *Ibid.*, p. 83.

3. *Ibid.*, p. 115.

4. *Ibid.*, p. 83.

d'art et si énigmatiquement, qui pèse trois livres, cinq exceptionnellement »[1]. Schopenhauer comprend le cerveau à partir de son centre en accordant peu de valeur à la thèse fibrillaire du réseau nerveux pourtant bien établi dans la tradition neurologique depuis Descartes. La référence à l'art cérébral suppose qu'une organisation centrale des fonctions a été construite selon une logique architectonique pour servir à l'activité de « cet » entendement, le « cet » renvoyant à « ce » cerveau bâti.

> Ce système [celui de Kant] démontre que l'univers matériel tout entier, avec ses corps dans l'espace, lesquels sont étendus, et, grâce au temps, ont les uns avec les autres des rapports de causalité, en un mot que tout ce qui en dépend n'a pas une existence indépendante de notre tête ; mais que tout cela a son principe dans les fonctions de notre cerveau. C'est grâce à ces fonctions, et c'est dans le cerveau seul que cette ordonnance objective des choses est possible ; car le temps, l'espace et la causalité, sur lesquels reposent tous ces processus objectifs, ne sont en effet que des fonctions du cerveau. Enfin, il démontre que cet ordre immuable des choses, qui est le critérium et le fil conducteur de leur réalité empirique, procède du cerveau et tient de lui tout son crédit. Tel est l'exposé de la critique radicale de Kant, sauf que le mot « cerveau » n'y intervient pas, qu'il est remplacé par « la faculté de connaître[2].

L'ordonnance objective s'effectue bien dans le cerveau même si subjectivement nous croyons que la volonté serait dans une tête séparée de son cerveau. Il ne faut pas

---

1. *Ibid.*, p. 83.
2. A. Schopenhauer, *Le monde comme volonté et comme représentation, op. cit.*, p. 677.

croire avec Kant que le cadre *a priori* et la constitution transcendantale des catégories et des lois pourraient provenir d'un entendement sans cerveau. Toutefois, en réalité, Schopenhauer se contente de remplacer la « faculté de connaître » de Kant par « cerveau ».

L'ANTICIPATION CÉRÉBRALE DE LA VOLONTÉ

« La perception cérébrale, extérieure, de l'espace, comme action musculaire »[1], si elle ne peut être distinguée, selon la complémentarité du sens interne et sens externe, n'a pas de relation de causalité avec la volonté. C'est une différence de perception, entre perception consciente et perception cérébrale : la première trouve dans la Volonté son acte dans le temps même où la seconde met en action le muscle. Il n'y a pas, pour Schopenhauer, ici du moins, d'anticipation de la perception cérébrale qui se communiquerait ensuite dans la Volonté. Il ignore le temps d'information, 450 ms, de la conscience, défendant ainsi la thèse de la simultanéité Volonté-muscle, Conscience-cerveau. Pourtant la perception cérébrale ne peut être assimilée à la perception consciente : faute justement d'être consciente, la perception cérébrale ne redouble pas la perception consciente de l'Idée, elle en produit un point de vue pour l'organisme en déclenchant l'action musculaire correspondant à la Volonté, à moins que ce ne soit la perception consciente qui traduise en Volonté ce qui se passe dans l'action musculaire (traduction, parallélisme, ou simultanéité). Cette dualité de perception entre acte et action est-elle un dédoublement, un redoublement

1. A. Schopenhauer, *De la quadruple racine du principe de raison suffisante, op. cit.*, p. 115.

ou les deux faces d'une même pièce ? Schopenhauer ne met le cerveau ni en avance, ni en retard par rapport à la conscience et réciproquement.

Cette organicité de la connaissance consciente n'est pas pour autant un réductionnisme éliminativiste comme le sera la neurophilosophie contre la neurophénoménologie[1] : il ne s'agit pas pour Schopenhauer d'éliminer le concept de conscience pour le remplacer par celui de cerveau ! Certes la dépendance physiologique est ici fonctionnelle, puisqu'il reconnaît un dédoublement du cerveau lui-même en organe et fonction, en moyen et finalité. Ainsi la connaissance de la conscience dépend de la qualité et de l'activité physiologique du cerveau dont la moindre lésion ou pathologie, ou le sommeil, prouverait l'influence sinon la détermination y compris des contenus. Ainsi « ce qui resterait dans la conscience, » est seulement une affection fournie par la sensation :

> Si l'on pouvait subitement retirer, par une paralysie du cerveau par exemple, l'entendement à une personne placée en face d'un point de vue vaste et varié, tout en lui conservant la sensation ; car c'était là la matière première avec laquelle son entendement créait auparavant cette intuition[2].

Retirer l'entendement par une paralysie du cerveau à quelqu'un est un argument qui prouverait que le cerveau produit bien la matière première de l'intuition sensible

---

1. Voir B. Andrieu, « Brains in the Flesh. Prospects for a neurophenomenology », *Janus Head. Journal of Interdisciplinary Studies in Literature, Continental Philosophy, Phenomenology, Psychology and Arts*, 2006, p. 129-149.

2. A. Schopenhauer, *De la quadruple racine du principe de raison suffisante*, *op. cit.*, p. 89-90.

qu'il ressent dans la conscience de son entendement, mais une sensation sans contenu. Le senti cérébré ne peut à lui seul devenir une intuition car c'est l'entendement qui l'a créé.

CERVEAU, INCONSCIENT, SOMMEIL ET RÊVE

Pour Schopenhauer, de l'intérieur de la substance médullaire, se produit une activité sans contrôle conscient, dont le contenu ne deviendra visible que par la corporéisation du rêve :

> On pourrait presque hasarder l'hypothèse physiologique que le penser conscient provient de la surface du cerveau, le penser inconscient de l'intérieur de sa substance médullaire[1].

Le rêve n'est pas un accès à la pensée inconsciente qui résiderait dans la substance médullaire, mais celle-ci se libère dans le rêve en prenant corps dans des images et des représentations :

> Cela explique donc cette corporéisation des rêves, qui les distingue si puissamment des simples imaginations. Le tableau de l'imagination (à l'état de veille) n'existe jamais que dans le cerveau; car il est seulement la réminiscence, bien que modifiée, d'une excitation matérielle antérieure à l'activité cérébrale intuitive, effectuée par les sens. La vision, au contraire, n'existe jamais que dans le cerveau mais aussi dans les nerfs sensoriels, et provient d'une excitation matérielle, actuellement active, de ceux-ci, qui s'affirme de l'intérieur et pénètre le cerveau[2].

---

1. A. Schopenhauer, *Parerga et Paralipomena*, *op. cit.*, p. 456.
2. *Ibid.*, p. 209.

Mais le cerveau ne reste pas inactif dans le sommeil, repos du cerveau n'équivaut pas à cerveau en repos. Schopenhauer est bien conscient de la contradiction, « aussi devons-nous, pour prévenir toute contradiction, envisager ce repos comme seulement relatif, et cette activité comme limitée et seulement partielle. »[1], et doit distinguer le sommeil physiologique du cerveau qui favorise, condition nécessaire, la production de rêve, de toute association d'idées qui relèverait du pouvoir d'une conscience mnésique des images mentales.

> Plus énigmatique encore est le processus physiologique dans le cerveau même, ce en quoi consiste en réalité le rêve. Le sommeil est le repos du cerveau, le rêve une certaine activité de celui-ci ; aussi devons-nous, pour prévenir toute contradiction, envisager ce repos comme seulement relatif, et cette activité comme limitée et seulement partielle[2].

Cette activité du cerveau malgré le sommeil est la preuve d'une détermination par irritations provenant de l'intérieur de l'organisme et contre lequel le contrôle volontaire de l'imagination ne peut rien. C'est une « pure excitation physiologique de l'intérieur de l'organisme. Deux voies sont ouvertes au cerveau pour l'influence de ce dernier : celle des nerfs et celle des vaisseaux. »[3]. Le vivant de l'organisme surgit par les nerfs et les vaisseaux en produisant le rêve qui est une corporéisation et non plus une simple imagination : l'imagination existe dans le cerveau, là où la corporéisation provient de l'intérieur de l'organisme. L'imagination est toujours une réminiscence d'une excitation matérielle antérieure à

1. *Ibid.*, p. 199.
2. *Ibid.*, p. 199.
3. *Ibid.*, p. 196.

l'activité cérébrale intuitive, tandis que la corporéisation est une excitation matérielle qui s'affirme de l'intérieur et pénètre le cerveau en produisant le rêve.

Le rêve est bien un processus physiologique du cerveau, « les rêves sont une fonction du cerveau. »[1], ce que confirmeront Dement[2] et Jouvet[3]. Michel Jouvet analyse cette thèse ainsi : le rêve serait alors un processus de nettoyage où le cerveau, fonctionnant en circuit fermé, pourrait se libérer de toutes les modalités parasites en raison de la création de nouveaux circuits d'informations... Ainsi, la fonction du rêve serait de réaliser un « apprentissage en sens inverse » (*a revearse learning mechanism*) qui modifierait le cortex, par exemple, en altérant la résistance des synapses. Au cours du sommeil paradoxal, nous désapprenons nos rêves inconscients. « Nous rêvons dans le but d'oublier ». Ainsi la réorganisation des programmes instinctuels complexes a lieu pendant le sommeil paradoxal par le moyen de la transformation de message biochimique en un message électrique ; par là le code génétique biochimique deviendrait le code nerveux du cerveau. Michel Jouvet avance que non seulement le sommeil paradoxal préserve les caractéristiques génétiques de base de l'espèce mais aussi les variantes phénotypiques des comportements issus des apprentissages. « Les rêves sont une fonction

1. A. Schopenhauer, *Parerga et Paralipomena, op. cit.*, p. 204.

2. Voir S. Clemes et W. Dement, « The effect of REM sleep deprivation on psychological functionning », *Journal of Nervous and Mental Disorders*, 1967, p. 144.

3. Voir M. Jouvet et F. Michel, « Corrélations électromyographiques du sommeil chez le chat décortiqué et mésencéphalique chronique », *Comptes rendus des séances de la société de biologie*, 1959, p. 153 ; *cf.* M. Jouvet, *Le sommeil et le rêve*, Paris, Odile Jacob, 1992.

du cerveau »[1], mais une fonction qui implique le repos physique du cerveau dans le sommeil mais pas l'absence de toute activité. Les rêves ne sont pas produits par une association d'idées qui relèverait de l'imagination mais de l'activité inconsciente du cerveau par la suppression de l'activité normale du cerveau :

> La condition caractéristique et essentielle du rêve, c'est le sommeil, c'est-à-dire la suppression de l'activité normale du cerveau et des sens. (…) Il est très remarquable que les rêves ne sont pas non plus produits par une association d'idées. Ou ils naissent, en effet, au milieu d'un profond sommeil, repos du cerveau que nous avons toute cause de regarder comme complet – c'est-à-dire comme absolument inconscient, ce qui écarte même toute possibilité d'une association d'idées…[2]

CONCLUSION

L'ordre immuable, de même que l'innéité des fonctions, est « une ordonnance objective »[3] garantie par le cerveau puisque possible par lui seul. Schopenhauer, il l'indique lui-même, a remplacé la faculté de connaître que l'on trouve chez Kant au principe de la critique dès l'Esthétique transcendantale, par le mot « cerveau ». Pourquoi ? Qu'est-ce que ce mot apporterait de plus que le kantisme ne suffisait pas à décrire ? Ou plus exactement Schopenhauer passe de la « tête » au « cerveau » : « en un mot que tout ce qui en dépend n'a pas une existence

---

1. A. Schopenhauer, *Parerga et Paralipomena, op. cit.*, p. 204.
2. *Ibid.*, p. 195.
3. A. Schopenhauer, *Le monde comme volonté et comme représentation, op. cit.*, p. 677.

indépendante de notre tête ; mais que tout cela a son principe dans les fonctions de notre cerveau »[1]. Le cerveau naturalise moins le transcendantal puisqu'il n'y a pas de description, de localisation fonctionnelle qu'il ne favorise l'inscription des fonctions pour l'espace, le temps et la causalité d'êtres « des processus objectifs »[2].

L'objectivité est une matérialisation des structures transcendantales afin d'assurer une connexion entre le cerveau et l'entendement qui réalise la causalité d'une part et une différence de point de vue entre l'acte de la volonté et l'action du corps. Schopenhauer accomplit donc le pas de *l'embodiement* en définissant le temps, l'espace et la causalité comme des fonctions propres du cerveau mais il évite la naturalisation de celles-ci en en conservant la dimension transcendantale.

Le cerveau n'est donc pas transcendantal[3] chez Schopenhauer, il héberge le transcendantal sans le produire par l'architecture de ses fonctions : sans le cerveau, le temps, l'espace et la causalité ne pourraient fonctionner mais le cerveau n'est jamais décrit comme ce qui constitue le contenu de ces fonctions. Schopenhauer a besoin du cerveau pour faire passer le temps, l'espace et la causalité de l'idéalité transcendantale à la « réalité empirique » : « cet ordre immuable des choses, qui est le *critérium* et le fil conducteur de leur réalité empirique,

---

1. A. Schopenhauer, *Le monde comme volonté et comme représentation, op. cit.*, p. 677.

2. *Ibid.*, p. 677.

3. Voir B. Andrieu « Quelle pragmatique pour un cerveau transcendantal », dans N. Franck, Chr. Hervé et J. J. Rozenberg (eds.), *Psychose, langage et action*, Bruxelles, De Boeck, 2009, p. 47-63.

procède du cerveau et tient de lui tout son crédit »[1]. Quel statut accorder au cerveau ?

> Par suite, toute notre connaissance empirique se résout alors en deux composants ayant tous deux leur origine en nous-mêmes : l'impression sensible, et les formes données *a priori* – temps, espace et causalité, fonctions de notre intellect ou de notre cerveau[2].

Le cerveau est une forme *a priori* par ses fonctions et non en lui-même comme on peut le penser aujourd'hui dans la neurophysiologie transcendantale qui décrit le cerveau, et non la volonté, comme un cadre à la possibilité de la connaissance :

> *Transcendantale* est la philosophie qui prend conscience que les lois premières et les plus essentielles de ce monde qui se représente devant nous ont leurs racines dans notre cerveau, et sont, pour ce motif, reconnues *a priori*[3].

> Chez moi, le sujet de la connaissance est, comme le corps, un phénomène de la volonté, et il se manifeste lui-même objectivement comme fonction cérébrale du corps[4].

> Nous arrivons ainsi à cette grande vérité, que la *nature naturante*, ou chose en soi, c'est la volonté dans notre cœur, tandis que la *nature naturée*, ou phénomène, en est la représentation dans notre cerveau[5].

---

1. A. Schopenhauer, *Le monde comme volonté et comme représentation, op. cit.*, p. 677.
2. A. Schopenhauer, *Parerga et Paralipomena, op. cit.*, p. 87.
3. *Ibid.*, p. 79.
4. *Ibid.*, p. 95.
5. *Ibid.*, p. 105.

CHAPITRE II

CARNAP 1922
DU CHAOS AU CORPS [1]

Si Schopenhauer a pu décrire l'émersion de l'inconscient dans la forme du rêve, il établissait cette dynamique par une continuité ontologique. L'activité cérébrale restait un fondement métaphysique inaccessible mais actif, au point d'influencer la direction de l'esprit. En 1922, dans son texte « Du Chaos à la réalité » (*Vom Chaos zur Wirklichkeit*), Rudolf Carnap constate lui aussi que la psychologie n'en est qu'à ses débuts, surtout si le projet est bien de la fonder sur la physique, et pas seulement sur les sciences de la nature : c'est « une science qui n'en est encore qu'à son premier stade de développement » [2]. La psychologie ne pourra selon lui progresser que si sa constitution ne se réduit pas à un déterminisme neurologique – sauf à devenir ce que sera la neuropsychologie. Pour autant, devons-nous renoncer

1. Ce chapitre reprend en partie un article éponyme paru dans la *Revue de métaphysique et de morale* en 2011 (2011/3, n° 71, p. 355-369).
2. R. Carnap, « Du Chaos à la Réalité » [1922], trad. fr. F. Felix et F. Shang, dans B. Andrieu et F. Félix, *Construction et réduction – Textes inédits sur le physicalisme 1922-1955*, Lausanne, L'Âge d'Homme, 2011, p. 97.

à décrire la constitution depuis le chaos jusqu'à la perception du corps vécu ?

Au chapitre v de l'*Aufbau*, « Élucidation de quelques problèmes philosophiques sur la base de la théorie de la constitution »[1], Carnap aborde le problème psycho-physique en partant de son mode de résolution physicaliste. Ainsi, ce problème psycho-physique ne saurait avoir des origines hétéro-psychiques : la méthode du parallélisme est un échec, car nous observons les événements du cerveau que nous reportons, dans le même temps, à propos des événements dont la personne est consciente – installant ainsi une relation de cause à effet. Mais ces deux séquences n'appartiennent pas à deux domaines différents. Au contraire, ce sont deux séquences physiques parallèles.

La question n'est pas de savoir si « à chaque processus psychique correspond un processus physiologique simultané dans le système nerveux central », ce qui serait confondre l'ordre de la connaissance avec celui de la physique : « résoudre ce "problème de correspondance" de la relation psychophysique (*cf.* § 21) est une tâche propre à la physiologie »[2]. Carnap retrouve en 1928, au § 174 de l'*Aufbau*[3], la question qu'il a déjà abordée en 1922 dans le *Chaos*, celle de la limite du type de réel dans le domaine du psychique :

> À partir des domaines de l'expérience vécue (du premier comme du troisième degré) ne sont pas construits seulement les domaines de la réalité (du second et du quatrième degré), mais aussi d'autres domaines que

1. R. Carnap, *La construction logique du monde* [1928], trad. fr. T. Rivain, Paris, Vrin, 2002, chap. v, p. 157-183.
2. *Ibid.*, § 21, p. 81.
3. *Ibid.*, § 174, p. 285.

l'on qualifie de « domaines psychiques », à savoir
« mon âme » ou « l'âme de L1 »[1].

Comment dès lors qualifier « le domaine ajouté "ma
subconscience », quand le seul domaine susceptible
d'être décrit par le domaine de l'expérience vécue est
appelé « ma conscience » ? Se pose donc la question des
émotions qui surgissent hors de la normativité attendue
dans l'ordre de la construction de la réalité :

> Leur est propre, dans la mesure où ils appartiennent
> à la « conscience », le caractère « vivant » évoqué
> précédemment, lequel ne permet toutefois pas de
> délimitation absolument valide et tranchée. Leur
> situation spéciale, ils l'acquièrent d'une façon nettement
> circonscrite et seulement par une certaine relation
> de coordination (« relation d'excitation ») à certains
> processus de la réalité. Cela a pour conséquence que
> la construction du domaine psychologique présuppose
> méthodologiquement la construction de la réalité[2].

L'identité des lois entre psychologie et physique
devrait garantir la construction d'une subconscience
qui devrait alors avoir les mêmes relations formelles
que celles de la physique avec la conscience, sans
quoi ce serait reconnaître un fondement impossible du
subconscient.

Carnap paraît conserver la même position en 1928
lorsqu'il écrit dans le § 132 de *La construction logique du
monde* consacré au « domaine du psychisme propre »[3],
à propos de la constitution des objets inconscients,
que la forme de constitution a une certaine similitude

1. R. Carnap, « Du chaos à la réalité », *op. cit.*, p. 95.

2. *Ibid.*, p. 99-100

3. R. Carnap, *La construction logique du monde*, *op. cit.*, § 132,
p. 223.,

avec celle du monde physique, en particulier avec le procédé qui sera commenté plus tard, de complément par analogie (§ 135) : ici aussi sont en vigueur les tendances à maintenir constant l'état et le déroulement des choses (c'est-à-dire d'une certaine manière une catégorie psychologique de substance et une catégorie psychologie de causalité). Remarquons ici la même formule que dans le texte du *Chaos* de 1922 :

> Dans cette construction également sont en vigueur des tendances, lesquelles sont apparentées à celles valant pour la construction de la réalité et peuvent être désignées elles aussi comme tendances à la conservation de l'identité d'état et de l'identité d'évolution (catégorie psychologique de substance et catégorie psychologique de causalité)[1].

Pourtant, le point nouveau en 1928 est la reconnaissance d'un domaine séparé de la constitution du monde physique, « la constitution du domaine autopsychique » qui « ne s'opère que dans la science, à savoir la psychologie, science dont le niveau de développement est encore peu avancé »[2].

Dès l'*Aufbau*, notamment précise Jean-Claude Dupont aux paragraphes 162, 166 à 169, Carnap décrit la possibilité d'une expérience auto-psychologique en reprenant[3] à Emil Du Bois-Reymond (1872) et Hugo Dingler (1913) le thème du miroir cérébral. Le parallélisme entre la séquence psychologique, la mélodie entendue, et la séquence physique, les événements cérébraux, est un

---

1. R. Carnap, « Du chaos à la réalité », *op. cit.*, p. 97.
2. R. Carnap, *La construction logique du monde, op. cit.*, p. 223.
3. *Ibid.*, § 167, p. 275.

parallélisme entre deux séquences de constituants. Ce parallélisme de séquences de constituants relève d'un système constructionniste d'objets de connaissances. Mais une analyse constructionniste de ces expériences, et de leurs constituants, interdit toute prise de position de Carnap en faveur soit du dualisme soit du monisme. La construction ne produit pas d'explication des relations réelles entre les deux séquences.

Rudolf Carnap s'empare donc de la question du fondement physicaliste de la psychopsychique. Dès son livre, en 1934, *The Unity of Science*, Carnap situe le statut physicaliste de la psychologie, mais comme partie intégrante de son projet de reconstruction logique[1]. Pour lier les phrases protocolaires de l'observateur, le langage-système scientifique et la reconstruction scientifique, Carnap ne propose d'autre réponse que la « physicalisation » de la psychologie. Ainsi, Carnap ne veut pas apparaître comme un matérialiste réductionniste, comme le sera Herbert Feigl, mais en accordant à la psychologie des fondements physiques que présuppose son discours dès ses définitions, il prépare l'achèvement de l'élimination de la psychologie ordinaire et son remplacement par la neuropsychologie. Le matérialisme n'est donc pas une adhésion idéologique pour Carnap, mais la conséquence d'une nécessité méthodologique selon laquelle la réalité de l'expérimentation devient un critère de simplicité pour l'explication psychologique.

Présentées dans l'examen des thèses de l'empirisme logique, les fondations réelles des propositions (énoncés) des données sensibles se trouvent toujours

---

1. R. Carnap, *The Unity of Science*, London, Trubner & Company, 1934, p. 71.

dans la physique. En établissant un arbre généalogique des concepts, le but de la théorie de la constitution est d'écarter tous les énoncés qui ne seront pas en rapport avec la science physique. Les objets physiques servent de base à la constitution du système logique, tandis qu'à l'inverse, les relations de réductibilité font disparaître les questions traditionnelles de la métaphysique.

CONSTRUCTION ET RÉALITÉ

Il n'y a pas pour Carnap, dans le texte de 1922, de description du Chaos, car il est inaccessible. Ce « principe de chaos est une fiction »[1]. La réalité est toujours déjà une construction logique. Pour autant postuler un chaos, comme degré zéro de la réalité, favorise le projet d'une description de l'étayage logique[2] à partir du rien. La grammaire de la réalité est le postulat de la description logique évitant ainsi tout recours à un fondement métaphysique :

> La « réalité » ne nous est pas donnée comme quelque chose de déterminé, elle est au contraire sujette à des corrections permanentes. Le théoricien de la connaissance déclare : elle a été construite en vue d'un accomplissement précis à partir d'un chaos originel selon des principes ordonnateurs tout d'abord instinctifs exigés par cet accomplissement. Mais ce principe de chaos est une fiction. Nous, qui engageons cette réflexion ne savons rien d'un chaos originel, nous ne pouvons nous souvenir d'avoir entrepris la construction de la réalité à partir de quelque chose de tel[3].

1. R. Carnap, « Du chaos à la réalité », *op. cit.*, p. 55.
2. B. Andrieu, « Wittgenstein et la grammaire du cerveau », *Philosophie* 49, mars 1996, p. 50-67.
3. R. Carnap, « Du chaos à la réalité », *op. cit.*, p. 55.

La construction à partir du chaos est une fiction méthodologique car le principe d'un chaos originel lui-même est pour Carnap une fiction ontologique. Croire en une origine à partir de laquelle l'émersion du corps se réaliserait entretient une mythologie métaphysique, celle de l'Un, de l'Être ou du Verbe. Tout est déjà dynamisé et émersif. Le mélange entre forme et matière est à comprendre dans ce qui sera décrit comme une épigénèse. La logique descriptive vient après celle de la réalité qui échappe encore pour Carnap à la description. La réalité est phénoménale et ordonnée mais par le biais d'une reconstruction théorique :

> Je soutiens que si la conceptualisation que fait Carnap de l'expérience fondamentale était compatible avec les idées formulées par les membres de l'école de psychologie de la forme (*Gestaltpsychologie*) de Berlin et Francfort, son analyse formelle de la relation entre deux expériences fondamentales (« souvenir de similarité ») ne l'était pas. Cela fait sens, étant donné que l'objectif de Carnap était de fournir une reconstruction unifiée de la connaissance scientifique, par opposition aux processus mentaux par lesquels nous acquérons des connaissances sur le monde. C'est ce dernier point qui le place en net contraste avec une partie de la littérature épistémologique plus ancienne, qu'il cite pour souligner le caractère complexe de l'expérience fondamentale. Bien que cette littérature ait eu explicitement pour objectif de dépasser les présupposés métaphysiques grâce à une analyse de la conscience, Carnap considérait que ces tentatives étaient toujours teintées de métaphysique [1].

1. U. Feest, « Science and Experience / Science and Experience: Gestalt Psychology and the Anti-Metaphysical Project of the *Aufbau* », *Perspectives on Science*, vol. 15, n° 1, 2007, p. 1-25, ici p. 10.

Ainsi la reconstruction d'une connaissance scientifique unifiée trouve dès le texte de 1922 sur le *Chaos* l'expression d'une première tentative pour construire la réalité à partir d'un schéma opératoire et logique.

Carnap distingue quatre degrés de construction à partir du chaos en 1922. Il y a selon lui,

> un certain degré de disposition à l'ordre. Sans cette qualité, le chaos ne pourrait pas être organisé selon un schéma ordonnateur et transformé par là en un domaine ordonné. Mais qu'il ne comporte pas une disposition générale à l'agencement seulement, mais exactement le degré de cette propriété que l'on puisse faire voir par de telles considérations, est une question de métaphysique, non de théorie structurelle de la connaissance[1].

Carnap refuse tout finalisme métaphysique mais, par le terme de propension, il reconnaît qu'une classification est possible logiquement :

Degré	Domaine	Logique	Psychologie
1er	Expérience vécue	Relation G	Ma conscience
2nd	Réalité Corps	Conservation Identité Classes & Mœllons	Subconscience

---

1. R. Carnap, « Du chaos à la réalité » *op. cit.*, p. 93.

3^e	Domaine de l'expérience vécue de L_1	À partir d'éléments du domaine de l'expérience vécue du premier degré	Mon esprit
4^e	Domaine de la réalité de L_1	À partir d'éléments et de relations du second degré	L'esprit de L_1

Tableau 1 : Les quatre degrés de construction

Ainsi le domaine de l'expérience vécue, à la différence de la phénoménologie, ne suffit pas pour décrire les degrés de construction. Car le corps relève du niveau de la subconscience et la conscience ne pourra en saisir, comme dans l'émersiologie, que des effets. L'esprit construira des raisonnements logiques mais éloignés de ce que le corps aura traversé comme expérience.

LE DOMAINE DE L'EXPÉRIENCE VÉCUE

Le chaos n'est pas composé « d'éléments identiques, *i. e.* des éléments qui soient concevables isolément et durables » dont l'analyse n'aurait qu'à inventorier la nature et leurs relations. Carnap y introduit des distinctions afin de l'ordonner. Dans *Chaos*, quatre degrés consécutifs, « déterminables et nommables au moyen de ce schéma ordonnateur »[1], sont décrits à partir de la distinction entre vivant et vécu, à partir de « la première distinction fondamentale » « entre ce que nous souhaitons appeler la partie *vivante* (*lebendigen*) et la partie *morte*

1. *Ibid.*, p. 59.

(*toten*) du vécu »[1]. Or cette différence entre vivant et vécu
est au principe de l'émersiologie. Si le vivant échappe à
la perception du vécu, c'est en raison d'une distinction
élémentaire non réductible, le vécu ne pourra jamais être
au même niveau que le vivant. À la fois en raison d'un
écart ontologique mais aussi gnoséologique, le vivant
issu du chaos produit une activité et des informations à la
perception du corps vécu.

Ce schéma ordonnateur coordonne les rapports entre
eux, si bien que l'analyse n'ira pas sans une perspective
globale et aucun élément à lui seul ne serait suffisant
pour expliquer la construction de la réalité. Le schéma
ordonnateur, que nous avons reconstitué dans notre arbre
en figure sert de moyen pour exprimer le rapport entre
les éléments hétérogènes du chaos que les distinctions
organisent.

En attribuant au chaos ces distinctions élémentaires,
leur nécessité s'impose « indispensable pour la construction de la réalité »[2] qui reste le but final de l'ouvrage.
Méthodologiquement Carnap ne livre pas immédiatement
(il le fera plus bas dans le texte) les interprétations par
lesquelles il parvient à faire ces distinctions dans la
construction du chaos : « Il faut observer que cela n'est
fait que pour attirer l'attention sur ces constituants eux-
mêmes du vécu, sans présupposer ou introduire ici déjà les
interprétations sur lesquelles les expressions reposent »[3] ;
attirer l'attention sur les composantes par le moyen d'un
schéma ordonnateur du chaos ne veut pas dire que le
chaos soit composé de ces propriétés. Ainsi le vivant
sort du chaos moins comme son émanation que comme

1. R. Carnap, « Du chaos à la réalité » *op. cit.*, p. 59.
2. *Ibid.*
3. *Ibid.*

une première séparation d'une totalité inorganisée. Cette perte de l'accessibilité à l'origine du chaos donne à la partie vivante le recueil de sensations sous forme de perceptions et d'affections. Mais cette partie reste vivace là où la partie morte ouvre à la représentation une formalisation désincarnée.

Voici les quatre degrés consécutifs de construction qui y sont distingués, et qui résideraient dans la présence même de l'expérience vécue :

> Pour indiquer ce que l'on entend par-là, nous devons faire usage ici des termes auxquels seront associées ces parties à des degrés très ultérieurs de construction, en considérations de certaines interprétations et certains classements ; mais il faut observer que cela n'est fait que pour attirer l'attention sur ces constituants eux-mêmes du vécu, sans présupposer ou introduire ici déjà les interprétations sur lesquelles les expressions reposent. Par la partie vivante, on entend ce qui s'appellera par la suite sensation, et par celle morte, les représentations. Mais dans les deux cas, ce qui sera plus tard distingué comme affects et mouvements volitifs concomitants des sensations et des représentations [1].

Ici la différence avec Schopenhauer, comme nous l'avons établi précédemment, vient de ce que les mouvements volitifs relèvent de la partie morte. Les affections émotionnelles restent chez Carnap dans la partie vivante mais sans lien avec la représentation car la perception sensorielle les nourrit d'éléments. Le traitement séparé des affections émotionnelles de celui des mouvements volitifs ouvre la voie à une émersion sans représentation des premières à travers la conscience du vécu. Là où la

1. *Ibid.*

mémoire représentationnelle donne une extension à des images, extension vécue mais finie ou neutralisée :

> Au sein de la partie morte, on trouve une seconde distinction fondamentale ; nous la désignons comme celle entre le constituant "*abouti*" et l'ensemble du constituant restant, que nous appelons "*neutre*". Au degré suivant, on désigne le constituant "*abouti*" comme les représentations de la mémoire ; sous le constituant neutre tombent les représentations qui ne sont pas des souvenirs. Là encore nous nous trouvons avant la séparation des affects et mouvements volitifs [1].

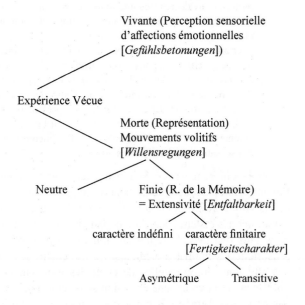

Schéma 1 : *Différence entre Vivant et Mort*

1. R. Carnap, « Du chaos à la réalité », *op. cit.*, p. 59.

Si l'on compare ce schéma ordonnateur avec ce qui sera décrit deux ans plus tard dans *La construction logique du monde*, Carnap change de vocabulaire. Là où dans le *Chaos*, Carnap cherche à définir le « stade originel », le programme de l'*Aufbau* est celui d'une réduction de tous les objets et notions (dont il est question dans l'expression verbale de nos connaissances) à des entités de base, que Carnap appelle « expérience élémentaire »[1]. Ce passage de l'origine à l'élémentaire prouve combien la construction logique du monde n'est pas une ontologie ni une création *ex nihilo*.

Dans *La construction logique du monde*, Carnap se situe d'emblée dans la question de la structure objective, en se référant[2] au texte d'Henri Poincaré sur *La valeur de la science*, sur la valeur objective des relations entre les sensations :

> Les sensations sont donc intransmissibles, ou plutôt tout ce qui est qualité pure en elles est intransmissible et à jamais impénétrable. Mais il n'en est pas de même des relations entre sensations. À ce point de vue, tout ce qui est objectif est dépourvu de toute qualité et n'est que relation pure[3].

L'*Aufbau* défend l'idée d'une description structurale, au point d'imaginer « un système symbolique constitué de points et de flèches, de diagrammes et de tableaux permettant de faire apparaître les relations multiples entre

1. P. Wagner, *Le contexte logique de l'*Aufbau, *Russell et Carnap*, dans S. Laugier (éd.), *Carnap et la construction logique du monde*, Paris, Vrin, 2001, p. 26.

2. R. Carnap, « Aperçu sur les catégories d'objets et leurs relations », *La construction logique du monde, op. cit.*, § 17, p. 77.

3. H. Poincaré, « Objectivité de la science » [1905], dans *La valeur de la science*, Paris, Champs-Flammarion, 1999.

concepts dans une encyclopédie »[1]. Carnap retrouve le système de constitution de 1928 dans la proposition bien connue : « Est "réel" ce qui peut être intégré à tout l'édifice de l'expérience ». En effet,

> les recherches qui visent de tels systèmes constitutifs, la « théorie de la constitution », forment ainsi le cadre dans lequel s'applique l'analyse logique qui préconise la conception scientifique du monde [...]. Les recherches de la théorie de la constitution montrent que les strates inférieures du système constitutif contiennent les concepts d'expériences vécues auto-psychiques avec leurs qualités [...] au-dessus figurent les objets physiques ; à partir de ceux-ci sont constitués les objets hétéro-psychiques, et, en dernier lieu, les objets des sciences sociales[2].

En 1930 dans son article « L'ancienne et la nouvelle logique », à propos de la logique appliquée à l'arbre généalogique des concepts (*Konstitutionssystem*) Carnap distingue deux systèmes, si bien que « toute proposition de la science peut être traduite en une proposition sur le donné »[3].

Carnap se réfère aussi à *Philosophia Mathematica* :

> En 1924, il termine un manuscrit « Vom Chaos zur Wirklichkeit » qui applique la théorie des types de

1. X. Verley, « La théorie de la science unitaire comme conséquence de l'ontologie symbolique », dans *Carnap, Le symbolique et la philosophie*, Paris, L'Harmattan, 2003, p. 273.

2. « La Conception scientifique du monde : Le Cercle de Vienne », dans A. Soulez (éd.), *Manifeste du Cercle de Vienne et autres écrits*, Paris, P.U.F., 1985, p. 119.

3. « Die alte und die neue Logik », *Erkenntnis*, Band 1, Heft 1, 1930, p. 12-26 ; *La science unitaire*, trad. fr. E. Vouillemin, « L'ancienne et la nouvelle logique », Paris, Hermann, 1933, p. 32.

Russell des *Principia Mathematica* au problème kantien de la constitution du monde. [1].

Il se réfère aussi à la conférence de Russell « Notre connaissance du monde extérieur » même si, comme le précise Pierre Wagner, « L'*Aufbau* ne respecte pas la logique philosophique de Russell »[2], notamment la différence entre la connaissance directe (*knowledge by acquaintance*) et la connaissance par description (*knowledge by decription*) selon laquelle une proposition n'est complètement analysée que lorsque tous ses constituants sont connus directement. Russell s'interroge moins sur le doute sur la réalité du monde sensible que sur la réalité des objets sensibles immédiats car, contre Berkeley, « ce serait une erreur d'en déduire que ces objets sensibles immédiats sont dépendants de l'esprit, qu'ils ne sont pas réels tandis que nous les voyons, ou qu'ils ne sont pas l'unique base de notre connaissance du monde extérieur »[3]. Il y a bien une part « primitive » qu'on croit pour elle-même comme les « faits immédiatement perçus par la vue, le toucher ou l'ouïe » qui « n'ont pas besoin d'être prouvés par un raisonnement »[4]. « Nous dirons le voir en colère, mais en fait nous ne voyons qu'un froncement de sourcils »[5]. Deux genres de primitivité doivent être distinguées : si nous employons l'expression « logiquement primitive » une croyance que

1. I. Niiniluoto, « Carnap on truth », *in* T. Bonk (ed.), *Language, Truth and Logic : Contributions to the Philosophy of Rudolf Carnap*, Dordrecht, Kluwer, 2003.

2. P. Wagner, *Le contexte logique de l'Aufbau, Russell et Carnap, op. cit.*

3. B. Russell, « Notre connaissance du monde extérieur », dans *La méthode scientifique en philosophie* [1914], trad. fr. Ph. Devaux, Paris, Payot, 2002, p. 80.

4. *Ibid.*, p. 84.

5. *Ibid.*, p. 85.

nous n'avons pas obtenue telle quelle au moyen d'une inférence logique, d'innombrables croyances seront logiquement primitives qui, psychologiquement, seront dérivées » [1].

Carnap veut « dépasser la subjectivité des expériences élémentaires par des énoncés ou des descriptions de structure, qui doivent caractériser les objets uniquement par la forme des relations qu'elles entretiennent entre eux, sans référence à une connaissance directe, ni réduction à un donné ultime » [2]. La « science ne traite que des propriétés structurelles des objets » [3] et la différence initiale s'effectue, non plus sur des objets, mais entre « deux types de descriptions, description de propriété et description de relation ».

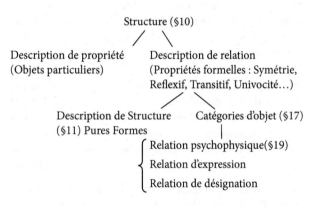

Schéma 2 : *Structure des descriptions dans l'*Aufbau

1. B. Russell, « Notre connaissance du monde extérieur », dans *La méthode scientifique en philosophie*, *op. cit.,* p. 85.

2. P. Wagner, « Le contexte logique de l'Aufbau, Russell et Carnap », *La construction logique du monde*, *op. cit.*, p. 32.

3. R. Carnap, « Description de propriété et description de relation », *La construction logique du monde*, *op. cit.*, § 10, p. 67.

La description de relation « se trouve au commencement de tout le système de constitution et forme ainsi la base de la science dans son ensemble »[1]. La description de structure est un type particulier de description de relation, « c'est-à-dire un ensemble de toutes leurs propriétés formelles »[2]. Les propriétés formelles sont la relation symétrique, antisymétrique, transitive, intransitive, connexe, réflexive, irréflexive, de similitude, univoque, co-univoque, bi-univoque… La pure description de structure a trait à l'analyse des pures formes et ne saurait être confondue avec les seules propositions de structures.

Les quatre degrés consécutifs de construction deviennent dans le § 26 de l'*Aufbau* « les quatre problèmes principaux de la théorie de la constitution » : « la théorie de la constitution cherche à établir un système de constitution, c'est-à-dire des objets (ou des concepts) organisés en niveaux »[3]. C'est la base choisie qui va permettre de construire toutes les catégories d'objets :

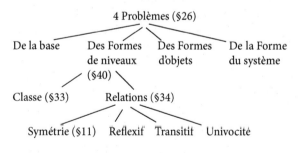

Schéma 3 : Aufbau

---

1. *Ibid.*, § 10, p. 68.
2. R. Carnap, « Le concept de structure », dans *ibid.*, § 11, p. 69.
3. R. Carnap, « Les formes des niveaux de constitution. Chap. III : Les problèmes formels du système de constitution », *ibid.*, § 26, p. 89.

LA QUESTION DE LA CLASSE

Dans *Chaos*, la question de la classe s'inscrit dans une logique des relations entre mœllons, terme qui n'apparaîtra plus dans l'*Aufbau*, notamment au § 33 dans la question des formes des niveaux de constitution. Nous ne sommes pas dans le cadre de ce que la psychologie appelle une expérience vécue momentanée mais plutôt comme « une unité d'expérience vécue »[1] : la différence se trouve dans la mise en relations dans la série Z des relations entre les différentes composantes qui pourra être unifié par les mœllons évitant ainsi le maintien de la pluralité d'expériences vécues. Le risque serait cette dispersion plurielle sans les mœllons, qui sont des « composantes », qui unifient ce qui avait été distingué par Carnap dans un premier temps.

L'expérience vécue du présent a été analysée comme nous l'avons montré dans la figure 1 en composantes, sur la base de la distinction « vivant-mort » et du « comportement finitaire ». Les mœllons sont le résultat de ces composantes obtenues : « nous désignerons par "mœllons" les constituants obtenus à partir de cette analyse, par conséquent les membres des suites Z »[2]. Par suite, « nous désignerons par Z cette relation asymétrique et transitive, que nous écrivons donc aZb, lorsque a comporte le caractère finitaire par rapport à b. Nous qualifierons de suites Z les suites nommées ainsi »[3].

Les mœllons ne sont plus présents dans la *Construction*, comme nous l'indiquons dans l'arbre 4, car Carnap situe immédiatement la science dans la description des propriétés structurelles, alors que ce sont

1. R. Carnap, « Les formes des niveaux de constitution... », *La construction logique du monde*, *op. cit.*, § 33, p. 99.

2. R. Carnap, « Du Chaos à la Réalité », *op. cit.*, p. 65.

3. *Ibid.*

encore les mœllons qui font ce travail de structuration, car les classes seront issues des relations entre les mœllons : « le but de toute théorie scientifique est de devenir une pure description de relation quant à son contenu »[1].

Dans le texte de 1922 comme « totalités indivisibles »[2], les mœllons participent à la construction mais nous y trouvons seulement les concepts comme les tonalités (*Teiltöne*) d'un son (*Klang*), comme les taches de couleur (*Farbflecke*) dans le domaine de la vue/vision (*Gesicht*). Ces concepts sont des classes de mœllons, « constituées à partir de certaines relations existantes entre les mœllons »[3]

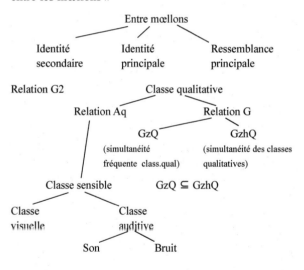

Schéma 4 : *Chaos*

1. R. Carnap, « Description de propriété et description de relation », *La construction logique du monde*, *op. cit.*, § 10, p. 68.
2. R. Carnap, « Du Chaos à la Réalité », *op. cit.*, p. 65.
3. *Ibid.*

PASSAGE À LA RÉALITÉ (CORPORELLE)

Le domaine de l'expérience vécue n'est déjà plus le chaos. Mais ce n'est pas encore la réalité qui suppose l'adjonction d'autres éléments, notamment visuels.

> Le *"domaine du vécu"*, en tant que domaine du premier degré, est maintenant complété par adjonction d'autres éléments d'un domaine du second degré que l'on appelle la "réalité"[1].

Carnap pense ce passage de la description de l'expérience vécue à la construction du domaine de la réalité : cette poursuite de la construction (*Weiterbau*) suppose deux tendances toutes deux de conservation sans quoi le subjectivisme phénoménologique proférait la construction d'une objectivité de structure :

> 1) Tendance à la conservation de l'identité des états.
>
> 2) Tendance à la conservation de l'identité des processus / déroulements [*Ablauf*].

La construction du domaine de la réalité constitue bien le second degré de la construction, elle s'effectue principalement à l'aide des éléments visuels qui sont composés « sous la forme d'un domaine tridimensionnel dans lequel se trouvent des corps »[2]. Ainsi le corps [*Körper*] n'existe, comme ce corps-ci, qu'en étant en lien avec les classes sensibles. Il est remarquable que Carnap fasse de la classe tactile un simple équivalent formel de la classe sensible tandis qu'il accorde à la classe de pression selon une distinction en psychologie entre sensations musculaires (classe de mouvement) et

---

1. R. Carnap, « Du Chaos à la Réalité », *op. cit.*, p. 79.
2. *Ibid.*, p. 81.

kinesthésiques (classe de tension). Le passage à la réalité est le moyen d'introduire le corps dans sa sensibilité et dans ses relations avec les autres corps : Carnap utilise GzQ (simultanéité des classes qualitatives) et $GzhQ$ (simultanéité fréquente des classes qualitatives).

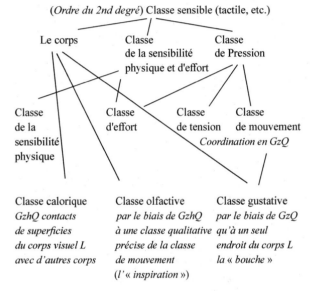

Schéma 5 : *Les classes*

Carnap, par la physicalisation du chaos, construit le corps comme le résultat du passage du premier degré, description de l'expérience vécue, au second degré. Le corps relève bien du second degré mais ne devient mon corps que par relation entre les différentes sous-classes sensibles, par exemple visuelle et tactile :

> Un corps visuel L du domaine de la réalité (que l'on
> peut désigner par « mon corps ») et une sous-classe
> (« classe tactile ») d'une classe sensible déterminée
> ont la particularité suivante : le corps ne disparaît
> jamais dans le domaine de la réalité, excepté à
> travers l'extrapolation mentionnée du « futur ». Les
> classes qualitatives de la classe tactile peuvent être
> coordonnées aux parties de la superficie du corps visuel
> « mon corps », par le biais d'une relation T telle que,
> si une suite Z de mœllons représente le contact de L
> avec un autre corps visuel, une partie au moins de ces
> mœllons appartient à la classe de qualité de la classe
> du toucher qui se trouve en relation T avec la partie
> touchée de la surface de L[1].

Le corps est produit par les classes sensibles, et
même c'est la classe visuelle qui nous fait reconnaître
ce corps comme « mon corps ». Ainsi le *Körper* est la
conséquence du rayonnement du faisceau lumineux,
« dont le centre se trouve à un certain endroit de la surface
d'un corps particulier et dont on pense les rayons comme
s'étendant depuis ce centre jusqu'au premier point de la
surface d'un autre corps qu'ils atteignent »[2]. Traversé
et réceptacle, le corps est surface et étendue en étant au
centre du rayonnement lumineux ; lorsque les rayons
sont spatialement proches dans le centre du Körper, « ce
corps-ci [*Körper*] est désigné par "mon corps" [*Leib*] »[3].
À la différence du texte de 1922, Carnap introduit
en 1928 le terme d'«' aspect de la chose dans le vécu »
pour décrire les « points que l'on voit d'une chose
déterminée » dans la classe des sensations visuelles d'un

1. R. Carnap, « Du Chaos à la Réalité », *op. cit.*, p. 83.
2. *Ibid.*
3. *Ibid.*

vécu élémentaire. Carnap reprend le même ordre en 1928 dans le § 128 « Les choses visuelles » et le § 129 « Mon corps ». Carnap explique mieux ce passage des parties de la superficie d'un corps dès lors que « mon corps est constamment à proximité de mon œil » :

> Aucun corps [*Körper*] ne peut être vu en même temps sur toute sa superficie ; la partie de la superficie d'un corps qui est vue d'un coup n'est donc jamais une surface close. Mais pour beaucoup de corps, la totalité de la superficie est visible, forme donc bien une surface close. Pour mon corps [*Leib*] en revanche, même la surface généralement visible est une surface ouverte puisque certaines parties de sa superficie comme les yeux et le dos ne sont pas visibles[1].

L'ouverture de certaines parties du corps, comme les yeux et le dos interdisent une auto-réflexivité sans le miroir, mais, avec le sens de la pression la limite vient révéler à mon corps la qualité du toucher par la peau, « organe des sens de la douleur de la chaleur et du froid »[2]. Carnap anticipe le stade du miroir de Wallon et Lacan par un corps qui ne peut se voir lui-même.

En 1922, Carnap ne parvient pas à construire le corps comme une chose complète, car il est encore influencé par les modèles psychologiques du mouvement, en psychologie : les sensations musculaires ou kinesthésiques. Les classes qualitatives de la classe tactile peuvent être coordonnées, en 1922, aux parties de la superficie du corps visuel pour former « mon

---

1. R. Carnap, « Mon corps », *La construction logique du monde*, *op. cit.*, § 130, p. 220.
2. R. Carnap, « Caractérisation des autres sens », *ibid.*, § 131, p. 221.

corps ». La classe de pression se dédouble en « *classe de mouvement* » et « *classe de tension* », là où en 1928 la pression est une qualité vécue :

> Aux parties de la superficie de mon corps correspondent les qualités (ou signes de localisation) du sens de la pression de sorte qu'une sensation de pression qu'une certaine qualité est vécue quand la zone cutanée correspondante est touchée par un autre corps ou par une autre partie de mon corps [1].

La classe de pression appartient à la classe tactile en 1922 là où dans le § 130 Carnap décrit « les choses visuelles et tactiles » le corps devenant une chose limitée par l'addition des deux classes visuelle et tactile : « C'est précisément le cas pour la chose visuelle et tactile la plus importante qu'est mon corps. Une grande partie de sa surface se compose de lignes de monde auxquelles n'appartiennent aucun point de couleur mais uniquement des points tactiles ; ce n'est donc qu'avec l'attribution des qualités du sens de la pression que mon corps forme une chose parfaitement limitée » [2].

Comme chose complète, le corps peut dès lors, à partir du § 131 de l'*Aufbau* intitulé « Caractérisation des autres sens », trouver son unité dans la corrélation avec les processus d'excitation avec les autres qualités. En 1922, Carnap n'établissait qu'une relation de désignation dans le processus de coordination avec les corps animés :

> D'autres choses du second degré ressemblent plus ou moins à « mon corps », elles sont appelées "les autres corps" (L1, L2, …). Les processus d'un grand

---

1. R. Carnap, « Mon corps », *La construction logique du monde*, *op. cit.*, § 130, p. 220.

2. R. Carnap, « Les choses visuelles et tactiles », *ibid.*, § 130, p. 221.

nombre de ces derniers admettent la possibilité des coordinations indiquées dans ce qui suit. Les corps de ce genre sont dits « animés » (*beseelt*). *Les processus des corps animés* comportent tout d'abord les relations mutuelles et celles avec les processus des autres choses, que nous avons désignées comme relations causales et qui sont d'une importance particulière pour la construction du domaine du second degré. Mais il y a en outre une tout autre relation encore entre certains de ces processus, en particulier les sons articulés parlés et quelques mouvements (« mouvement d'expression ») d'une part, et les classes de qualité d'autre part. Elle sera appelée « relation de désignation »[1].

Le corps change ainsi de statut entre 1922 et 1928. Son animation ne peut seulement répondre de signe en signe. Car la caractérisation des autres sens doit dépasser le simple processus de coordination pour pouvoir caractériser les corrélations avec les autres sens.

CONCLUSION

Rudolf Carnap assure le contact du vivant avec le vécu par le langage de la construction pour expliquer le passage du physique à l'hétéro-psychologique[2], qui n'est qu'une forme organisée de manière plus complexe du comportement physique de son corps. Ainsi prenant l'exemple de l'audition d'une musique[3], Carnap réduit le problème psychophysique du niveau hétéro-psychologique au niveau auto-psychologique : en effet qu'il s'agisse d'une musique entendue ou imaginée, c'est

---

1. R. Carnap, « Du Chaos à la Réalité », *op. cit.*, p. 85-87.
2. R. Carnap, « Le dualisme de l'âme et du corps », *La construction logique du monde*, *op. cit.*, § 162, p. 267.
3. R. Carnap, « La situation fondamentale du problème psychophysique », *ibid.*, § 168, p. 277.

la même séquence physique du cerveau qui se déroule, si bien qu'aucune spécificité hétéro-psychologique ne peut être produite par le parallélisme physique. Celui-ci conduit à percevoir dans le parallélisme les parties divisées d'un même phénomène : ainsi les constituants d'une des séquences servent pour la construction des objets physiques réels, comme les perceptions visuelles pour la saisie de ce verre qui est devant moi.

Il y a là un antécédent de taille pour pratiquer la réduction des états psychiques à des états physiques, même si elle résout autrement le problème psychophysique en allant bien au-delà du simple parallélisme. Car l'effet de la réduction interthéorique vise essentiellement à faire disparaître les termes de la psychologie traditionnelle (*folk psychology*), pour parvenir à une neuropsychologie où la description physiologique des événements mentaux est assimilée à celle des événements neuronaux. Être au contact du vivant engage, nous l'avons vu, une modélisation des liaisons et des chaînons pour tisser le passage de la sensation à la représentation. Il s'agit de faire de la neurologie le système constitutif de tous les phénomènes, comme Carnap avait pu l'espérer avec les fondements de la physique. Le donné est ici le neurone, et il doit permettre de conduire à tous les concepts de la science unifiée de l'esprit-cerveau.

CHAPITRE III

LE CONTACT CORPOREL
CHEZ MICHEL SERRES

Michel Serres décrit le contact corporel comme une écriture de ses relations avec le monde, les autres et lui-même :

> Depuis quelques années je m'engage dans la suite des livres que je dois écrire avant de mourir. Les premiers ouvrages, on les construit avec la tête, au moyen de ce que l'on sent ou invente, avec la bouche et la langue, puis cela passe par les mains, les doigts, et tombe le long du corps, par la poitrine, le ventre, les cuisses et les genoux, enfin à la plante des pieds où l'on touche au sol et entre dans la terre[1].

Si on considère le corps comme un philosophème de la pensée de Michel Serres, le début de l'œuvre le présente à partir de modèles abstraits qui n'en donnaient qu'une interprétation physique : le corps comme pôle de la continuité. Puis, avec le développement de la logique systémique de la communication, le corps a été pensé comme étant lui-même agent et acteur dans la communication. Ainsi, le corps est à la fois signe et

---

1. Quatrième de couverture de *Statues*.

messager, sens et message. Michel Serres met ensuite en lumière l'élaboration par les cinq sens d'un corps historique, semblable à un tissu dont la peau singulière de chacun est l'habit naturel.

Dès les années 1960, Michel Serres est au contact du corps par son intérêt pour la médiation technologique directe. L'outil y est le « prolongement direct d'un organe (réel-concret) du sujet, de son corps »[1]. « Le corps naturel »[2] peut-il être compris comme un instrument ? L'influence des travaux sur les neurones et les récepteurs sensoriels paraît à Serres « avoir des conséquences philosophiques extrêmes pour une conception du corps »[3]. Ainsi être pilote dans son navire doit être compris, si Descartes a bien dit cela, comme comme une conscience du corps propre qui « s'est incorporé le bateau de la pomme des mats aux maîtres-couples des membrures »[4].

Il s'élève contre le dualisme, « cette approche hallucinante du corps »[5] qui refuse d'en faire un principe de connaissance. Il critique Merleau-Ponty *via* Pasteur : « Ainsi Pasteur a rendu notre corps à lui-même, a été enfanté Merleau-Ponty. L'hygiène et la pénicilline, le vaccin et les tranquillisants ont fait du corps un objet

1. M. Serres, « La notion de support » [1960], *Œuvres complètes Cahiers de formation*, t. 1, Paris, le Pommier, 2022, p. 207.

2. M. Serres, « Du naturel et du technique » [1963], *Œuvres complètes Cahiers de formation, op. cit.*, p. 719.

3. M. Serres, « Du point fixe chez Descartes » [1966], *Œuvres complètes Cahiers de formation, op. cit.*, p. 1040.

4. M. Serres, « Ceci est mon corps » [1966], *Œuvres complètes Cahiers de formation, op. cit.*, p. 1111.

5. M. Serres, « 25 mars » [1961], *Œuvres complètes Cahiers de formation, op. cit.*, p. 263.

philosophique et non plus le terrain d'un oubli »[1]. Le thème de l'espace perçu ferait du corps une « totalité mécaniste »[2] comme chez Goldstein et Descartes, même si le corps serait « porteur de son propre système de référence »[3]. Ce lien entre percevant et perçu maintiendrait la phénoménologie de Merleau-Ponty dans un ordre projectif : dès que l'organisme est conçu comme une totalité sans parties, « on "ponctualise" le corps comme sujet de la perception »[4]. Il faut plutôt une « constitution du corps comme totalité à partir des parties élémentaires »[5].

Serres dénonce l'avare et l'ambitieux, comme l'universitaire, qui, dans cette époque moderne, « fait oublier le corps »[6]. Car le corps est déjà toujours actif, il nous précède comme dans l'émersion de son vivant dans le vécu : « Le corps suit, ou précède, aussi grossièrement : la main se recourbe, la bouche mange voracement, le thorax s'assèche, le ventre se gonfle pesamment »[7]. Le sport est déjà compris, à la suite de Jean Prevost (1901-1944), comme ce qui « technicise le corps » à travers « les techniques corporelles d'entraînement et

1. M. Serres, « Pasteur » [1966], *Œuvres complètes Cahiers de formation, op. cit.*, p. 1034.

2. M. Serres, « Sur les a priori de la Géométrie, et la théorie de la perception » [1961], *Œuvres complètes Cahiers de formation, op. cit.*, p. 314.

3. *Ibid.*, p. 315.

4. M. Serres, « Critique de Merleau Ponty » [1961], *Œuvres complètes Cahiers de formation, op. cit.*, p. 330.

5. M. Serres, « Membres épars » [1966], *Œuvres complètes Cahiers de formation, op. cit.*, p. 967.

6. M. Serres, « L'avarice et l'ambition » [1962], *Œuvres complètes Cahiers de formation, op. cit.*, p. 469.

7. M. Serres, « L'espèce » [1962], *Œuvres complètes Cahiers de formation, op. cit.*, p. 518.

de gestes »[1]. Relisant le texte de Merleau-Ponty sur le terrain de football, et pour éviter la maladresse dualiste où le « corps commet une erreur philosophique », car le ballon devient un « objet intersubjectif », désormais c'est « le corps entier qui tourne autour du ballon »[2].

Plutôt que le dualisme tout en séparation et juxtaposition, Serres reprend en 1963 le terme de « chiasme », hérité de Merleau-Ponty, afin d'approfondir le corps : « plus j'approfondis le corps, plus je cerne l'âme comme la médecine psychosomatique »[3]. Serres pensera en 1966 que toute maladie physique est « une maladie mentale projetée sur le corps, si le corps est le réceptacle de toutes les dimensions secrètes du sujet, s'il est inconscient »[4]. Avec la mort de son père le 12 octobre 1963, Serres décrit le langage du corps mystique par lequel « le corps y est possédé par l'esprit »[5]. La question est de savoir ce qui serait une science du corps, la psychologie, la psychanalyse lorsque la perte de l'âme doit décider si la peau « laisse passer, le principe, le noyau d'individuation »[6].

La question avec les amputés en 1966 du « mouvement du corps schématique au schéma non

1. M. Serres, « Lectures de Jean Prévost, Plaisir des sports » [1962], *Œuvres complètes Cahiers de formation*, *op. cit.*, p. 554.

2. M. Serres, « Les enfants de la balle » [1966], *Œuvres complètes Cahiers de formation*, *op. cit.*, p. 1041.

3. M. Serres, « Dualité et dualisme » [1963], *Œuvres complètes Cahiers de formation*, *op. cit.*, p. 614.

4. M. Serres, « Toute maladie » [1966], *Œuvres complètes Cahiers de formation*, *op. cit.*, p. 1060.

5. M. Serres, « Mon père est mort » [1963], *Œuvres complètes Cahiers de formation*, *op. cit.*, p. 765.

6. M. Serres, « Que la castration n'est qu'une idée locale » [1965], *Œuvres complètes Cahiers de formation*, *op. cit.*, p. 874.

corporel »[1] trouve dans Norbert Wiener et Didier Anzieu le moyen d'interroger la perte totale de la conscience du corps propre et la naissance de schémas semi-corporels. La « traduction corporelle »[2] des émotions est soumise aux règles sociales de la communication. L'objet de la communication repose sur des « quasi-sujets » avec une libération des échanges, la libération de la femme et l'engagement corporel : « je m'engage à corps perdu dans l'échange »[3].

Dans ses premiers textes on retrouve l'émersion du contact corporel sans dualisme que Michel Serres développera, comme nous le montrons, tout au long de son œuvre. Il dégage autour de la notion de mélange une « philosophie des corps mêlés », développant la dimension subjective et intersubjective du corps. Il poursuit sa réflexion sur le destin socio-historique du corps au travers du thème de la statue, vaste réflexion sur le corps mort. Enfin, à la recherche d'une nouvelle élaboration du corps mêlé et du corps tissé autour du communicable comme ce qui est touché ou touchable, Michel Serres avance l'idée de « corps entier »[4]. Ce travail autour du corps vivant déplace la communication, non plus tant du point de vue de l'acte, que du point de vue de l'acteur : cela revient à considérer le corps comme le médiateur entre moi et les autres, entre moi et le monde.

1. M. Serres, « Les amputés » [1966], *Œuvres complètes Cahiers de formation, op. cit.*, p. 975.

2. M. Serres, « La communication » [1966], *Œuvres complètes Cahiers de formation, op. cit.*, p. 1010.

3. M. Serres, « Banquet » [1966], *Œuvres complètes Cahiers de formation, op. cit.*, p. 113.

4. B. Andrieu, « L'avènement du corps entier », *Dédales* 25, 1988, Bordeaux, ADIP, p. 13-17.

LE CORPS CONTINU

Ce qui se constitue comme corps sous forme de solides s'oppose à moi, comme des objets à un sujet. Cette opposition place le sujet hors d'un corps-à-corps avec les objets. Le sujet est celui qui se place en dehors du schéma de la circulation des corps entre eux. En tant qu'objets, les corps échangent des messages sans que le sujet y trouve sa consistance. Si bien qu'il y a une différence entre mon expérience et l'expérience physique de ces corps-objets :

> Mon expérience est donc une relation intermittente (exceptionnelle) à ces corps qui entretiennent entre eux une relation fondamentale et continue : l'expérience physique anhistorique consistait justement à mettre les corps en question hors circuit, objets isolés, corps purs, éléments analysés… [1]

Le mouvement de la science est d'isoler les corps pour expérimenter, afin d'observer par l'expérience leur relation de continuité. Ainsi force, attraction… sont autant de lois physiques des corps solides. La science nous fait donc découvrir que le fondement du corps et de la rencontre des corps solides est la continuité. La physique dégage la langue fondamentale des corps entre eux, tout en distinguant le sujet de ces objets solides et matériels. Pourtant la biologie, avec le concept du corps vivant, découvre la même qualité de continuité que la physique, grâce au concept de corps solide. La ressemblance réside dans l'analogue communication des corps entre eux par l'intermédiaire d'une commune appartenance à un milieu. Ce dernier permet des conservations et des

---

1. M. Serres, *L'interférence*, *Hermès* II, Paris, Minuit, 1992, p. 99.

transformations d'informations lors du passage d'un corps à l'autre.

> Et puisque les corps solides se mettaient à exister comme tels, les corps vivants le font aussi, qui furent autrefois des milieux de propagation, des milieux de fonction, d'évolution continue et d'adaptabilité fluide : fonction de relation, milieu intérieur… [1]

L'homogénéité, constituée d'éléments divers et de corps pluriels, facilite l'apparition et l'utilisation du modèle de la communication par la science. Mais le corps solide et le corps vivant n'en sont pas identiques pour autant. Ainsi, le vide n'est pas envisageable dans une théorie du corps vivant. Alors que la question du vide a été depuis Aristote (*Physique*) centrale dans la nature du corps solide, le corps vivant correspond parfaitement au modèle d'une communication pleine et totale. Le préjugé subjectif est assez fort pour faire accroire à tout vivant ayant conscience de l'être, l'unité de son corps.

Mon corps n'est pas tant un point, où s'en fixent d'autres dissemblables, mais davantage un repère où ma situation historique et ma topique se font écho. L'espace vécu définit l'espace topologique puisque c'est mon corps qui oriente la communication intersubjective dès lors qu'autrui me fait signe de sa corporéité :

> J'habite, archaïquement, l'espace d'un corps organique, plein, continu, élastique, à voisinages multiples et indéfiniment ouverts, dont la transformation fondamentale suppose l'absence de déchirure (la pathologie de mon appartenance est, justement, concernée par toute césure de ce continuum), où les échanges s'opèrent selon une tonalité sourde et continue, le long

1. *Ibid.*, p. 104.

d'une multiplicité de graphes, occupant respectivement
la totalité de cet espace, associés, sans lacunes, bords
à bords, les uns aux autres, de manière ouverte ou
fermée[1].

La corporéité est ici le milieu intérieur du sujet à milieu d'autrui : pas de dedans sans l'écho d'un dehors ; pas
de dehors sans un dedans orienté vers lui. À la finitude
du sujet cartésien, pris dans le monologue avec Dieu
créateur, Michel Serres oppose le sujet spatial, dont le
corps est à la fois ma perspective sur le monde et sa
chambre d'échos et de « déformations acoustiques »[2].
Polytopique, le sujet dégage toujours le corps de la
topologie narcissique du corps propre, dans la mesure où
le corps a un bord continu avec le monde.

La distribution, comme modèle de communication,
permet de distinguer ce qui provient du corps de ce que
le corps expulse de lui-même. Le corps assure ce passage
du désordre des énergies à l'ordre repéré des pulsions. Il
organise les bruits et échos en langages.

> Cela peut dater de l'aurore noire, où les premiers discours
> essayaient de nouer les haillons de l'espace, et cela peut
> venir de ces boîtes noires vertigineusement intégrées
> dans le complexe de mon corps, où hurle un bruit de
> fond inextinguible et d'où sort, exceptionnellement, le
> langage[3].

Il s'agit d'opérer une conversion d'esprit : au lieu
de considérer le corps comme une unité homogène
et continue, il faut comprendre la continuité du corps

1. M. Serres, *L'interférence*, *op. cit.*, p. 151.
2. *Ibid*.
3. M. Serres, *La distribution*, *Hermès III*, Paris, Minuit, 1977,
p. 13.

comme une continuité topologique. Et ceci dès sa source, comme constitutif de ce qui fait un corps. Ce que Michel Serres désigne sous le vocable de boîtes noires, ce sont tout à la fois les molécules, les bruits, les images, les sens, les rythmes… Mais au lieu de promouvoir la confusion à titre de principe organique, il convient de relever la multiplicité à l'origine de la continuité du corps.

En effet, un même corps simultanément reconnu comme le mien et désigné par l'objectivité d'autrui, garantit seulement son unité formelle et apparentée. Nous sommes abusés par le regard, dont la science présuppose l'efficacité dans son objectivation du corps. À force de reconnaître l'unité, même sous la multiplicité d'une pathologie, le regard méconnaît la nature proprement multiple du corps. Le corps est multipolaire :

> Mon corps, je n'y peux rien, est plongé dans une variété unique et spécifiée. Il travaille dans l'espace euclidien, mais il y travaille seulement. Il voit dans un espace projectif, il touche, caresse et manie dans une variété topologique, il souffre dans une autre, entend et communique dans une troisième [1].

La tradition philosophique a réduit le corps à sa substance étendue et n'en apercevait la multiplicité que sous l'angle de la composition d'éléments. Le corps devait trouver son être dans l'espace étendu. Si bien que la dimension de la souffrance ne pouvait provenir d'autres espaces corporels. Aucune intersection n'était possible, puisque les parties du corps appartenaient au même espace ; l'interaction suppose au moins deux ensembles dont les raccordements seront multiples. Le corps se trouve alors plongé dans des espaces individuels

1. *Ibid.*, p. 201.

et sociaux différents, transformant sa nature à partir de son mode de relation ou de communication à chacun de ces espaces.

La maladie est un manque de construction entre l'espace intérieur de l'organisme et l'espace extérieur du monde. Le corps malade « explose par la déconnexion d'espaces »[1]. Le corps n'est pas l'attribut d'une substance. Sa nature ouverte ne le laisse pas indifférent aux espaces qu'il habite et qu'il traverse.

> Mon corps habite, une fois encore, autant d'espaces qu'en ont formés la société, le groupe ou le collectif. La maison euclidienne, la rue et son réseau, le jardin ouvert et fermé, l'église ou les espaces clos du sacré, l'école et ses variétés à point fixe, et l'ensemble complexe des organigrammes. Ceux du langage, de l'usine, de la famille, du parti politique, et ainsi de suite[2].

Le corps passe d'un bord à un autre. À défaut, il déborde de son espace initial. Là où Descartes sépare et distingue, Michel Serres propose de cicatriser. En d'autres termes, il cherche à définir une topologie des bords qui fasse du corps une limite active dont l'interaction mobilise en même temps d'autres limites. D'habitude, le corps est limité uniquement par l'espace de notre représentation, qui lui impose une forme.

Or, le corps disparaît comme forme dès que l'on passe d'un modèle du corps solide au modèle du corps vivant. Le problème de l'union de l'âme et du corps ne se pose que dans une topologie des bords qui distinguerait sans relever le caractère opératoire de la distinction. Les bords permettent à la mécanique des fluides de dépasser

---

1. M. Serres, *La distribution, op. cit.*, p. 207.
2. *Ibid.*

la représentation solide du corps afin de le considérer dans la continuité qui va de l'esprit au monde.

La continuité place donc le corps dans le champ même de la communication. Sans continuité, aucune communication n'est possible. Reste à montrer que continuité n'équivaut pas à homogénéité.

LE CORPS COMMUNICATEUR

Quelle est dès lors la consistance, la permanence et l'identité de ce corps continu entre moi et le monde ? S'il est vrai que le corps est un écho du monde, multiplié par les espaces que créent ses modes d'existence, ne risque-t-il pas de ressembler à la statue de Condillac ? Le corps serait l'éponge du monde : ces sens, déterminés entièrement par l'extérieur, feraient du corps une sorte de *chôra* où viendrait s'inscrire l'empreinte des choses sensibles [1].

Or, cet argument sensualiste échoue dès lors que Michel Serres dégage le corps de la description physique pour lui rendre sa responsabilité, c'est-à-dire sa capacité de répondre, dans le procès de communication :

> Notre corps, et le groupe, en ses réseaux de communication, font aveuglément leur affaire de cette multiplicité qu'ils associent dans l'ordinaire de leur vie et de leurs actions [2].

Car le corps possède lui-même ses propres réseaux de communication. Il est véritablement l'agent de la communication. Est-il pour autant libre du message dont

1. M. Serres, *Le passage Nord-Ouest. Hermès V*, Paris, Minuit, 1980, p. 42-43.

2. *Ibid.*, p. 69.

il se saisit ? L'aveuglement du mécanisme corporel est à distinguer du vitalisme qui fait du corps une intelligence vivante. La multiplicité dont s'empare le corps, c'est d'abord celle qui le traverse. Suivant le modèle spatial de sa polytopique, le corps reçoit plus de messages qu'il n'en émet. Ce décalage est dû à sa position passive de récepteur du monde par les sens. Mais il devient émetteur dans la mesure où la traversée du corps et le message (en l'occurrence le corps, celui qui porte le message) ne laissent pas indifférent. C'est dans sa capacité à retourner le message, à y inscrire la marque du sujet en le codant spécifiquement, que se reconnaît le corps communicateur.

> Le corps, système ouvert, est le lien et le siège d'un échange de flux : ils y entrent, ils en sortent. Mais ces flots sont, unitairement, de nourriture et de boisson, d'écho et de perception, et d'information intellectuelle[1].

L'échange, ici reconnu dans le corps à partir de la philosophie de Lucrèce, est canalisé selon des unités de communication qui vectorisent et orientent les réponses du corps aux questions ou adresses de l'environnement. Il convient de spécifier les modalités de la communication du corps dans l'ensemble de la logique de l'échange du monde. Le corps participe comme tout autre élément au système de communication. Il reçoit des messages dans la mesure où son interaction avec l'ensemble du système est constante. Le corps est en permanence sous influence :

> Mon corps est échangeur de temps, il est parcouru de signaux et de bruits, de messages et de parasites. Il n'est pas exceptionnel dans le vaste monde[2].

1. M. Serres *La naissance de la physique dans le texte de Lucrèce. Fleuves et turbulences*, Paris, Minuit, 1977, p. 88.
2. M. Serres *Le parasite*, Paris, Grasset, 1981 p. 99.

L'échangeur, comme nous l'avons vu, permet une communication sans confusion. Le corps est le lieu du changement et de l'échange d'orientation. Mais cet échange n'est pas neutre : il déforme l'information extérieure par son message dans le corps. La subjectivité devient par-là efficace. Le corps trouve sa consistance dans le passage d'une temporalité à une autre : en effet, le corps convertit le temps du monde selon les modes temporels du sujet. Ainsi, ce dernier n'est pas à disjoindre du corps ; au contraire, il est sujet temporel car incarné. « Mon corps est un transformateur de soi »[1].

Sans le corps, la mémoire n'incorporerait pas les évènements extérieurs. Le sentiment de soi resterait en permanence identique. Cependant, la transformation de soi est aussi le résultat d'un exercice du corps, et, non le terme d'une réflexion intérieure. La méditation est remplacée par l'interaction. Celle-ci est comprise comme le retour des affections du corps sur celui qui l'incarne. Ce n'est plus le sujet qui se transforme par la pensée, mais le corps, opérateur de la transformation dont le sujet sera à l'œuvre. À la fois principe de changement et loi de l'échange, le corps est la condition du temps et de la relation. « Cet objet qui change, qu'on échange, est le corps »[2]. La valeur d'échange sera d'autant plus vive que l'on attribue au corps des vertus novatrices. Par son existence matérielle, le corps présente un nouveau possible réalisé par l'incarnation. Sa possession, son commerce traduisent le désir d'une nouveauté radicale qui nous fait tendre vers autrui sans parvenir à l'incorporer entièrement, sauf sous le mode de la mémoire.

1. *Ibid.*, p. 118.
2. *Ibid.*, p. 219.

Aussi faut-il comprendre le corps comme support de l'identité singulière. Le corps est au-delà du visage. Michel Serres confère une dimension éthique au corps, à la différence d'Emmanuel Levinas qui l'accordait uniquement au visage. Le corps nous fait signe par sa singularité. La communication du corps est une sémiotique aux multiples sémantiques. Le visage est cet opérateur commun à la communication sans lequel l'identité de l'espèce ne pourrait dépasser l'attirance-répulsion des corps.

> Nous rencontrons parfois des corps singuliers, qui ne laissent pas à leur convention leur visage ; leur geste n'appartient à personne d'autre qu'à eux... Nous devons aussi au conventionnel de communiquer entre nous. Il faut du stéréotype en chaque visage[1].

LES CORPS DIFFORMES

La société excommunie les corps difformes, dont la folie adresse au monde des significations incompréhensibles sans l'utile décodage des signes. La communication sociale privilégie l'apparence des corps en hypertrophiant le visage comme unique porteur de sens. La disjonction entre le visage et le corps indique l'absence de cohérence : la voix ou le regard projette un monde de signes immédiatement décodables. Le langage corporel nous laisse plus indécis. Tel le corps sémaphore du danseur : sa souplesse œuvre à tous les possibles. Sa pure présence est antérieure à la donation de signaux. En dehors de la communication, son corps est blanc, nu.

---

1. M. Serres, *Genèse*, Paris, Grasset, 1982, p. 56.

Sa gestuelle ne serait qu'une composition d'un possible avec une situation à exprimer :

> Le corps est devenu le joker, la substance, le suppôt, le support de tous les sens possibles. Il peut tout dire sans langage. Les articulations du corps sont rompues pour fuir la langue articulée[1].

Le corps n'est pas à comprendre à partir d'une dérogation. Il ne développe pas, non plus, une logique révolutionnaire. Il est la condition d'un langage hors du signe. Le danseur introduit le geste comme du sens immédiatement traduit. La traduction n'est plus un déplacement d'une langue à l'autre. Elle est l'écoulement du sens à travers le corps.

> Tous viennent à la danse pour lire sans qu'on parle, pour comprendre sans langue. Ils sont tous aujourd'hui, si fatigués, si saturés, si harassés de discours, de langage, d'écriture. Enfin, le sens fugitif passe là, silencieux[2].

L'attitude subjective du corps consiste à n'être pour rien dans la communication, afin de ne pas établir l'intermédiaire des signes et des codes dans le procès de l'expression. Contrairement à la communication traditionnelle, dans laquelle on confond expression et manifestation, le corps communicateur est décentré par rapport au mode d'énonciation. Au lieu de considérer la subjectivité comme le centre de codage et de décodage, le corps délivre du sens comme la mère à l'enfant. Le corps nous précipite hors de lui.

1. *Ibid.*, p. 74.
2. *Ibid.*

> Le corps enseignant, comme le corps dansant et le sujet
> pensant, évoque toujours, invoque toujours, appelle, un
> autre centre que lui [1].

Le corps nous décentre : il nous projette par son
incarnation dans le monde des autres. Mais là où le
vampirisme d'autrui nous dépouille des signes apparents
de notre subjectivité, nous ne cessons d'extirper notre
intimité de ces mêmes signes. Dans la mesure où notre
corps tend vers l'Autre, ce dernier n'est pas le complémentaire de notre corps. Contrairement au mythe de
la tessère du *Banquet*, nous ne sommes pas brisés.
Seulement, le corps trouve dans l'Autre celui qui ne
répond jamais entièrement à son appel. Les expériences
de la déception, de l'incompréhension, expriment dans
la douleur du corps sa discontinuité d'avec le monde.
Le corps individuel ne communique que dans et par le
manque. Le corps, lui, n'a pas à s'expliquer. Il parle par
lui-même, comme Freud l'expliquait bien à travers sa
théorisation de l'acte manqué.

Le corps est donc au fondement de la communication,
même si son message emprunte d'autres voies que celles
de l'articulation des signes. Les religions sont, pour
M. Serres, un exemple privilégié de fondation par les
corps associés en une communication exaltée :

> J'entends par religions des choses oubliées depuis
> toujours, des choses barbares, sauvages, pour lesquelles
> nous avons perdu les mots et qui nous viennent de très
> loin, sans texte. Des corps au collectif, en court-circuit
> foudroyant, sans la langue, par la vague de fond de la
> violence et du tohu-bohu [2].

1. M. Serres, *Genèse, op. cit.*, p. 80.
2. *Ibid.*, p. 98.

Les corps inaugurent le culte en se réunissant. Le sacré est le résultat de la communication des corps, celle qui oblige la culture à poser l'interdit comme le signe de la limite à ne pas transgresser, et comme la limite de la signification sexuelle. La langue des religions est la forme ultérieure de l'affrontement des corps. Ceux-ci se déchirent, se passionnent sans que leur confrontation puisse aboutir. Le signe, et son produit religieux le symbole, délimitent le corps en lui imposant des valeurs.

À l'inverse, la politique cristallise le corps fondateur en l'engageant dans l'enjeu du pouvoir.

> Il est la condition, la fondation de Rome. Comme la part impartitive de l'empire. Il est un membre épars du corps de Romulus… Les pères, dans leur robe, dissimulent, du corps déchiqueté, une part[1].

Le corps devient signe et par-là incarnation du pouvoir. Posséder le corps original, c'est avoir une légitimité historique. Le sacré s'organise autour d'une ritualisation du corps. Le corps social trouve son essence dans le corps originel individuel. Le déplacement de sens du mot « corps » est aussi significatif puisqu'il est entièrement relatif au meurtre du corps originel.

> Le temps de notre histoire descend du corps social vers nous, il va des membres égaillés de notre collectif à son corps unanime. À son corps présent, absent, représenté, divin, imaginaire, dispersé : Romulus[2].

Le corps devient communicateur dès lors qu'il déroge à sa réalité. Le corps réel a fondé la religion sociale. C'est

---

1. M. Serres, *Rome. Le livre des fondations*, Paris, Grasset, 1983, p. 112.

2. *Ibid.*, p. 133.

le cas de Romulus ou Jésus, possédant le même destin corporel. Le corps, lorsqu'il est assassiné, parce qu'il est valeur ou signe imaginaire, devient par le regard des hommes avides de pouvoir, origine de litiges. Le corps réel devient la relique, la preuve nécessaire de la filiation. Mais il communique le signe de sa présence symbolique et de son absence imaginaire.

> Le corps du condamné à mort est le deuxième corps du roi, son corps réel de chair, sa présence réelle. Un souverain qui suspend sa grâce sur lui, jouit du premier corps, corps logiciel au corps du signe. Le pouvoir est à deux corps, la présence réelle et le signe [1].

Ainsi, le corps politique suppose une dimension corporelle intersubjective, au sens où le corps est au fondement des échanges sociaux et de la cohésion religieuse entre les membres de la communauté. Peu à peu, le signe du corps originel se sépare de lui. Le corps politique est devenu cette entité abstraite, si bien que chaque citoyen ne perçoit plus la fondation charnelle de la communauté. Le pouvoir s'efforce de nous faire croire en sa légitimation incarnée alors qu'il est incapable d'être autre chose que le signe du fondateur.

Michel Serres cherche le mode spécifique de communication du corps et ne définit plus seulement le destin sémiotique du corps. Cette distinction sera effectuée par la mobilisation des cinq sens, s'inscrivant dans la description des communications intersubjectives des corps. Les jeux du corps, comme le rugby, nous présentent un dialogue des corps sans langage. L'immédiateté crée une continuité de mouvement sans l'ordre d'un signe :

1. M. Serres, *Rome, op. cit.*, p. 138-139.

À l'ordinaire, quand le ballon passe – et il vole vite pour n'être pas intercepté – il s'échange entre des mains adroites et un regard aigu et vigilant, précédé souvent d'un appel, mot, cri, brève interjection, voyelle, même un signe de la main, code convenu ou non. La balle court avec, après ces signaux, en même temps qu'eux, sur le réseau des canaux fluctuants qu'ils dessinent. Tout à coup, la balle prend leur place, tous les autres signaux s'éteignent... alors mon corps se place où la balle va passer, je la lance dans un vide qu'un autre chérubin va combler, immédiatement et à coup sûr, nous ne nous regardons plus, nous ne nous voyons plus, nous ne nous entendons plus, nous ne nous parlons ni ne nous appelons, yeux fermés, bouche close, oreilles bouchées, sans langage, monades, oui, nous nous connaissons, prévoyons, aimons, nous nous anticipons de façon fulgurante, nous ne pouvons pas nous tromper, l'équipe entière ne peut plus se tromper, enfin elle joue... [1]

Le mot « monades » est ici essentiel. Michel Serres retrouve avec le corps communicateur le moyen de restaurer le paradigme leibnizien. Le commencement de l'œuvre retrouve enfin sa filiation. Le corps possède sa propre logique de communication. À force de confondre le corps et la parole, on a toujours conçu l'un comme outil de l'autre. Or, le corps s'exprime au-delà du signe, dans la mesure où son activité réside dans l'interaction des sens. Ceux-ci agissent immédiatement sur le corps sans l'intermédiaire du signe. Aussi s'agit-il de rendre compte de la communication des cinq sens et de leur unité, le corps.

1. M. Serres, *Les cinq sens, Philosophie des corps mêlés*, Paris, Grasset, 1985, p. 358. Ce passage reprend des notes écrites dès 1960 et présentées plus haut.

LES CINQ SENS

Les cinq sens ne sont pas à comprendre dans la disjonction opératoire de leur spécificité. Bien des philosophes du XVIIIe siècle ont cru pouvoir fonder le mode de connaissance du monde à partir de l'étiologie d'un sens, comme le toucher dans « La lettre sur les aveugles à l'usage de ceux qui voient » de Diderot. Dans son *Traité des sensations*, Condillac propose de restaurer les droits de la sensorialité : le toucher informe tous les autres sens. Les cinq sens s'inscrivent dans la tradition d'une philosophie de la continuité, là où le dualisme avait distingué réellement le corps de l'âme. Il y a là une activité intense et fondatrice qui n'est pas si distinguable du modèle de la perception analysé par Serres dans sa critique de Merleau-Ponty.

> La vue, le toucher, l'odorat, le goût, l'ouïe même ne vont jamais aux invaginations aléatoires et sans fin. Nous nous en évanouirions, le temps se gèlerait au passage d'une haleine, sous la chute d'eau d'une voix, aux caresses d'un grain. Nos sens vont vite, ils pensent eux aussi. L'indéfiniment caverneux n'est jamais perçu[1].

L'argument s'inscrit dans la critique traditionnelle de la perception. Elle radicalise le débat en dénonçant les modèles visuels des philosophies du corps, s'attachant à l'unique perception. Ce qui est connu est réduit à l'ordre de la vision. Bien des détails échappent à l'œil. La pluralité des cinq sens ne remplace pas l'univocité de la perception visuelle. Elle suppose une combinaison là où il n'y avait que description. De même, la multiplicité

---

1. M. Serres, *Le passage Nord-Ouest. Hermès V, op. cit.*, p. 107.

d'informations engendrée par la pluralité sensorielle se substitue à l'exclusive réalité de la perception. Il convient de différencier la perception de la vision seule en tant que sens : la perception est un acte unitaire dont la composition et l'origine sont multipliées par autant de sens.

> Nous tous percevons le monde par les terminaux sensoriels et la peau, nous le dessinons de nos gestes, nous l'endurons et nous en jouissons, le transformons par le travail, le signifions par le langage… [1]

La perception sensorielle régit notre relation au monde. L'anthologie, ainsi instituée, est celle de sens à mi-lieu entre moi et le monde. Une dialectique s'instaure entre la peau, mémoire sensible du monde, et nous ; les terminaux sensoriels qui agissent comme agents de l'information, assurant le passage réciproque extérieur-intérieur. Toutefois, les sens n'agissent pas en permanence avec une égale intensité. La complémentarité des sens suppose une reconnaissance de leur égale valeur comme modèle épistémique. Si on la considère seulement comme mode de connaissance, chaque sens n'est qu'un moyen comme un autre. Compris comme modèle du connaître, le philosophe du corps renverse la perspective traditionnelle.

> L'ouïe est modèle du connaître. Elle est encore active et riche quand l'œil ou se perd ou s'endort. Elle est continue où les autres sens sont intermittents. J'entends et je comprends, aveuglément, quand l'évidence a disparu et quand s'est évanouie l'intuition, les exceptions [2].

1. *Ibid.*, p. 161.
2. M. Serres, *Genèse*, *op. cit.*, 1982, p. 23.

Les sens nous introduisent dans une dimension temporelle différente. Au lieu de la continuité d'une conscience vigilante et attentive sur le modèle de la connaissance comme vision, la discontinuité du non-conscient apporte une intensité remarquable dès lors que l'on se défait d'une perception prisonnière du modèle visuel. Michel Serres retrouve la différence leibnizienne entre les petites perceptions et les grandes. Ici, les petites perceptions sont assurées grâce à la singularité de chaque sens. La complémentarité permet de séparer les opérateurs de la communication dans le corps : « chaque organe des sens, insulaire, forme une singularité dense sur la plaine entamée, diluée »[1]. Se pose ainsi le problème de la communication des sens, si chacun est une île de sensations. Tel est le statut de la peau. La peau relève du toucher comme modèle du connaître. Le toucher est celui des cinq sens qui en assure la somme. La constitution du corps propre, comme unité du sens interne, trouve ses fondements dans la fermeture sur soi et dans l'ouverture sur l'extériorité.

Le toucher assure cette double fonction de fermeture et d'ouverture. En effet, l'impression est inscrite dans la peau. Et le toucher permet à la fois la remémoration de l'origine sensorielle et sa commémoration dans le souvenir. Un corps qui ne connaîtrait pas le toucher, inhérent à la peau, aurait une identité corporelle uniquement imaginaire.

> Notre corps se couvre de peau, l'enferme sous elle. Elle s'ouvre sur les sens. Elle se ferme sur le sens interne, en restant ouverte un peu. Le toucher continue

---

1. M. Serres, *Les cinq sens, op. cit.*, p. 53.

à prédominer, il connaît bien les voisinages de blanc et de noir, d'ouverture et de serrure[1].

Le toucher synthétise l'information en la déposant dans la peau, ou plutôt il est le moyen de sentir ce qui a été senti. Pas de mémoire sensorielle sans le réceptacle du corps propre. À l'instar du « Moi Peau » de Didier Anzieu, le corps est une enveloppe de sensations enregistrées. La peau est à la fois surface de l'espace corporel, et figure topologique de l'histoire individuelle du corps. Il est extrêmement frappant de retrouver sous la plume de Michel Serres le même vocabulaire que celui du psychanalyste, lu dès 1966.

> Le corps se construit comme le livre se compose et les pages s'associent comme les pièces et les plaques. Tout cousu de peau, d'abord, nu dans son sac noué, comme habillé, feuille à feuille, chausses, écharpes et culottes, par pièces de peau assemblées ou vêtements divers juxtaposés ou empilés, cousus, se recouvrent mais parfois laissent des hiatus, car des lieux répugnent entre eux. La peau ne fait pas synthèse mais faufil, collage ou rapiècement…[2].

> La peau, seconde fonction, c'est l'interface qui marque la limite avec le dehors, et maintient celui-ci à l'extérieur, c'est la barrière qui protège de la pénétration par les avidités et les agressions en provenance des autres, êtres ou objets. La peau enfin… est un lieu et un moyen primaire de communication avec autrui, d'établissement de relations signifiantes, elle est, de plus, une surface d'inscription des traces laissées par ceux-ci[3].

1. *Ibid.*, p. 55
2. M. Serres, *Les cinq sens, op. cit.*, p. 245.
3. D. Anzieu *Le moi peau*, Paris, Denoël, 1984, p. 39.

La spécificité du « Moi Peau » pose la question de la nature du psychisme. Question que ne se pose pas Michel Serres dans la mesure où il s'intéresse aux bordures de mon corps et du monde. En cela, il s'affirme dans la topologie plutôt que dans la théorie des surfaces projectives. La peau n'est pas à mi-lieu du monde et du corps. Elle anticipe la conception du corps mêlé. C'est cela qui fait le mélange des informations.

> La peau est une variété de contingence : en elle, par elle, avec elle se touchent le monde et mon corps, le sentant et le senti, elle définit leur bord commun... Je n'aime pas dire milieu pour le lieu où mon corps habite, je préfère dire que les choses se mêlent entre elles... La peau intervient entre plusieurs choses du monde et les fait se mêler[1].

Le mélange résulte de la rencontre d'une multiplicité au sein d'une unité. Mais au lieu de penser cette unité comme le réceptacle extérieur à la matière qui s'y imprime, la peau se constitue elle-même dans le mélange. La peau ne réagit pas. Les organes des sens tissent en elle une toile multicolore.

> Le dessin des sens s'y déploie, ensemencé de centres sourds, constellé de marques ; la peau forme une variété de nos sens mêlés. La peau, tissu commun à ses concentrations singulières, déploie la sensibilité... Intérieur et extérieur, opaque et transparente, souple ou raide, volontaire, présente ou paralysée, objet, sujet, âme et monde, veilleur et guide, lieu où le dialogue de fond avec les choses et les autres arrive et d'où il brille, la peau porte le message d'Hermès et ce qui nous reste d'Argos[2].

1. M. Serres, *Les cinq sens, op. cit.*, p. 82.
2. *Ibid.*, p. 251.

La philosophie du corps mêlé s'inscrit dans une communication entre les sens et le corps propre. Le mélange, loin d'être une confusion, constitue un texte original sur la peau propre à chacun d'entre nous. Il n'y a donc pas de corps pur, blanc, transparent. L'aspect tatoué des traces et des marques révèle l'incarnation comme dimension temporelle. La subjectivité trouve une définition topologique. La loi interne du corps est la circulation des informations sensorielles : il convient de la faciliter plutôt que de l'empêcher.

> Dans les Cinq sens, pendant le banquet de vie, un cogito local fait naître sur le corps des régions sensitives et déjà subjectives qui fondent ou éliminent les plaques de nécrose et d'anesthésie... Les morceaux assouplis s'assemblent, se cousent, se soudent peu à peu et vaguement pour habiller ou construire un corps spécifique, bariolé, personnel, approximatif et singulier, différent de celui qui dit je par la parole, mais tout prêt à l'écouter[1].

Cette duplicité du sujet qui parle avec le cogito local et incarné n'aboutit pas à un nouveau dualisme. De même que le local a rapport au global, de même le corps personnel nourrit l'énonciation du sujet. L'identité subjective est proportionnelle à l'intensité sensorielle, c'est-à-dire à cette capacité de goûter le monde de soi par soi. Le corps personnel acquiert une autonomie par rapport à sa parole subjective. Par sa faculté d'incorporation, la peau est la mémoire signifiante du corps. Des sensations, elle ne retient que le signe, dont le symptôme est la manifestation. Ainsi, ce qui a touché le corps devient tic.

1. M. Serres, *Statues, Le second livre des fondations*, Paris, François Bourin, 1987, p. 165.

> Le tic garde un souvenir immémorial du corps tacite,
> comme le lapsus trahit la mémoire de la chair loquace,
> anesthésiée par la parole[1].

Le langage échoue à n'être que la conséquence du geste. Ainsi, les mots viennent après l'enregistrement du monde par le corps. Ce qui se répète dans le tic, c'est le souvenir de l'évènement traumatique, parce que le corps est discours du temps subjectif et récit de l'espace personnel. La subjectivité n'a pas pour modèle de connaissance la parole. Tel est l'excès du structuralisme mal compris. Elle est tension entre le réel du corps et les instruments symboliques pour l'exprimer.

Mais Michel Serres explore l'inscription de l'origine ou plutôt le passage du réel au symbolique. Le corps est signe mémorable. « Mais le corps se souviendra d'avant le sens »[2]. Le sens, c'est-à-dire les cinq sens qui fournissent la signification, comme rapport entre la chose et son symbole. Or, le corps, comme inscription présymbolique, disjoint le signe du sens qui l'a fourni.

> Le corps qui désormais raconte, discourt, argumente,
> débat, se souvient, conserve dans sa masse le pré-geste
> d'expulsion, comme un réflexe, avant de toucher ou de
> manipuler l'objet[3].

À l'inverse, à la méthode proustienne phénoméno-logique, qui remonte de la manifestation à sa cause, du signe à la signature, Michel Serres propose un examen de l'apparition. La manifestation présuppose une duplicité. L'apparition suppose la présence sans cause, la rémanence

---

1. M. Serres, *Statues, op. cit.*, p. 139.
2. *Ibid.*
3. *Ibid.*, p. 138.

pure. « Voici le phénomène d'avant la phénoménologie : l'apparition »[1].

C'est donc à l'immanence la plus radicale que nous invite le corps des cinq sens. Le mélange des informations sensorielles, à l'inverse de l'image de l'enregistreur qui restitue l'adéquation du signe avec son origine, interdit la transparence. Le corps conserve des signes dans la perte de leur origine. Ces signes incorporels auront un tel pouvoir qu'ils prédétermineront les attitudes et gestes du sujet. Ce n'est pas tant parce que le sujet a déjà goûté la madeleine que l'impression surgit : c'est l'incorporation du signe qui fait surgir l'objet sensible.

LES CORPS MÊLÉS

Pour comprendre la disjonction opérée par le mélange des sens, il convient de rappeler les significations de cette notion de mélange à laquelle Michel Serres est attaché. Le souci philosophique de Michel Serres a toujours été de définir un objet capable de prendre en compte, dès sa constitution, le multiple et la variété du monde. Avant même de solliciter le corps, le philosophème de cette philosophie de l'objet, Michel Serres écrit à propos d'elle :

> Quand nous pensons la société, nous manquons d'une bonne philosophie de l'objet. Ici l'objet se trouve justement hors des circuits relationnels déterminant la société. Dans ces réflexions sur le multiple, sur le mélange, sur les ensembles bariolés, mués, tigrés, zébrés, la foule, j'ai tenté de penser un nouvel objet, multiple dans l'espace et mobile dans le temps, instable et fluctuant comme une flamme, relationnel[2].

1. *Ibid.*, p. 139.
2. M. Serres, *Genèse, op. cit.*, p. 152.

Dans son ouvrage *Rome*, l'objet nécessaire pour penser la société sera évoqué à partir du corps fondateur parce que mort[1]. Il semble que le corps a pour vocation, et peut-être pour définition, de se constituer dans la multiplicité et le bruit. Il est « le lieu mêlé », plutôt qu'un simple milieu neutre. Du livre des fondations à la fondation même de notre être, le projet est identique : rendre compte des mélanges de détermination, des déplacements et des conversions. Il n'y a pas de partage ou de tableau des divisions à effectuer.

> Dans le donné massif et flottant du sensible, la philosophie ne se partage pas : ni par corps – voilà des statues – ni par noms – voilà des marques funèbres –, ni par rôle dans des dialogues ou colloques – théâtre, politiques utiles – ni par discipline – voici la science[2].

Le corps apparaît ainsi comme un mode d'une philosophie de l'objet, même se mêle au monde sans cesse, de même que le monde se mêle à lui. Le corps est toujours hors de lui. Le mouvement du mélange suppose cette tension excessive dont l'incorporation est le terme. Ainsi, dès l'interférence, Michel Serres insistait sur la nécessité de ne pas confondre les résultats de l'incorporation avec le mouvement de mélange du corps au monde.

> Mais qui suis-je, ici présent ? Quelque chose qui engendre de la pensée, de l'ordre, du choix, des partitions, des séparations, des purifications de corps mélangés, des associations de machines, des combinaisons d'appareils[3].

1. M. Serres, *Rome*, *op. cit.*, p. 38.
2. M. Serres, *Les cinq sens*, *op. cit.*, p. 337.
3. M. Serres, *L'interférence*, *op. cit.*, p. 97.

On retrouve cette distinction, devenue opératoire au sein de la philosophie de Michel Serres, entre le corps propre, unité et homogénéité, mémoire et incorporation, et le corps mêlé qui dépare les limites du moi. Ainsi, la distinction entre le moi et le sujet se lit ici dans celle du corps statique, récepteur, et du corps dynamique, communicateur. De même, le senti est à séparer du sensible. Ouvert, le corps amasse du senti tout en restant sensible à ce qui n'est pas lui. Paradoxe du corps que je suis : je ne suis jamais présent. Je dois me conjuguer sur le mode de participe passé. Mon corps ne se replie pas dans la présence.

> Le corps sort du corps dans tous les sens, le sensible noue ce nœud-là, le sensible ou le corps ne demeurent jamais dans le même terrain ou contenu, mais plongent et vivent dans un échangeur perpétuel, turbulence, tourbillon, circonstances... Le corps excède le corps ou défaille, ce moi-là dépasse le moi, l'identité se délivre à chaque instant de telle appartenance, je sens donc je passe, caméléon, dans une multiplicité bariolée, deviens métis, quarteron, mulâtre, octavon, hybride... [1]

C'est le mouvement même de la vie qui est décrit par le corps mêlé. À l'inverse d'un idéalisme pur, la philosophie de Michel Serres crée un lien interne entre le vitalisme bergsonien et la thermodynamique. Plus qu'une analogie, le corps est un système ouvert que seule la mort clôture en arrêtant l'incorporation du monde par la destruction du sensible. Épicure avait sans doute raison lorsqu'il déclarait dans ses lettres que la mort nous rend insensibles dès que le corps est principe de la sensibilité. Peut-être n'y a-t-il pas d'autre éternité que la mémoire !

1. M. Serres, *Les cinq sens*, *op. cit.*, p. 336.

QUELLE ÂME ?

La philosophie du corps mêlé et des corps mêlés (dans la perspective d'une définition nouvelle de l'intersubjectivité) se devait de se situer par rapport au problème de l'union de l'âme et du corps.

> Le dualisme ne fait connaître qu'un spectre en face d'un squelette. Tous les corps réels sont moirés, mélanges flous et en surface de corps et d'âme… L'âme et le corps ne se séparent point mais se mélangent, inextricablement, même sur la peau. Ainsi deux corps mêlés ne font pas un sujet séparé d'un objet [1].

La critique du dualisme a toujours été suspectée d'un retour au monisme, voire au panthéisme. Ainsi, la continuité entre le corps et l'âme laisserait supposer un passage de l'un à l'autre au sein d'une unité organique et fonctionnelle. Or, dans la philosophie de la communication, un tel réductionnisme n'est pas possible, sauf à ignorer le mélange comme le résultat de l'interaction. Au lieu de concevoir cette interaction de manière externe, maintenant par-là le corps et l'âme dans la catégorie de substances distinctes réellement, il faut apercevoir cette interaction comme une corrélation.

L'âme est née d'une localisation déterminée par le corps : « chacun la place, autour de là, où le corps le lui dit. Chacun la tient marquée, définitive, où le jour de sa naissance la fixe » [2]. L'identité subjective vient du mélange du corps et de l'âme. Le corps apprend à dire « je » lors de toutes les expériences sensorielles où la limite du présent interroge la légitimité de ma présence au monde :

1. M. Serres, *Les cinq sens, op. cit.*, p. 22-23.
2. *Ibid.*, p. 27.

> C'est l'âme qui, lors du passage dans le hublot maternel,
> délimite désormais le dehors du dedans, les cinq sens
> du sens interne. Elle est au principe de l'incorporation
> du monde sans pour autant en être. L'âme accompagne
> toute prise de conscience du corps de lui-même. L'âme
> gît au point où le je se décide… L'âme habite un quasi-
> point où le je se décide[1].

Tel est le sens de l'expérience initiale et initiatique
décrite par Michel Serres au moment de l'ouverture
des cinq sens. L'union de l'âme et du corps se découvre
dans l'expérience du mélange, là où les contradictions
sont éprouvées à l'intérieur d'un même corps. C'est
l'expérience du risque, de tout ce qui met en scène
notre identité. Pour cela, il convient de dépasser la
simple logique de l'appartenance, qui nous fait éprouver
l'incarnation comme mon corps :

> Définie par la fermeture du volume, close sur soi, la
> tente, ouverte un peu, se découvre soi-même, le corps
> peut écrire ou dire : Mon. Mon corps, mon appartenance,
> qui fait comme un cercle et retourne sur soi[2].

Qui suis-je ? Mon essence peut-elle se résumer au
sens interne, en excluant tout ce que les sens externes
reçoivent du monde ? L'identité a ce paradoxe de se
connaître dans la permanence, tout en se constituant
dans l'instabilité provoquée par l'ouverture au monde.
L'identité est l'illusion d'une âme qui se sépare de
son corps. Or, l'âme n'est rien sans son amour pour le
corps. La philosophie nouvelle aura toutes les difficultés
à prendre en compte le corps mêlé si elle continue de

1. *Ibid.*, p. 16-17.
2. *Ibid.*, p. 56.

promouvoir des distinctions étrangères au monde et à notre vie quotidienne :

> Le mélange corporel et le mixte en général restent inconnus à la philosophie, discours pour la séparation et pour la pureté, fermés dans la hideuse et mortelle passion de l'appartenance[1].

Le projet de *Statues*, qui est de rendre compte du caractère fondateur du corps mort, statufié, reprend le thème du corps mêlé. Le corps mêlé est intermédiaire : il nous précipite dans la recherche de l'entreprise du monde et du moi. Les conséquences d'une conception du corps mêlé touchent à la fois la philosophie et le philosophe. Sur le plan de la philosophie, les notions dualistes disparaissent au profit d'une promotion de notions tierces, dont *Le Parasite* avait déjà sollicité la venue. Ce mélange que nous sommes, aucun langage n'est adéquat pour l'exprimer. Le langage a ce défaut de décrire la réalité par le biais d'une logique binaire, qui sert toujours de référence.

> La philosophie des corps mêlés construira, je l'espère, celle du purgatoire ou lieu intermédiaire pour transitions de phase, métis de sang ou de langue, pour notions mixtes et pacifiées[2].

La contradiction entre le langage et la philosophie des corps mêlés laisse à penser que la science suit le même destin que le langage à propos du corps : celui de l'inadéquation et de l'impertinence.

Ainsi, le projet philosophique de Michel Serres est de renoncer à une simple épistémologie des sciences dont la collection Hermès avait assuré la promotion,

---

1. M. Serres, *Les cinq sens, op. cit.*, p. 283.
2. M. Serres, *Statues, op. cit.*, p. 107.

certes critique. La communication se révèle être le paradigme renforçant, par son pouvoir de dévoilement, les principes du développement de la science. Le travail de Michel Serres est passé d'une critique de la science à la recherche d'un fondement autre que le langage. L'alliance du langage et de la science provient de leur commune appartenance à une logique duale dans laquelle le sujet et l'objet se distinguaient. La référence constante à la subjectivité et à l'objectivité canalise encore notre regard sur le monde.

Si bien que le mélange introduit une vacance à l'intérieur de la logique catégoriale du langage et de la science. Rien n'a été prévu pour l'avènement d'une philosophie des corps mêlés, là où l'entendement s'efforce, depuis toujours, de trier, de différencier, de distinguer, de classer... Expliquant l'absence de sérieux attribuée à une telle philosophie par les tenants de la philosophie institutionnelle et traditionnelle. Cette prolixité du style de Michel Serres, qui force le vocabulaire à avouer sa tessiture corporelle, paraît exagérée. Pourtant, elle correspond à la nécessaire purification du langage qui doit se risquer à affronter le réel, afin de faire coïncider la représentation des mots à celle des choses. Le mélange n'est pas une chose nette, propre, assurée.

> L'enfer se signale par les corps mêlés. La fosse commune dissout l'individualisation et l'arrogance ou l'espérance du nom... Nous muets. Nous sans limite, ni peau, ni chair, ni frontière, ni bord, ni définition. Nous mêlés. Ce mélange n'a de nom dans aucune langue. Nous, foule, pierres enchevêtrées. Nous sujets, chacun sur et sous tous. Nous, cailloux, objets, choses. Nouveau mélange du sujet, au pluriel, avec l'objet. Nous sujet-objet. Catégorie trismégiste de la métaphysique[1].

1. *Ibid.*, p. 117

Hermès réapparaît, mais sous le surnom donné au dieu Thot par les Grecs d'Égypte, afin d'honorer le fondateur légendaire de la doctrine alchimique, déposée dans les écrits hermétiques. Les caves aux statues abandonnées pêle-mêle ne sont que l'image sociale de la fondation de notre identité. Individu ou collectif, notre âme est la catacombe de nos sens. Nous accumulons au secret les débris accumulés qui constituent pourtant l'origine bigarrée et plurielle de l'expérience temporelle. Si bien que le sujet se trouve englué dans ses objets. Il n'est plus un je solitaire et solipsiste. La subjectivité est une première personne du pluriel. L'alchimie des objets dans la texture du sujet assure le mélange.

> Pas de philosophie sans l'expérience muette et longue de ce nous sujet-objet fondamental. De ces tas[1].

L'ÉCOULEMENT DES FLUIDES

L'émergence sera possible par l'écoulement des fluides. La continuité entre le corps et le monde permettra le mélange sans déséquilibrer la subjectivité. Le statut de l'intermédiaire reste particulièrement ambigu : en effet, le corps se mêle aux choses mêmes, qu'il incorpore jusqu'à faire de la peau le tatouage du monde :

> Le corps, système ouvert, est le lieu et le siège d'un échange de flux ; ils y entrent, ils en sortent. Mais ces flots sont unitairement, de nourriture et de boisson, d'éros ou de perception, et d'information intellectuelle... Épissure est la source d'un flux qui entre dans mon corps. Mais à nouveau, il peut le perdre.

---

1. M. Serres, *Statues*, *op. cit.*, p. 118.

Soit par la porosité des parois, soit par un trou percé au fond[1].

Mais le statut ontologique du corps mêlé reste celui d'un corps mixte. On se rappelle que dès le *Timée*, Platon définissait le mixte comme un mélange lors de la création de l'âme du monde :

> De la substance indivisible et qui se comporte toujours d'une manière invariable, et de la substance divisible qui est dans les corps, il a composé entre les deux, en les mélangeant, une troisième sorte de substance intermédiaire comprenant et la nature du Même et celle de l'Autre[2].

Même si le contexte philosophique diverge, il permet de poser le problème de l'intermédiaire à propos du mélange. Le mélange, par sa dimension ternaire, doit lier les deux pôles apparemment opposés. Ainsi, le corps mêlé est intermédiaire entre la subjectivité et le monde des objets.

Mais quel statut accorder à cet intermédiaire actif puisqu'il constitue le mode d'existence et fournit son identité à la subjectivité ?

> Les cinq sens décrivent le corps mêlé ou bariolé dans son léger mouvement vers l'intensité subjective, heureuse et bientôt unitaire, je le décris aujourd'hui au même lieu et dans le même état mais faisant un écart opposé ou complémentaire vers la compacité multiple des objets. Nous ne connaissons pas le statut de ce corps mêlé intermédiaire[3].

---

1. M. Serres, *La Naissance de la physique dans le texte de Lucrèce : Fleuves et turbulences*, *op. cit.*, p. 67.

2. Platon, *Timée* 35a, Paris, Les Belles Lettres, 1975.

3. M. Serres, *Statues*, *op. cit.*, p. 166.

Ce qui reste à penser, c'est le corps mêlé intermédiaire dans lequel des qualités sensorielles contradictoires sont ressenties par le même corps, nous faisant ainsi passer de la plus intime subjectivité à la plus grande extase mondaine.

> Il reste à penser le corps mêlé comme une intensité où le pour-soi inonde, baigne, occupe un certain volume aux contours flous et d'où il se retire. Nous ressentons ainsi notre corps vivant, nous expérimentons ce qui laisse le corps mort[1].

Le corps entier est celui d'Hermaphrodite[2]. Fils d'Hermès et d'Aphrodite, il représente un corps complet puisqu'il réunit à la fois le sexe masculin et le sexe féminin. L'individu androgyne donne au corps propre un juste milieu qui assure le passage de l'intérieur à l'extérieur. Hermès retrouve une nouvelle figure de son destin, découvert depuis le commencement de l'œuvre. En effet, l'idéal d'Hermès, perdu depuis Leibniz, retrouve dans le corps hermaphrodite une complétude entière. L'Hermaphrodite inclut dans son corps l'autre et le différent. Il présente de manière unitaire et englobante les deux pôles de la sexualité. En cela, il n'y a aucune exclusion, car le corps contient la totalité des déterminations possibles.

Ainsi, les sensibilités masculines et féminines permettent aux cinq sens de s'épanouir entièrement, c'est-à-dire de ne pas exister hors du ressenti du corps propre. L'abolition d'Aphrodite à Hermès lui développe une ouverture : le désir et l'amour sensibilisent le corps à tous les signes de sa vie. La communication trouve une

1. M. Serres, *Statues*, *op. cit.*, p. 171.
2. M. Serres, *L'Hermaphrodite*, *Sarrasine sculpteur*, Paris, Flammarion, 1985, p. 65-67.

plénitude grâce à une transparence immédiate du corps au monde. Celle-ci provient du corps lui-même : en tant qu'il est androgyne, le corps est sa propre complémentarité. Il n'y a plus d'écart entre le corps et le monde, puisque tout le monde possible est incorporé dans l'hermaphrodite. Hermès est comblé, c'est-à-dire son corps n'est pas tendu vers une extériorité. Sans manque, l'androgyne inclut le monde. Il devient inutile de l'incorporer.

> (…) et vous créerez l'hermaphrodite, type accompli de l'inclusion. Depuis combien de temps Hermès cherchait-il Aphrodite ? Comblé de l'avoir trouvée. "Sarrasine ou l'androgène surabondant" : il faut concevoir Hermès comblé[1].

La sexualité du corps hermaphrodite semble être celle de l'indifférence et de l'indistinction. L'androgyne est tour à tour homo- et hétérosexuel parce qu'il est les deux à la fois. Nous qui sommes dans la division sexuelle, tiraillés par le manque de l'Autre dont l'image subsiste pour fomenter le désir, nous restons bien éloignés de cette communication idéale. Parce que nous sommes castrés par la détermination et par la division, le corps androgyne voudrait franchir cette limite. Ce n'est que la détermination sexuelle qui fonde le statut intermédiaire du corps, comme corps sentant :

> La castration précède le sexe. La coupure même définit le sexe et lui donne son nom : secte, section, intersection. Par cette catastrophe ou limite primitive qui fit de nous, hermaphrodite à l'origine, c'est-à-dire corps mêlés, Théodore et Dorothée, des femmes et des mâles, nous pouvons sentir puis connaître les autres[2].

---

1. *Ibid.*, p. 8.
2. *Ibid.*, p. 128.

CONCLUSION

Comme toujours, Michel Serres distingue le discours sur l'origine, c'est-à-dire la définition de la fondation, du discours sur le commencement. Le corps mêlé est le corps originel dont la mémoire garde la trace même. La définition sexuelle précipite nos sens dans le monde.

Au lieu d'être unifiés dans le corps mêlé d'Hermaphrodite, nos sens fournissent des informations discontinues dont le langage se donne pour tâche d'ordonner les significations. Le langage oriente Hermès dans le monde des signes alors qu'Hermaphrodite possédait immédiatement l'index sensoriel de toutes les significations possibles.

L'œuvre de Michel Serres oscille entre deux consciences d'un même destin, celui d'Hermès. L'œuvre se développe entre la conscience et l'orientation sémiotique de la communication, là où Hermès a perdu son origine après avoir été livré au langage, et la visée de cette origine au travers de toutes les formes littéraires, philosophiques et poétiques. L'écrivain bascule de plus en plus vers l'origine.

Depuis *Genèse*, une autre écriture est venue peu à peu se substituer au langage de la communication. L'injonction d'Hermaphrodite rejoint la révélation de *Statues* : « rêve et pense, à la vie, à la mort, écris face au ciel, tu deviendras androgyne, Adam hermaphrodite, première statue » [1].

---

1. M. Serres, *L'Hermaphrodite, op. cit.*, p. 154.

Deuxième partie

FACE AUX SCIENCES DU VIVANT

À la différence des philosophes précédents, les philosophes de cette partie ne s'intéressent pas à l'éveil de la conscience mais à la viabilité du corps confronté aux nouvelles mutations des sciences dans les années 1960. Ces années 1950-1990 ont pu trouver des modélisations de la vie chez des philosophes formés à l'histoire des sciences et techniques, sous les influences de Gaston Bachelard[1], Georges Canguilhem[2], François Dagognet[3], Maurice Merleau-Ponty[4], François Jacob[5], Isabelle Stengers, Ilya Prigogine[6], Alan Turing[7], Rachel Carson[8],

1. G. Bachelard, *L'Eau et les rêves : Essai sur l'imagination de la matière*, Paris, Corti, 1941.

2. G. Canguilhem, *Le normal et le pathologique*, Paris, P.U.F., 1943.

3. F. Dagognet, *Philosophie biologique*, Paris, P.U.F., 1962.

4. M. Merleau-Ponty, *La structure du comportement*, Paris, P.U.F., 1945.

5. F. Jacob, *La logique du vivant, Une histoire de l'hérédité*, Paris, Odile Jacob, 1970.

6. L. Prigogine, I. Stengers, *La nouvelle alliance*, Paris, Gallimard, 1979.

7. A. Turing, On Computable Numbers, with an Application to the Entscheidungsproblem : Proceedings of the London Mathematical Society, London Mathematical Society, 1937. A. Turing, » Computing machinery and intelligence », *Mind*, Oxford University Press, vol. 59, n° 236, octobre 1950.

8. R. Carson, *Printemps silencieux*, trad. fr. J.-Fr. Gravrand, Paris, Plon, 1963.

Donna Haraway [1]… La philosophie devient une réflexion sur le corps vivant devenu un terrain par les modifications des conditions de vie et par la compréhension des modes d'information du vivant.

Face aux mutations de la médecine, de la génétique et de l'intelligence artificielle, bien des philosophes, en suivant l'exemple de Hans Jonas [2], ont élaboré des solutions bioéthiques aux problèmes des normes et des limites de l'objectivation du vivant. Hiroshima, les génocides, la robotisation industrielle ou la pollution annoncent ce qui serait « la fin prochaine » [3] de l'Homme. Mais si ces délimitations éthiques sont nécessaires, fonder une philosophie du vivant a été possible pour celles et ceux qui, à l'expérience du contact, se posèrent les questions de l'identité corporelle, de la permanence du sujet et de la mutabilité des formes.

Cette disparition promise de l'homme classique, si prophétique au regard de l'anthropocène actuel, est pourtant l'occasion pour les philosophes – avec la médecine du vivant chez Michel Foucault, le contact moléculaire des rhizomes chez Deleuze et Guattari et l'intelligence du corps vivant chez Dreyfus, Putnam et Kim – d'exalter notre vitalité vécue, effet de la vivacité de la vie. Ils sont critiques envers toute rationalité technique du biopouvoir, l'enfermement institutionnel et la mécanisation de la pensée. Mais ils proposent de

1. D. Haraway, *Crystals, Fabrics, and Fields : Metaphors of Organicism in Twentieth-Century Developmental Biology*, New Haven-London, Yale University Press, 1976.

2. H. Jonas, *Le Phénomène de la vie, vers une biologie philosophique*, Bruxelles, De Boeck, 1966.

3. M. Foucault, *Les mots et les choses*, Paris, Gallimard, 1966, p. 464-465.

faire face au bouleversement ontologique engendré par la déformation atomique des corps, la découverte des lois de l'hérédité par ADN et ARN, et l'informatisation virtuelle du monde.

Fils de chirurgien ayant son propre intérêt pour le sujet vivant, Michel Foucault a d'abord étudié les rapports de la philosophie et de la psychologie avec le vivant, avant de se tourner vers l'anatomo-politique et la biopolitique. Le dialogue entre Michel Foucault et Gilles Deleuze illustre la différence du chemin suivi par le second, aux côtés de Félix Guattari. Si Foucault repensa le sujet vivant dans son histoire de la sexualité à partir de la biosubjectivité plutôt que du bio-pouvoir, Deleuze et Guattari parvinrent à définir la vie comme un devenir hybride. Gilles Deleuze réinterprète l'histoire des idées comme une écriture du contact des corps avec le vivant, à chaque fois selon la même stratégie interprétative : le signe est second par rapport au vivant. Deleuze et Guattari se réfèrent ainsi constamment à la biologie moléculaire, mais pour décrire comment le vivant se met en contact avec ses semblables pour produire de nouvelles formes.

Le philosophe américain Hubert Dreyfus qui, avec l'anthropologue Paul Rabinow, avait établi un dialogue avec Michel Foucault et Gilles Deleuze, aura eu à se confronter à la tradition du « mind-body problem »[1]. L'intérêt des travaux d'Hubert Dreyfus sur le matérialisme réside dans son refus de réduire l'esprit humain à la matière cérébrale. Il veut préciser les limites de la matérialisation de l'humain. Il partage avec John Searle le projet

1. *Cf.* B. Andrieu, « Feeling one's Brain ? Neuro-experiential Devices at First Person », *Philosophia Scientiæ, The Mind–Brain Problem in Cognitive Neuroscience*, Volume 17-2, Issue 2, May 2013, p. 115-134.

dualiste, mais trouve dans la phénoménologie les moyens de sa critique du réductionnisme. La supériorité de l'être humain sur l'ordinateur tient à ce que le second n'a pas de corps. Ce qui rend l'ordinateur inférieur à nous, c'est son intelligence logique et formelle qui lui interdit toute sensibilité. Faute d'un corps vivant, l'ordinateur ne nous semble pas susceptible de s'adapter aux informations non logiques. Cet argument est en faveur d'une émersiologie du corps vivant, puisqu'il écarte toute réduction formelle et toutes analyses logiques au nom de l'adaptabilité du corps à son milieu.

Ainsi l'émersiologie appartient à ces méthodes mixtes, au cœur du corps vivant, qui doivent dans le dialogue avec les sciences moins y assigner la philosophie à un rôle de régulatrice que parvenir à une description holistique, recueillant à la fois les données du corps vivant et du corps vécu.

CHAPITRE IV

LE SUJET VIVANT
CHEZ M. FOUCAULT[1]

Michel Foucault a toujours été un critique de la psychologie, depuis ses travaux sur la psychologie phéno-ménologique[2] en 1954, jusqu'aux cours du Collège de France. La psychologie est pourtant la science qui a introduit Foucault à la question du sujet corporel vivant

1. Ce chapitre est une synthèse de mes travaux menés sur M. Foucault depuis 1989, lorsque je consultais les archives Foucault à la bibliothèque du Saulchoir : B. Andrieu, « M. Foucault, une éthique de l'acte », *Actes. Psychanalyse et société* 3, 1989, p. 15-27 ; « Le toucher chez M. Foucault et G. Deleuze », *Percepts* 2, *Foucault/Deleuze*, Liège, Sils Maria-Fonds G. Deleuze, 2005 ; « De la biopolitique à la biosubjectivité : le corps vivant chez M. Foucault », dans *M. Foucault et les sociologies*, J.-Fr. Bert (éd.), Metz, Université de Metz, « Le Portique », 2005 ; articles « Corps », « Epistemê », « Hercule Barbin », « Hermaphrodite », « Hôpital », « Médecin », « Psychologie », *Abécédaire Michel Foucault*, Liège, Sils Maria-Vrin, 2004 ; « Le médecin de soi-même », *Actes du Congrès International « Michel Foucault et la médecine, Lectures et Usages »*, Ph. Artières et E. Da Silva (éd.), Paris, Kimé, 2001, p. 84-100. Je remercie Jean-François Bert, Stéphane Leclercq et Philippe Artières.

2. M. Foucault, *Maladie mentale et personnalité*, Paris, P.U.F., 1954. Republié sous le titre *Maladie mentale et psychologie* en 1962 ; M. Foucault, « Introduction », dans L. Biswanger, *Le rêve et l'existence*, trad. fr. J. Verdeaux, Paris, Desclée de Brouwer, 1954, p. 9-128, repris dans *Dits et Écrits*, t. 1, 1954-1969, p. 65-119.

entre 1954 et 1962. Le sujet corporel vivant est décrit à cette période tantôt par la psychologie scientifique comme une aliénation objectivante, tantôt par la psychologie phénoménologique de Ludwig Binswanger comme une expérience existentielle. C'est donc qu'il faut distinguer la critique de la psychologie, de celle de la psychiatrie ou de celle de la médecine.

Cet intérêt idiosyncrasique de Foucault pour le sujet vivant s'inscrit dans une différence avec le silence du chirurgien. Au risque de tomber « dans une autobiographie à la fois trop anecdotique et trop banale pour qu'il soit intéressant de s'y arrêter »[1], rappelons que Michel Foucault est, comme il le rapporte lui-même dans un entretien avec Claude Bonnefoy, « fils de chirurgien »[2]. Être à la limite de l'affectif et du perceptif se traduit dans son écriture qu'il voudrait veloutée, même si, dit-il : « j'imagine qu'il y a dans mon porte-plume une vieille hérédité du bistouri »[3]. L'écriture devient chez lui le moyen d'approcher le vivant des corps :

> Avec mon écriture, je parcours le corps des autres, je l'incise, je lève les téguments et les peaux, j'essaie de découvrir les organes et, mettant à jour les organes, de faire apparaître enfin ce foyer de lésion, ce foyer de mal, ce quelque chose qui a caractérisé leur vie, leur pensée…[4]

1. M. Foucault, « Entretien entre Michel Foucault et Claude Bonnefoy », dans M. Foucault, *Le beau danger* [1968], Paris, Éditions de l'EHESS, 2011, p. 33.

2. M. Foucault, « Entretien entre Michel Foucault et Claude Bonnefoy », *op. cit.*, p. 32.

3. *Ibid.*, p. 35.

4. *Ibid.*, p. 37.

Avant l'anatomo-politique et la bio-politique, le premier Foucault étudie ainsi les rapports de la philosophie et de la psychologie avec le vivant dans la tradition française engagée depuis 1800. La psychologie reste au début des années 1950 la voie privilégiée pour lier physiologie et phénoménologie, sans sombrer dans le scientisme positiviste de la psychologie expérimentale.

L'ANALYSE EXISTENTIELLE

Entre 1951, année de son obtention de l'agrégation de philosophie, et 1955, Foucault fréquente quotidiennement la Bibliothèque nationale avec le projet d'écrire une histoire de la psychologie et de la psychiatrie [1]. Il entre comme attaché de recherche au CNRS en 1951 à la Fondation Thiers où il restera un an sur les trois prévus. Recueilli par Paul Mazon [2], Foucault présente deux sujets, d'une part le problème des sciences humaines chez les postcartésiens et d'autre part le problème de la notion de culture dans la psychologie contemporaine. Au cours de sa formation à l'École Normale, rue d'Ulm, il a en effet assisté à une initiation à la psychopathologie avec présentation de malades à l'Hôpital Sainte-Anne organisée par le caïman de philosophie Georges Gusdorf, en 1946 et 1947. Il y a aussi suivi des conférences de Jacques Lacan ou de Julian de Ajuriaguerra. Il a par ailleurs obtenu en 1949 une licence de psychologie en suivant les cours de Daniel Lagache tant à la Sorbonne qu'à l'Institut de Psychologie de Paris. Une fois à la Fondation Thiers, il obtient en 1952 le diplôme de

---

1. J. Miller, *La passion Foucault* [1993], Paris, Plon, 1995, p. 82.
2. D. Eribon, « Le carnaval des fous », dans *Michel Foucault*, Paris, Flammarion, 1989, chap. IV.

psychologie pathologique et il est familiarisé avec la passation du test de Rorschach.

Il rencontre ensuite Jacqueline Verdoux, avec qui il va traduire et réaliser à sa demande l'introduction de *Rêve et existence*[1] de Ludwig Binswanger (1881-1966). Foucault se réserve pour plus tard, dès le début de l'introduction, « de situer l'analyse existentielle dans le développement de la réflexion contemporaine sur l'homme »[2]. Même si la finalité de l'analyse existentielle est « de ne pas être une psychologie »[3], la question foucaldienne est de savoir si « la réalité de l'homme n'est pas accessible seulement en dehors d'une distinction entre le psychologique et le philosophique »[4]. Foucault n'attend pas de la psychologie une description de ce qu'est l'homme, car elle serait insuffisante pour décrire l'activité de l'imaginaire, notamment celle du rêve, et de sa condition vivante, le sommeil.

Une double critique est à l'œuvre dans cette introduction, visant d'une part la psychanalyse, notamment la conception freudienne de l'image, et d'autre part la psychologie scientifique. Les deux disciplines sont réductionnistes :

> Jamais la distance n'a été plus réduite entre une psychologie du sens, transcrite en psychologie du langage, et une psychologie de l'image prolongée en une psychologie du fantasque[5].

1. M. Foucault, « Introduction et notes », dans L. Biswanger, *Le rêve et l'existence*, trad. fr. J. Verdeaux, Paris, Desclée de Brouwer, 1954, p. 9-128, rééd. *Dits et Écrits*, 1954-1988, *op. cit.*, p. 65-119.

2. M. Foucault, « Introduction et notes », dans L. Biswanger, *Le rêve et l'existence*, *op. cit.*, p. 64.

3. *Ibid.*, p. 65.

4. *Ibid.*, p. 67.

5. *Ibid.*, p. 73.

La réduction de toute signification dans le langage, ce que confirme Lacan dans sa lecture de Freud lorsqu'il affirme que « l'inconscient est structuré comme un langage », interdit l'analyse de la richesse de l'expérience du rêve. Foucault espère trouver avec Binswanger le moyen de réunifier les deux courants qui ont été divisés :

> Dans le domaine d'exploration de la psychanalyse, l'unité n'a donc pas été trouvée entre une psychologie de l'image qui marque le champ de la présence et une psychologie du sens qui définit le champ des virtualités du langage[1].

Il convient de critiquer les méthodes de déchiffrement psychologique car « Freud a psychologisé le rêve »[2]. Revenir à l'expérience vivante du rêve devient alors une nécessité.

À l'inverse, Binswanger s'inscrirait dans la tradition de la psychologie classique du sommeil et du rêve[3]. Se référant à Spinoza et à Malebranche, Foucault retrouve alors l'expérience même du rêve :

> Le rêve, comme toute expérience imaginaire, est donc une forme spécifique d'expérience qui ne se laisse pas entièrement reconstituer par l'analyse psychologique et dont le contenu désigne l'homme comme être transcendé[4].

1. *Ibid.*
2. *Ibid.*, p. 80.
3. Pierre Carrique analyse cette tradition dans son livre *Rêve, Vérité. Essai sur la philosophie du sommeil et de la veille*, Paris, Gallimard, 2002.
4. M. Foucault, « Introduction et notes », dans L. Biswanger, *Le rêve et l'existence, op. cit.*, p. 83.

Ainsi, l'expérience ne peut être contenue dans l'analyse psychologique, car elle réduit l'imaginaire à une immanence, croyant ainsi dévoiler la transcendance. Binswanger aurait implicitement renoué avec la leçon de la psychologie classique autour du statut de l'imagination. La critique de la psychologie traditionnelle repose sur l'enfermement de l'imaginaire : il convient selon elle d'éviter d'enfermer l'imagination dans l'image et le rêve dans son interprétation :

> La compréhension du fantasme ne doit donc pas se faire en termes d'imaginations déployées, mais en termes d'imaginations supprimées : et c'est à la libération de l'imaginaire enclos dans l'image que devra tendre la psychothérapie [1].

En privilégiant l'imaginaire plutôt que le symbolique et la connaissance anthropologique de l'homme concret, M. Foucault retient de Binswanger l'expression plutôt que l'interprétation comme le sens original du rêve [2].

DE LA PERSONNALITÉ À LA PSYCHOLOGIE

En 1962, les Presses Universitaires de France [3] rééditent sous un nouveau titre *Maladie mentale et psychologie*, une version considérablement remaniée d'un ouvrage publié en 1954 dans la collection « Initiation philosophique » dirigée par Jean Lacroix, sous le titre

---

1. M. Foucault, « Introduction et notes », dans L. Biswanger, *Le rêve et l'existence, op. cit.*, p. 116.

2. J. Revel, « Sur l'introduction à Binswanger » [1954], dans L. Giard (éd.), *Michel Foucault. Lire L'œuvre*, Grenoble, Jérome Million, 1992, p. 51-56.

3. M. Foucault, *Maladie mentale et personnalité*, Paris, P.U.F., 1954, rééd. *Maladie mentale et psychologie*, Paris, P.U.F., 1962.

Maladie mentale et personnalité. Pierre Macherey[1] a consacré une étude fondamentale à l'explication de ce passage de la personnalité à la psychologie.

Dans la version de 1954, Foucault affirme, dans le droit fil du travail sur Binswanger, combien « la pathologie mentale doit s'affranchir de tous les postulats abstraits d'une méta-pathologie »[2] afin de découvrir la vérité effective et concrète de l'homme. En ramenant la maladie à ses « conditions réelles »[3], Foucault souligne la nécessité de dépasser les diverses psychologies dans le sens de la reconstitution de la réalité humaine. L'existence singulière du malade personnalise la maladie : on peut situer le pathologique à l'intérieur de la personnalité, dans une sorte de rapport réel de détermination. La personnalité serait la structure intime de la pathologie. Mais la maladie est déterminée par des conditions ouvrant la possibilité d'une explication objective de sa propre genèse individuelle. L'aliénation mentale a une origine. En 1954, l'expérience classique de l'internement n'apparaît pas encore comme la cause de l'exclusion, mais comme celle du conflit entre la représentation idéale d'une humanité abstraite et les pratiques réelles de la société. L'aliénation serait due aux contradictions de l'idéologie bourgeoise :

> Ce n'est donc pas parce qu'on est malade qu'on est aliéné, mais dans la mesure où on est aliéné qu'on est malade[4].

1. P. Macherey, « Michel Foucault du monde entier » [1985], *Aux sources de* L'histoire de la folie. *Une rectification et ses limites*, *Critique* 471-472, 1986, p. 753-772.

2. M. Foucault, *Maladie mentale et personnalité, op. cit.*, p. 16.

3. *Ibid.*, p. 17.

4. *Ibid.*, p. 103.

Dans la version de 1962, Foucault critique plus directement la psychologie[1]. La psychopathologie apparaît désormais comme un fait de civilisation dont on peut analyser les discours et les pratiques. La relation historique et discursive de la maladie avec une psychologie vise à délimiter le champ épistémologique. Désormais *l'homo psychologicus*, comme « rapport de l'homme à lui-même »[2] est à étudier sous le prisme de la structure asilaire, à l'intérieur de laquelle la folie est devenue maladie mentale :

> Jamais la psychologie ne pourra dire sur la folie la vérité, puisque c'est la folie qui détient la vérité de la psychologie… Poussée jusqu'à sa racine, la psychologie de la folie, ce serait non pas la maîtrise de la maladie mentale et par-là la possibilité de sa disparition, mais la destruction de la psychologie elle-même, et la remise à jour de ce rapport essentiel, non psychologique parce que non moralisable, qui est le rapport de la raison à la déraison[3].

1. À ce moment-là M. Foucault a publié des textes directement contre la psychologie : M. Foucault, « La psychologie de 1850 à 1950 », dans D. Huisman, A. Weber, *Histoire de la philosophie européenne*, t. 2 : *Tableau de la philosophie contemporaine*, Paris, Fischbacher, 1957, p. 591-606, rééd. *Dits et Écrits*, t. 1, 1954-1969, *op. cit.*, p. 120-136 ; M. Foucault, « La recherche scientifique et la psychologie », dans E. Morère (éd.), *Des chercheurs français s'interrogent. Orientation et organisation du travail scientifique en France*, Toulouse, Privat, n°13, 1957, p. 173-201, rééd. *Dits et Écrits*, t. 1, 1954-1969, *op. cit.*, p. 137-158 ; M. Foucault, « Préface », dans *Folie et déraison. Histoire de la folie à l'âge classique*, Paris, Plon, 1961 p. I-XI, rééd. *Dits et Écrits*, t. 1, 1954-1969, *op. cit.*, p. 159-167 ; M. Foucault, *Folie et déraison. Histoire de la folie à l'âge classique*, Paris, Plon, 1961, rééd. *Histoire de la folie à l'âge classique*, Paris, Gallimard, 1972.

2. M. Foucault, *Maladie mentale et psychologie*, Paris, P.U.F., 1962, p. 88.

3. *Ibid.*, p. 89.

La psychologie apparaît comme un processus de légitimation *a posteriori* des pratiques et non plus comme une description de la maladie mentale avant son apparition. L'histoire de la folie précède la naissance de la psychologie :

> Il y a une bonne raison pour que la psychologie jamais ne puisse maîtriser la folie, c'est que la psychologie n'a été possible dans notre monde qu'une fois la folie maîtrisée et exclue déjà du drame[1].

CONTRADICTIONS DE LA PSYCHOLOGIE

Dans son texte « La psychologie de 1850 à 1950 »[2], Foucault synthétise ses cours d'histoire de la psychologie[3]. Il place la naissance de la psychologie scientifique aux alentours de 1850, et en distingue trois modèles : le modèle physico-chimique, le modèle organique et le modèle évolutionniste. Le modèle physico-chimique (élaboré par John Stuart Mill)[4] recherche soit des lois générales

1. *Ibid.*, p. 103.
2. M. Foucault, « La psychologie de 1850 à 1950 », dans D. Huisman, A. Weber, *Histoire de la philosophie européenne*, t. 2 : *Tableau de la philosophie contemporaine, op. cit.*, p. 591-606, rééd. *Dits et Écrits*, t. 1, 1954-1969, *op. cit.*, p. 120-136.
3. M. Foucault donne un cours de psychologie, à la demande de Louis Althusser, à l'École normale supérieure entre l'automne 1951 et le printemps 1955 et à l'Université de Lille en tant qu'assistant en psychologie d'octobre 1952 à juin 1955. Dans les Archives de l'Université de Lille, D. Eribon a retrouvé le bilan des travaux de l'année 1952-1953 dressé par M. Foucault où le texte de 1957 « La psychologie de 1850 à 1950 » est présenté sous le titre d'« Éléments pour une histoire de la psychologie », dans D. Eribon, *Michel Foucault*, Paris, Flammarion, 1989, p. 84.
4. J. S. Mill, *A System of Logic Ratiocinative and Inductive*, London, Parker, 2 vol., 1851, trad. fr. L. Peisse, *Système de logique déductive et inductive*, Paris, Ladrange, 1866.

des phénomènes de l'esprit à partir des phénomènes
matériels, soit des réductions des phénomènes complexes
en éléments simples. Poursuivant les travaux de Xavier
Bichat, François Magendie et Claude Bernard, le modèle
organique démontre, avec Alexander Bain, Gustav
Theodor Fechner et Wilhelm Wundt[1] que l'appareil
psychique fonctionne « comme un ensemble organique
dont les réactions sont originales, et par conséquent
irréductibles aux actions qui les déclenchent »[2]. Le
modèle évolutionniste, sous l'effet du livre *princeps* de
Charles Darwin, *De l'origine des espèces* (1859), produit
tant en neurologie qu'en psychologie pathologique[3] une
description de la différenciation et de l'intégration des
structures nerveuses dans le fonctionnement mental de
l'individu.

Face à cette naturalisation de la psychologie, à la
recherche du sens, et à l'opposition entre la conduite,

1. A. Bain, *The Emotions ad the Will*, London, Parker, 1859,
trad. fr. P. L. Monnier, *Les Emotions et la volonté*, Paris, Alcan, 1885 ;
A. Bain, *The Senses and the Intellect*, London, Longman's, 1864,
trad. fr. E. Cazelles, *Les sens et l'Intelligence*, Paris, Baillière, 1874 ;
T. G. Fechner, *In Sachen der Psychophysik*, Leipzig, Beitkopf-Härtle,
1877 ; X. Wundt, *Grundzüge der Physiologischen Psychologie*, Leipzig,
W. Engelmann, 1874, trad. fr. E. Rouvier, *Eléments de psychologie
physiologique*, 2 vol., 2ᵉ éd., Paris, Alcan, 1886.

2. M. Foucault, « La psychologie de 1850 à 1950 », *Dits et Écrits*,
t. 1, 1954-1969, p. 123.

3. H. Spencer, *The Principles of psychology*, London, Longman's,
1855, trad. fr. A. Espinas et Th. Ribot, *Principes de psychologie*, 2 vol.,
Paris, Baillière, 1875, 2ᵉ éd. ; T. Ribot, *Les maladies de la mémoire*,
Paris Baillière, 1878 ; *Les maladies de la volonté*, Paris, Alcan, 1883 ;
Les maladies de la personnalité, Paris, Alcan, 1885. *La psychologie des
sentiments*, Paris, Alcan, 1897 ; J. H. Jackson, « Croonian Lectures on
the Evolution and Dissolution of the Nervous System », *The Lancet*,
29 mars, 5 et 12 avril 1884.

défendue par Pierre Janet[1], et le comportement mis
en avant par Henri Piéron[2], Foucault retient le thème
de la compréhension plutôt que celui des sciences de
l'explication. Pour lui, la psychanalyse est une forme
de psychologie : « aucune forme de psychologie n'a
donné plus d'importance à la signification que la
psychanalyse »[3]. Dénonçant le système d'interprétation
qui fait de « l'insensé » « une ruse du sens »[4], Foucault
voit en Freud l'orientation extrême de la psychologie
moderne.

Mais l'objectivation des significations subjectives
aura aussi ouvert l'étude des significations objectives[5].
Foucault réunit le béhaviorisme et la *Gestalt-Theorie*
au sein d'un même projet d'analyse de psychologie
objective : que la signification soit celle d'un élément
ou d'un ensemble, le comportement demeure un champ
phénoménal dans lequel la causalité est centrale. La
psychologie génétique des Arnold Gesell, Jean Piaget,
Henri Wallon lie l'émergence des structures cognitives
à une maturation des schèmes physiologiques, faisant
ainsi de la psychologie une province de la physiologie

1. P. Janet, *Les obsessions et la psychasténie* (en coll. avec
F. Raymond), 2 vol., Paris, Alcan, 1903 ; *Les Névroses*, Paris,
Flammarion, 1909 ; *De l'Angoisse à l'extase. Études sur les croyances
et les sentiments*, Paris, Alcan, 1926.

2. M. Foucault ignore les travaux d'Henri Piéron, par ex. H. Piéron,
« La psychologie comme science du comportement des organismes »,
Leçon d'ouverture en 1907-1908 sur l'Évolution du psychisme à la
Faculté des sciences au titre de la Section des Sciences Naturelles de
l'École Pratique des Hautes Études.

3. M. Foucault, *La psychologie de 1850 à 1950, op. cit.*, p. 127.

4. *Ibid.*, p. 128.

5. On pourra se référer à Nadine M. Weidman, *Construction de la
psychologie scientifique. Karl Lashley et la controverse sur l'esprit et le
cerveau*, [1999], trad. fr. F. Parot, Bruxelles, De Boeck, 2001.

du développement. L'histoire et le milieu déterminent le devenir de l'organisme en définissant une individualité psychologique. L'évaluation quantitative des performances et aptitudes, initiée par Alfred Binet et Théodore Simon en 1905, transforme la « psychologie du virtuel »[1] en une analyse multifactorielle. La standardisation des tests mentaux conduit à une description statistique des aptitudes humaines. Même l'expression et le caractère, à travers l'analyse symbolique des signes corporels, sont expliqués dans un système psycho-physiologique. La conduite individuelle est incluse dans une logique institutionnelle où le jeu d'interaction des individus, avec Charles Blondel et Jacob Levy Moreno, devient le principe d'une psychologie collective et d'une socio-métrie[2].

L'UNITÉ DE LA PSYCHOLOGIE

L'influence de Daniel Lagache

Pascal Engel[3] a dénoncé le divorce entre la philosophie et la psychologie tel que Georges Canguilhem l'avait prononcé dans son texte de 1958, « Qu'est-ce que la psychologie ? »[4]. Si l'on ne retient que la fin de cette conférence, le conseil d'orientation donné par Canguilhem aurait détourné toute une génération de philosophes de la psychologie, de peur de terminer à la préfecture de

1. M. Foucault, *La psychologie de 1850 à 1950*, *op. cit.*, p. 132.
2. Le rapport psychologie-sociologie, et notamment l'apport de Durkheim, est éludé par M. Foucault.
3. P. Engel, *Philosophie et psychologie*, Paris, Folio-Gallimard, 1996, p. 9-25. M. Foucault est explicitement critiqué p. 16-19.
4. G. Canguilhem, « Qu'est-ce que la psychologie ? », *Revue de métaphysique et de morale* 1, 1958, rééd. *Études d'Histoire et de philosophie des sciences*, 5e éd., Paris, Vrin, 1989, p. 365-381.

Police plutôt qu'au Panthéon[1]. Georges Canguilhem, comme Michel Foucault, sont sous l'influence du texte de 1947 de Daniel Lagache : Canguilhem, en privilégiant la psychologie clinique au nom de l'humanisme, comme Lagache, assimile la psychologie animale à la psychologie expérimentale, ce qui lui interdit une réflexion précise sur les rapports entre philosophie et science. Il conviendrait d'écrire une histoire téléologique de la psychologie en rapport avec l'histoire de la philosophie et des sciences : ainsi la neurophysiologie et la psycho-neurologie actuelles ne seraient que des versions modernes du thème aristotélicien de la psychologie comme science naturelle ; ainsi la physique du sens externe devrait être comprise comme un fondement de la psychologie de la subjectivité de Descartes et de Malebranche, jusqu'à la psychophysique de Fechner et de Helmholtz.

Une question se pose, à travers ces thèmes contradictoires (totalité ou élément, genèse intelligible ou évolution biologique, performance actuelle ou aptitude implicite, manifestations expressives ou constantes du caractère, institution sociale ou conduite individuelle) : celle de l'identité de la psychologie. L'interprétation de la dualité, voire de la division de la psychologie, selon Michel Foucault, rejoint les questions de son maître en psychologie Daniel Lagache. En dédiant *L'Unité de la psychologie* à Henri Piéron, Daniel Lagache (1903-1972)

---

1. « Mais la philosophie peut aussi s'adresser au psychologue sous la forme – une fois n'est pas coutume – d'un conseil d'orientation, et dire : quand on sort de la Sorbonne par la rue Saint Jacques, on peut monter ou descendre : si l'on va en montant, on sera proche du panthéon, qui est le Conservatoire des grands hommes, mais si l'on va en descendant on se dirige sûrement vers la préfecture de Police », *Études d'Histoire et de philosophie des sciences, op. cit.*, p. 381.

espérait réaliser en 1947 ce que son propre maître affirmait dès 1926 dans *Psychologie expérimentale*. S'il constate l'existence d'une psychologie des animaux, d'une psychologie des enfants, d'une psychologie des aliénés, d'une psychologie des non-civilisés, d'une psychologie de l'adulte occidental, c'est pour immédiatement affirmer qu'il n'y a « aucune différence essentielle de méthode » [1]. Ce refus du hiatus, « de la différence de nature » engage déjà la thèse d'une différence de degré, tant dans la précision que dans la valeur de vérité des résultats. Henri Piéron n'aura pas toujours été aussi anti-réductionniste. Dans son livre *Le Cerveau et la Pensée* publié en 1923, Piéron reconnaît les qualités d'analyse de la psychologie mais certifie que la connaissance des fonctions mentales humaines doit s'appuyer sur la physiologie nerveuse, l'histo-morphologie du cerveau et les autres découvertes de la sociologie. La référence à Piéron restera constante pour la thèse de l'unité de la psychologie tout au long des articles de Lagache consacrés à la psychologie. Mais il serait excessif d'accorder à cette dédicace la paternité du terme même d'« unité » de la psychologie.

Médecin et philosophe, Georges Canguilhem ressemble à Daniel Lagache, si l'on en croit le style hagiographique du compte rendu publié en 1946 par le second sur le livre du premier, *Le normal et le pathologique*. Cette admiration est fondée surtout sur la thèse d'une unité d'objet entre la psychologie et la biologie. Au fil de son livre, paru en 1943, Canguilhem souligne la polarité dynamique de la vie en refusant de définir l'état pathologique comme la réduction des normes de la vie. Lagache retient ainsi que l'opposition

1. H Piéron, *La psychologie expérimentale* [1926], 8e éd. Paris, Armand Colin, 1960, p. 17.

entre discipline psychologique et biologique s'exprime à l'intérieur même de chaque discipline. Mais ce qui attire Lagache chez Canguilhem, c'est l'unité de la physiologie et de la pathologie au sein de l'évolution de la vie : les variations de formes et les inventions de comportement maintiennent toujours le fil de la physiologie, malgré l'instauration d'un nouvel ordre pathologique. Lagache précise :

> Derrière le retournement de la psychologie sur la biologie et le parallélisme des oppositions doctrinales en psychologie et en biologie, il y a l'unité des problèmes... il faut d'abord trouver les lois élémentaires, et de leur composition résultera la connaissance du concret, le passage de la science à la technique[1].

L'intérêt pour la pathologie n'est pas morbide, mais doit nous faire comprendre que l'unité des disciplines psychologiques se fonde sur l'observation clinique des êtres vivants :

> [S]eule la clinique, dans le sens d'une observation des êtres vivants complets et concrets en situation, peut opérer l'unité des disciplines psychologiques[2].

Comme la pathologie fait partie intégrante de l'unité physiologique du vivant, la clinique fait partie intégrante de l'unité des psychologies.

Lagache atteint là le point de réduction maximum, sur lequel il reviendra largement, même si cette réduction de la psychologie à la biologie repose sur une unité dynamique, celle de l'adaptation :

---

1. D. Lagache, « Le normal et le pathologique d'après G. Canguilhem », *Revue de métaphysique et de morale*, 1946, rééd. dans *Œuvres*, t. 1, Paris, P.U.F., 1977, p. 439-456, ici p. 454.

2. *Ibid.*, p. 455.

À l'identité d'attitude s'ajoute l'identité de l'objet. Les problèmes de la psychologie appliquée sont des problèmes d'adaptation et le problème central de la psychologie théorique est le problème de l'adaptation. Or le problème de l'adaptation est un, s'il a des aspects physiologiques et psychologiques. C'est dans son unité que nous trouvons la raison profonde du retournement apparent de la psychologie sur la biologie dont le livre de Canguilhem nous donne le spectacle : comment n'y aurait-il pas homologie dans les solutions apportées au problème des constantes physiologiques et à celui des aptitudes psychologiques[1] ?

Dans *L'Unité de la psychologie*, Lagache reconnaît qu'il est « impossible de séparer la physiologie et la pathologie et de construire une biologie des êtres vivants sans problème, sans valeurs et sans maladie »[2]. Il ne s'agit pas de construire une psychologie adaptative mais de placer la psychologie parmi les disciplines qui étudient l'adaptation du vivant à une situation concrète. L'être vivant est l'objet qui unifie psychologie et biologie humaines. Lagache reprendra mot pour mot la thèse de 1946 en affirmant en 1947 :

> La vie est une succession de conflits, d'essais et d'erreurs, de désadaptations et de réadaptations, résolutions du conflit[3].

Foucault, s'il partage le diagnostic de division de la psychologie, en refuse le projet de constitution d'une science unifiée. Ce projet ne tient pas compte du « lent

1. D. Lagache, « Le normal et le pathologique d'après G. Canguilhem », art. cit., p. 454.
2. D. Lagache *L'unité de la psychologie* [1949], Paris, P.U.F., 1990, p. 47.
3. *Ibid.*, p. 34.

abandon du "positivisme" »[1], qui alignait la psychologie sur les sciences de la nature. Rejoignant Binswanger et le dépassement de la psychologie vers une anthropologie[2], Foucault précise qu'il « n'y aurait dès lors de psychologie possible que par l'analyse des conditions d'existence de l'homme et par la reprise de ce qu'il y a de plus humain en l'homme, c'est-à-dire son histoire »[3]. La psychologie devrait rester une analyse empirique de la réalité humaine. L'unité de la psychologie tiendrait plutôt à son humanisation par son objet principal : le sujet humain.

LA RECHERCHE PSYCHOLOGIQUE[4]

Foucault rappelle au début de son article, écrit en 1953, « La recherche scientifique et la psychologie », comment, sans le nommer, Pierre Pichot[5] lui avait demandé s'il voulait faire de la psychologie comme Maurice Pradines et Maurice Merleau-Ponty ou de la

---

1. M. Foucault, *Dits et Écrits*, t. 1, 1954-1969, *op. cit.*, p. 136.

2. M. Foucault traduira en 1960 pour sa thèse complémentaire l'*Anthropologie* de Kant avec une introduction de 128 feuillets dactylographiés (*cf.* D. Eribon, *Michel Foucault*, Paris, Flammarion, 1989, p. 125).

3. M. Foucault, *Dits et Écrits*, t. 1, 1954-1969, *op. cit.*, p. 137.

4. M. Foucault, « La recherche scientifique et la psychologie », dans E. Morère (éd.), *Des chercheurs français s'interrogent. Orientation et organisation du travail scientifique en France*, Toulouse, Privat, 1957, p. 173-201 ; rééd. *Dits et Écrits*, 1954 1988, t. 1, 1954-1969, *op. cit.*, p. 137-158.

5. *Cf.* D. Eribon, *Michel Foucault*, *op. cit.*, 1989, p. 138. En 1955, Pierre Pichot prend la présidence de la section *Psychologie clinique* de la Société Française de psychologie ; auteur en 1954 dans la collection « Que sais-je ? » d'un ouvrage sur *Les tests mentaux*, et coauteur d'un volume de Symposia de l'Association de Psychologie scientifique de Langue Française en 1964 sur le thème *Les modèles de la personnalité en psychologie. Cf.* S. Nicolas, *Histoire de la psychologie française. Naissance d'une nouvelle science*, Paris, In Press, 2002.

psychologie scientifique comme Alfred Binet[1]. Y aurait-il donc une vraie et une fausse psychologies, « une psychologie que fait le psychologue et une psychologie sur laquelle spécule le philosophe »[2]?

Michel Foucault se montre dès lors très critique envers la transformation de la « soupente de Binet » en laboratoire de psychologie expérimentale, et envers la physiologie des sensations de Piéron, Rappelons que l'Institut de travail et d'orientation professionnelle a été créé en 1927 par Henri Wallon et Henri Piéron, et avec lui la psychologie clinique qui a donné la psychopathologie à la psychiatrie sous l'égide de Georges Heuyer. « La recherche est née en marge de la psychologie officielle »[3], souligne-t-il, il suffirait de regarder le destin d'Alfred Binet.

Foucault analyse ensuite l'influence de la psychanalyse sur la transformation de l'objet de la psychologie, avec la découverte de l'inconscient :

> La découverte de l'inconscient transforme en objet de la psychologie et thématise en processus psychiques les méthodes, les concepts et finalement tout l'horizon scientifique d'une psychologie de la conscience[4].

La psychologie vise une amélioration du champ de la conscience en déjouant les mécanismes d'illusions. Tant et si bien que, selon l'épistémologie de la psychologie, on n'admet pas « d'erreur scientifique en psychologie »[5]. La démystification de l'action de la conscience et de

---

1. B. Andrieu (éd.), *Alfred Binet. De la suggestion à la cognition 1857-1911*, Lyon, Chronique sociale, 2009.
2. M. Foucault, « La recherche scientifique et la psychologie », *op. cit.*, p. 138.
3. *Ibid.*, p. 141.
4. *Ibid.*, p. 143.
5. *Ibid.*, p. 144.

l'inconscient donne à la recherche psychologique sa dimension critique. Dans le cours de 1953-1954 *Phénoménologie et psychologie*, Foucault souligne que la psychologie cherchait d'un côté « son fondement philosophique ; de l'autre, sa justification scientifique »[1]. Entre l'essence du vécu avec Husserl et l'objectivité concrète, avec l'expérimentation, la psychologie cherche à « retrouver dans le logos le plus originaire l'expression première de la dialectique du temps »[2]. Dans le cours de 1954-1955 sur *La question anthropologique*, Michel Foucault délimite la connaissance de l'homme de la réflexion transcendantale pour trouver dans les textes de Nietzsche « la vraie psychologie », c'est-à-dire « la mythologie de la psychologie », « la théogonie de l'homme »[3]. La question est pour Nietzsche « pourquoi et comment y-a-t-il eu une psychologie ? »[4], annonçant ainsi la fin de l'anthropologie.

Foucault, en expliquant « l'étrange imperméabilité de la médecine et la psychologie"[5], décrit aussi pour la première fois l'anormalité comme essence de la maladie. Sous l'influence du texte[6] de son maître Georges Canguilhem, Michel Foucault démontre comment

1. M. Foucault, *Phénoménologie et psychologie*, Paris, Gallimard, 2021, p. 13.

2. *Ibid.*, p. 231.

3. M. Foucault, *La question anthropologique*, Paris, Gallimard, 2022, p. 169.

4. *Ibid.*

5. M. Foucault, « La recherche scientifique et la psychologie », *op. cit.*, p. 148.

6. G. Canguilhem, *Essai sur quelques problèmes concernant le normal et la pathologique*, « Quadrige », Paris, P.U.F., 1943. *Cf.* « Entretien du 21 juin 1995 avec G. Canguilhem », dans *Actualité de Georges Canguilhem. Le normal et le pathologique*, Paris, Les Empêcheurs de penser en rond, 1998, p. 126.

la psychologie « irréalise l'anormal et "subtilise" la maladie »[1]. La médecine comprend la psychologie comme une entreprise magique, tandis que cette dernière va étudier la pathologie mentale comme l'expression d'une contradiction humaine dans le corps et l'esprit. Foucault estime dès lors que « la maladie est la *vérité psychologique* de la santé »[2]. Il convient donc de refuser toute positivité à la psychologie qui prétend à l'objectivité et à la scientificité de sa discipline ; car elle doit retrouver son « espace propre à l'intérieur des dimensions de négativité de l'homme »[3]. Cet espace propre, celui de la folie pour Foucault, ne sauve la psychologie que par un « retour aux Enfers »[4].

LA FOLIE, HISTOIRE DES CONDITIONS DE POSSIBILITÉ DE LA PSYCHOLOGIE

« À la demande qu'on m'a faite d'écrire pour ce livre réédité une nouvelle préface, je n'ai pu répondre qu'une chose : supprimons donc l'ancienne »[5], écrit Foucault dans la seconde préface de 1972 sans plus faire référence à la psychologie. Pourtant, la première[6] écrite à Hambourg le 5 février 1960, indique le lien précis entre folie et histoire de la psychologie :

1. M. Foucault, *La recherche scientifique et la psychologie*, *op. cit.*, p. 150.

2. *Ibid.*, p. 153.

3. *Ibid.*, p. 158.

4. *Ibid.*

5. M. Foucault, *Folie et déraison. Histoire de la folie à l'âge classique*, Paris, Plon, 1961. Rep. sous le titre *Histoire de la folie à l'âge classique*, Paris, Gallimard, 1972, p. 9.

6. M. Foucault, Préface, *Folie et déraison. Histoire de la folie à l'âge classique*, *op. cit.*, p. I-XI. *Dits et Écrits, 1954-1988*, t. 1 Paris, Gallimard, 1954-1969, p. 159-167.

> Dans la reconstitution de cette expérience de la folie, une histoire des conditions de possibilité de la psychologie s'est écrite comme d'elle-même[1].

L'historien de la psychologie ne peut ici s'appuyer sur « aucun des concepts de la psychopathologie » qui voudrait exercer un « rôle organisateur »[2] de cette écriture de la folie. Car une telle conceptualisation nous priverait de ce « degré zéro de l'histoire de la folie »[3], dont l'atteinte serait impossible sans la réalisation de « l'archéologie »[4] du silence imposée à la folie par la raison. Foucault ne veut pas réaliser ici une histoire du langage de la psychiatrie, « monologue de la raison sur la folie »[5], mais plutôt « une étude structurale de l'ensemble historique – notions, institutions, mesures juridiques et policières, concepts scientifiques »[6].

Ainsi cette structuration de la folie comme « absence d'œuvre »[7], oubli, silence, et répression ne doit pas être comprise, comme l'anti-psychiatrie institutionnelle de l'*Anti-Œdipe* le comprendra[8], à la manière d'une histoire des pouvoirs extérieurs à la *psychê* humaine. Foucault dénonce l'intériorisation de la maîtrise de la folie dans ce rapport de l'homme « de lui-même à lui-même […]

1. *Ibid.*, p. 166.
2. *Ibid.*, p. 159.
3 M. Foucault fait allusion ici au texte de R. Barthes, *Le degré zéro de l'écriture*, Paris, Seuil, 1953.
4. M. Foucault, « Préface », *Folie et déraison, op. cit.*, p. 160.
5. *Ibid.*
6. *Ibid.*, p. 164.
7. *Ibid.*, p. 162.
8. Dès l'entretien au journal *Le Monde* « La folie n'existe que dans une société », (n° 5135, 22 juillet, p. 9; réédd. dans *Dits et Écrits, 1954-1988*, t. 1, Paris, Gallimard, 1954-1969, *op. cit.*, p. 167-169), la psychologie est remplacée par la psychiatrie.

qu'on appelle "psychologie" »[1]. La psychologie est une technique de soi-même mise au point par l'institution asilaire et sa libération par Philippe Pinel[2]. Foucault décrit à travers le double mouvement de libération et d'asservissement comment « l'introduction de la folie dans le sujet psychologique » et « la reconnaissance de la folie dans son rôle de vérité psychologique »[3] ont contribué à une illusion de libération par une adhésion du malade désigné à son symptôme mental. La nouvelle psychologie n'intéresse plus la sensibilité mais « la connaissance seulement »[4] :

> [I]l ne s'agit pas d'une libération psychologique par rapport au moral, mais plutôt d'une restructuration de leur équilibre[5].

La psychologie devient un moyen pour se loger à l'intérieur d'attitudes et de conduites de rapport de l'homme avec lui-même comme la mauvaise conscience ou l'irresponsabilité.

Le sujet corporel, s'il est psychologisé entre 1954 et 1962, devrait nous préparer à une relecture de Foucault comme un philosophe du corps plutôt que seulement comme un historien des idées. À travers des

---

1. M. Foucault, Préface, *Folie et déraison.*, *op. cit.*, p. 165-166.

2. Gladys Swain critique « la représentation reçue de la naissance de la psychiatrie » (1977, p. 18) chez M. Foucault, sans parvenir à distinguer psychologie et psychiatrie dans le projet de *L'histoire de la folie*. Cf. *Le sujet de la folie. Naissance de la psychiatrie*, Toulouse, Privat, 1977 ; *Dialogue avec l'insensé*, précédé de « À la recherche d'une autre histoire de la folie » de M. Gauchet, Paris, Gallimard, 1994, p. 29-109.

3. M. Foucault, *Histoire de la folie à l'âge classique*, Paris, Gallimard, 1972, p. 479.

4. *Ibid.*, p. 474 *sq.*

5. *Ibid.*, p. 475-476.

thèmes comme le toucher, le médecin de soi-même [1], le sujet corporel chez Foucault est dans sa vie psycho-physiologique comme un acteur réflexif susceptible de se constituer lui-même une herméneutique de sujet et non plus de subir une interprétation de ses rêves.

Pourquoi Foucault a-t-il abandonné la biopolitique pour décrire la sexualité en termes de subjectivité dans les deux derniers tomes de *l'Histoire de la sexualité*? La biologie, le corps vivant à travers la psychologie et la médecine, comme nous venons de le montrer, ont toujours été présents dans l'œuvre de 1954 à 1978, à partir de l'interprétation de l'aliénation du corps par le pouvoir psychologique, l'expertise médicale, le regard de la clinique, l'ordre du discours, la surveillance panoptique et le biopouvoir. Mais plutôt qu'étudier la manière dont le sujet est constitué par le pouvoir et par les autres, Foucault veut étudier la manière dont le sujet se constitue lui-même, notamment à partir de 1979 et du cours sur le gouvernement des vivants portant sur le christianisme primitif, .

Des technologies disciplinaires sur le corps à *teknê tou biou* en passant par la biopolitique, M. Foucault a accompli selon sa propre écriture des modifications épistémologiques de son œuvre, trois déplacements :

> Un déplacement théorique m'avait paru nécessaire pour analyser ce qui était souvent désigné comme le progrès des connaissances : il m'avait conduit à m'interroger sur les formes de pratiques discursives qui

---

1. *Cf.* B. Andrieu, « Le toucher chez Michel Foucault et Gilles Deleuze », *Percepts* 2, *Foucault/Deleuze*, Liège, Sils Maria-Fonds G. Deleuze, 2005 ; « De la biopolitique à la biosubjectivité : le corps vivant chez M. Foucault », dans J.-Fr. Bert (éd.), *M. Foucault et les sociologies*, Metz, Université de Metz, 2005.

articulaient le savoir. Il avait fallu aussi un déplacement théorique pour analyser ce qu'on décrit souvent comme les manifestations du « pouvoir » : il m'avait conduit à m'interroger plutôt sur les relations multiples, les stratégies ouvertes et les techniques rationnelles qui articulent l'exercice des pouvoirs. Il apparaissait qu'il fallait entreprendre maintenant un troisième déplacement, pour analyser ce qui est désigné comme le « sujet »[1].

LE CORPS VIVANT DE L'ANATOMO-POLITIQUE

Dès 1961, dans sa thèse, *Folie et Déraison. Histoire de la folie à l'âge classique*, Foucault décrit l'intouchable comme une figure de l'exclusion. La transformation des léproseries en hôpital témoigne moins de la disparition de la lèpre que de l'effacement des lépreux. Les intouchables sont remplacés par les maladies vénériennes non exclues mais soignables, elles. Avec la folie, l'hôpital constitue un espace moral d'exclusion pour ces nouveaux malades au XVIIe siècle, plutôt que de purification physique des lépreux. Car le fou, à la différence du lépreux intouchable, nous atteint moralement comme une part de nous-même. Si « l'internement fait suite à l'embarquement »[2], le rapport au fou vise moins la guérison que la condamnation de son oisiveté. La correction impose le travail aux fous comme aux pauvres par le « labeur châtiment »[3]. La contrainte physique impose l'ordre moral à l'ordre physique. La purification des corps en 1780 touche ainsi la chair par le châtiment :

1. M. Foucault, *L'usage des plaisirs*, Paris, Gallimard, 1984, p. 12.
2. *Ibid.*, p. 75.
3. *Ibid.*, p. 83.

> S'il faut soigner le corps pour effacer la contagion, il
> convient de châtier la chair puisque c'est elle qui nous
> attache au péché ; et non seulement la châtier, mais
> l'exercer et la meurtrir, ne pas craindre de laisser en elle
> des traces douloureuses [1].

Cette distinction entre corps et chair, santé et maladie
identifie le geste qui punit et qui guérit.

Dès la *Naissance de la clinique* en 1963, M. Foucault
étudie le corps à travers un dispositif optique. De la
Naissance de la clinique à *Surveiller et Punir*, le corps
est regardé, constitué ainsi dans sa nature par cette
objectivation. La structure interne du corps doit entrer
dans la nosologie de la pensée classificatrice. Les espaces
et les classes de la médecine dressent le portrait d'un
corps à travers une herméneutique qualitative du fait
pathologique. La transplantation de la maladie à l'hôpital
la spatialise dans l'institution. La bipolarité médicale
du normal et du pathologique instaure un jugement et
une mesure du corps. Le remplacement de la clinique
d'expérience par la nosologie des maladies privilégie dans
le corps moins l'exemple que le cas. Le décryptement
remplace l'examen. Le savoir sur le corps est privilégié.
Le symptôme, derrière la pathologie corporelle, indique
le signe au médecin qui l'interprète :

> Le regard clinique a cette paradoxale propriété
> d'entendre un langage au moment où il perçoit un
> spectacle [2].

---

1. *Ibid.*, p. 99.
2. M. Foucault, *Naissance de la clinique*, Paris, P.U.F., 1963,
p. 108.

Le passage est ainsi accompli « de la totalité du visible à la structure d'ensemble de l'énonçable »[1]. Le corps devient visuel et visible[2]. La décomposition idéologique de l'anatomie pathologique vise à analyser la configuration profonde des corps au-delà des surfaces membranaires.

DE LA BIOPOLITIQUE AU BIO-POUVOIR

Le terme de biopolitique[3] apparaît en octobre 1974 dans la conférence donnée par Foucault à l'Institut de Médecine sociale de l'Université de Rio à travers le thème du contrôle capitaliste du corps :

> Le contrôle de la société sur les individus ne s'effectue pas seulement par la conscience ou par l'idéologie, mais aussi dans le corps et avec le corps. Pour la société capitaliste, c'est la bio-politique qui importait avant tout, la biologique, le somatique, le corporel. Le corps est une réalité bio-politique ; la médecine est une stratégie bio-politique[4].

Le passage de la médecine d'État à la médecine urbaine et à la médecine de la force de travail place le corps au centre du processus de production dont il convient de connaître le rendement, le devenir et l'entretien, introduisant ainsi la régulation sanitaire du prolétariat comme une prémisse de la régulation des populations comme espèce.

1. M. Foucault, *Naissance de la clinique*, *op. cit*, p. 114.
2. B. Andrieu, article « Corps », *ABCdaire Michel Foucault*, Liège, Sils Maria, 2004.
3. F. Ortéga, article « Biopolitique, Biopouvoir », dans B. Andrieu (éd.), *Le dictionnaire du corps*, Paris, CNRS, 2006.
4. M. Foucault, « La naissance de la médecine sociale », *Dits et Écrits*, t. 3, Paris, Gallimard, 1974, p. 210.

La biopolitique est une prise de pouvoir sur le corps individuel et sur l'espèce humaine. Elle est liée conceptuellement et de manière interne au biopouvoir :

> Il s'agit d'un ensemble de processus comme la proportion des naissances et des décès, le taux de reproduction, la fécondité d'une population [1].

Dans ce passage de l'individu-corps au corps multiple de la population, la biopolitique devient une technologie du pouvoir. C'est la médecine qui assure ce passage épistémologique de l'anatomo-politique du corps humain, mis en place au cours du XVIIIe siècle, à une biopolitique de l'espèce humaine : natalité, mortalité, longévité, fécondité deviennent des objets d'une étatisation du biologique et sont exprimés en termes de proportion et de taux statistiques.

La biopolitique ne s'appuie plus seulement sur la biologie mais également sur une médecine à la fois savoir technique des processus bio-procréatiques et savoir-pouvoir de contrôle des corps :

> La médecine, c'est un savoir-pouvoir qui porte à la fois sur le corps et sur la population, sur l'organisme et sur les processus biologiques, et qui va donc avoir des effets disciplinaires et des effets régularisateurs [2].

La biopolitique est un moyen de poursuivre l'étude de la biologie sur l'homme non plus du côté de l'histoire naturelle mais du côté de l'histoire humaine. Les découvertes de l'individu, de la population et du corps dressable transforment les rapports de pouvoir ;

---

1. M. Foucault, *Il faut défendre la société* [1976], Paris, Gallimard-Seuil, 1997, p. 216.

2. *Ibid.*, p. 225.

l'anatomo-politique exerçait sa sujétion extérieure par des techniques de prélèvements économiques (biens, sang, corps) alors que la biopolitique considère les individus comme « une espèce d'entité biologique »[1], le corps et la vie (M. Foucault dit la vie et le corps), si bien qu'intervenir par le pouvoir sur la matière corporelle va s'effectuer par le sexe, la naissance, la mort, la contraception, la sexualité.

Pourquoi M. Foucault va-t-il privilégier le sexe ?

> Car, au fond, le sexe est très exactement placé au point d'articulation entre les disciplines individuelles du corps et les régulations de la population[2].

On trouve là la double contrainte qui va diviser peu à peu le travail de Foucault en distinguant les disciplines individuelles du corps (t. 2, 3 et 4 de l'*Histoire de la sexualité*) des régulations de la population (t. 1 de l'*Histoire de la sexualité*, Cours 1975-1976, *Il faut défendre la société*, 1977-1978 *Sécurité, Territoire et Population*, 1978-1979, *Naissance de la biopolitique*, 1979-1980 *Du gouvernement des vivants*). Foucault précise seulement combien « le sexe est à la charnière entre l'anatomo-politique et la biopolitique »[3], dans le droit fil des analyses de *La volonté de savoir* : les disciplines (dressage, contrôles, exercice, majoration des aptitudes, extorsion des forces…) relèvent de l'anatomo-politique du corps humain, ce qui correspondrait aux œuvres de 1954 à 1976 à travers l'étude de la psychologie, de l'enfermement, du regard médical, de la

---

1. M. Foucault, « Les mailles du pouvoir » [1976], dans *Dits et écrits*, t. 4, Paris, Gallimard, 1994, p. 193.

2. *Ibid.*, p. 194.

3. *Ibid.*

surveillance carcérale, et de la volonté de savoir. « Les séries d'intervention et de contrôles régulateurs : une biopolitique de la population »[1] seront particulièrement étudiées entre 1976 et 1980 à travers les cours au Collège de France. Cette « grande technologie à double face – anatomique et politique »[2] va organiser la réflexion de Foucault à la fois sur le biopouvoir et sur la gouvernementalité.

La biopolitique conserve encore aujourd'hui une utilité épistémologique[3] pour souligner un gouvernement de la vie par le biopouvoir. L'accent est mis sur l'instrumentalisation par une réflexion sur le gouvernement des corps plutôt que le gouvernement de soi-même et de son propre corps comme esthétique de l'existence.

DU GOUVERNEMENT DES CORPS
AU GOUVERNEMENT DE SOI-MÊME

Dans leur commentaire qui assimile « le problème du gouvernement du corps et de ses avatars de l'*Histoire de la folie* jusqu'au *Souci de soi* en passant par *Surveiller et Punir* »[4], Didier Fassin et Dominique Memmi démontrent combien le remplacement de la notion de

---

1. M. Foucault, *Droit de mort et pouvoir sur la vie*, *La volonté de savoir*, t. 1, *Histoire de la sexualité*, Paris, Gallimard, 1976, p. 183.

2. *Ibid.*

3. F. Keck, « Des biotechnologies au biopouvoir, de la bioéthique aux biopolitiques », *Multitudes* 12, 2003, p. 179-187 ; G. Agamben, « Non au tatouage biopolitique », *Le Monde*, 10 janvier 2004, p. 10 ; D. Fassin, D. Memmi, « Le gouvernement de la vie, mode d'emploi », dans D. Fassin, D. Memmi, *Le gouvernement des corps*, Paris, Éditions de l'EHESS, 2004, p. 9-33.

4. D. Fassin, D. Memmi, « Le gouvernement de la vie, mode d'emploi », *op. cit.*

bio-pouvoir par la notion de gouvernement participerait bien de la bascule vers une herméneutique du sujet.

Un point essentiel pourrait être ici indiqué pour préciser le passage de la gouvermentalité des corps au gouvernement de soi-même. C'est la différence entre technologie disciplinaire sur le corps et technologies non disciplinaires. Le cours du 17 mars 1976 de « Il faut défendre la société » fait la synthèse de l'année autour de l'étatisation du biologique. La biopolitique de l'espèce humaine repose sur la distinction entre une technologie disciplinaire du corps et une technologie régularisatrice de la vie :

> Donc une technologie de dressage opposée, ou distincte d'une technologie de sécurité ; une technologie disciplinaire qui se distingue d'une technologie assurancielle ou régularisatrice ; une technologie qui est bien, dans les deux cas, technologie du corps, mais dans un cas, il s'agit d'une technologie où le corps est individualisé comme organisme doué de capacités, et dans l'autre d'une technologie où les corps sont replacés dans les processus biologiques d'ensemble[1].

La sexualité illustre cette opposition entre les effets disciplinaires et les effets régularisateurs au carrefour du corps et de la population, du corps individualisé et du processus biologique. Le passage du corps organique à la population biologique crée des techniques non disciplinaires par le biais de la régulation comme processus collectif : le biopouvoir prend en compte la vie, mais sous deux aspects différents, celui du corps et celui de la population[2]. Le lien entre bio-histoire et biopolitique, que M. Foucault retrouve dans un commentaire du livre

---

1. M. Foucault, Cours du 17 mars 1976, « *Il faut défendre la société* », Paris, Gallimard-Seuil, 1997, p. 222.

2. *Ibid.*, p. 226.

de Jacques Ruffié *De la biologie à la culture*, confirme que les faits biologiques ne s'imposent pas à l'histoire mais que « c'est l'histoire qui dessine ces ensembles avant de les effacer »[1].

C'est toutefois oublier que le thème de la biopolitique reste constant : s'il est vrai que le terme de gouvernement apparaît bien dans le résumé du cours de 1977-1978 *Sécurité, territoire et population*, c'est bien au sein d'une biopolitique qui

> tend à traiter la « population » comme un ensemble d'êtres vivants et coexistants, qui présentent des traits biologiques et pathologiques particuliers et qui par conséquent relèvent de savoirs et de techniques spécifiques. Et cette « biopolitique » elle-même doit être comprise à partir d'un thème développé dès le XVIIᵉ siècle : la gestion des forces étatiques[2].

L'année suivante confirme, à travers les questions de santé, d'hygiène, de natalité, de longévité et de races, la naissance de la biopolitique dans une économie politique : la rationalisation de la pratique gouvernementale exige l'unité de la population comme un ensemble de vivants sur lequel des technologies peuvent s'appliquer. Dans le cours de 1978-1979, *Naissance de la biopolitique*, la liberté apparaît encore comme un « nouvel art gouverne-mental »[3] : l'expression « liberté contre sécurité » définit moins un impératif qu'une mise sous condition car le

---

1. M. Foucault, « Bio-histoire et biopolitique » [1976], *Dits et Écrits*, t. 3, Paris, Gallimard, 1994, p. 97.
2. M. Foucault, « Sécurité, territoire et population » [1977-1978], dans *Résumés des cours, 1970-1982*, Paris, Julliard, 1989, p. 105-106.
3. M. Foucault, « Le libéralisme comme art de gouvernement », Extrait de la séance du 24 janvier 1979, dans G. Le Blanc et J. Terrel, *Foucault au Collège de France : un itinéraire*, Bordeaux, Presses Universitaires de Bordeaux, 2003, p. 206.

libéralisme gère et organise plus qu'il n'oblige à être libre. La population apparaît alors comme une « masse vivante »[1], passant ainsi du corps vivant à l'ensemble quantifiable de vivants.

DES TECHNOLOGIES NON DISCIPLINAIRES
AUX TECHNIQUES DE SOI-MÊME

Ces technologies non disciplinaires, même si elles relèvent du biopouvoir et de la biopolitique, ont permis à M. Foucault de basculer du gouvernement des corps dans le gouvernement de soi-même. La technologie de soi est une technologie non disciplinaire qui s'applique non plus à une population mais au sujet, soit par le sujet lui-même soit par la régulation collective des comportements. L'opposition entre *scientia sexualis* et *ars erotica*[2] repose sur cette différence entre technologie du corps et technologie de soi : Foucault réinterprète son travail à partir d'une histoire de la subjectivité plutôt qu'à partir d'une histoire de la désubjectivation. Le gouvernement de soi par soi dans son articulation avec les rapports d'autrui renverse le sens de la gouvernementalité en définissant la technologie non disciplinaire comme une technique du gouvernement de soi. La régulation n'est plus ici le principe du gouvernement car le sujet remplace la question que lui pose la volonté de savoir « se connaître soi-même » par les questions « que faire de soi-même ?

1. M. Sennelart, La critique de la raison gouvernementale, dans G. Le Blanc et J. Terrel, *Foucault au Collège de France : un itinéraire*, *op. cit.*, p. 143.
2. B. Andrieu, « M. Foucault, une éthique de l'acte », *Actes. Psychanalyse et société* 3, 1989, p. 15-27, rééd. dans B. Andrieu, *Les cultes du corps. Éthique et sciences*, chap. VII, Paris, L'Harmattan, 1995.

Quel travail opérer sur soi? Comment "se gouverner" en exerçant des actions où on est soi-même l'objectif de ces actions, le domaine où elles s'appliquent, l'instrument auquel elles ont recours et le sujet qui agit? » [1].

Pour comprendre ce renversement de la gouvernementalité, il faut rappeler combien l'étude du christianisme primitif, dont on trouve un écho dans le résumé de cours de 1979-1980 sur *Le gouvernement des vivants* [2], trouve dans l'histoire des pratiques pénitentielles moins une logique de l'aveu qu'une problématisation du soi par soi-même. Foucault le précise dans l'introduction du tome 2 de *L'histoire de la sexualité*, *L'Usage des plaisirs* en définissant les arts de l'existence :

> Par-là il faut entendre des pratiques réfléchies et volontaires par lesquelles les hommes, non seulement se fixent des règles de conduite, mais cherchent à se transformer eux-mêmes, à se modifier dans leur être singulier, et à faire de leur vie une œuvre qui porte certaines valeurs esthétiques et réponde à certains critères de styles. Ces « arts d'existence », ces « techniques de soi » ont sans doute perdu une certaine part de leur importance et de leur autonomie, lorsqu'ils ont été intégrés, avec le christianisme, dans l'exercice d'un pouvoir pastoral puis plus tard dans les pratiques de type éducatif, médical ou psychologique. Il n'en demeure pas moins qu'il y aurait sans doute à reprendre

---

1. M. Foucault, « Subjectivité et Vérité » [1981], *Résumé des cours 1970-1982, op. cit.*, p. 134.

2. *Cf.* M. Foucault, « Le gouvernement des vivants », [1980], *Résumé des cours 1970-1982, op. cit.*, p. 129 : « Mais il faut souligner que cette manifestation n'a pas pour fin d'établir la maîtrise souveraine de soi sur soi; ce qu'on en attend au contraire c'est l'humilité et la mortification, le détachement à l'égard de soi et la constitution d'un rapport à soi qui tend à la destruction de la forme du soi ».

la longue histoire de ces esthétiques de l'existence et de ces technologies de soi[1].

C'est ce que nous avons commencé à faire avec les figures du médecin de soi-même et du médecin de son corps[2].

L'herméneutique du sujet, le cours 1981-1982, utilise les termes de technologie de soi, techniques de soi et *tekhnê tou biou* (« l'art, la procédure réfléchie d'existence, la technique de vie »[3]), afin de qualifier ces techniques non disciplinaires car décidées par le sujet pour lui-même. L'exercice sur soi est défini comme un travail spirituel[4] et un exercice corporel : à l'inverse de la toupie, qui serait plutôt le modèle de la biopolitique qui « tourne sur soi à la sollicitation et sous l'impulsion d'un mouvement extérieur », la sagesse refuse l'impulsion par le mouvement involontaire car « il faudra chercher au centre de soi-même le point auquel on se fixera et par rapport auquel on restera immobile »[5]. Les techniques de soi, comme l'ascèse, les régimes des abstinences-exploits, des abstinences-épreuves, méditations de la

1. M. Foucault, « L'usage des plaisirs », dans *L'histoire de la sexualité*, t. 2, Paris, Gallimard, 1984, p. 16-17.

2. B. Andrieu, *Médecin de son corps*, Paris, P.U.F., 1999 ; « Le médecin de soi-même », dans Ph. Artières, E. Da Silva (éd.), Actes du Congrès International *Michel Foucault et la médecine, Lectures et Usages*, Paris, Kimé, 2001, p. 84-100 ; « Illusions et pouvoirs du corps médecin », dans B. Andrieu, *Le somaphore. Naissance du sujet biotechnologique*, Liège, Sils-Maria, 2003, p. 170-190.

3. M. Foucault, *L'Herméneutique du sujet* [1981-1982], Paris, Gallimard-Seuil, 2001, p. 171.

4. Th Benatouïl, « Foucault stoïcien ? », dans F. Gros et C. Lévy (éd.), *Foucault et la philosophie antique*, Paris, Kimé, 2003, p. 29.

5. M. Foucault, *L'Herméneutique du sujet*, op. cit., p. 199.

mort, etc., sont davantage des moyens pour la *teknê tou biou* plutôt que des finalités propres[1].

Là où la biopolitique vise un contrôle en protégeant et en se protégeant du corps vivant, la technique de soi exige sa mise en œuvre par le sujet lui-même plutôt que par le mouvement, comme pour la toupie, imposé par une extériorité sociale. Le *teknê tou biou* est une intériorité externalisée plutôt qu'une externalité internalisée. L'opposition entre l'intériorité de la morale chrétienne et l'extériorité de la morale païenne n'a pas de sens[2] : être sujet implique qu'il y ait entre le corps, l'âme et la sexualité des rapports finalisant les techniques de soi au service de sa propre maîtrise de soi plutôt que d'une maîtrise de soi par les autres. Là où les technologies non disciplinaires gouvernent par l'insertion de l'individu dans une population, l'herméneutique d'un sujet a le souci de soi :

> C'est le développement d'un art de l'existence qui gravite autour de la question du soi, de sa dépendance

1. *Cf.* M. Foucault, « Entretien avec H. L. Dreyfus et P. Rabinow » [1983], dans H. Dreyfus, P. Rabinow (éd.), *Michel Foucault. Un parcours philosophique*, Paris, Gallimard, 1984, p. 335-336 : « Disons que la substance éthique des Grecs était les *aphrodisia* ; le mode d'assujettissement était un choix politico-esthétique. La forme d'ascèse était la *technê* utilisée et où l'on trouve par exemple la *technè* du corps, ou cette économie des lois par lesquelles on définissait son rôle de mari, ou encore cet érotisme comme forme d'ascétisme envers soi dans l'amour des garçons etc. ; et puis la *téléologie* était la maîtrise de soi ».

2. *Cf.* M. Foucault, *L'usage des plaisirs, op. cit.*, p. 74 : « Ce qu'on appelle l'intériorité chrétienne est un mode particulier de rapport à soi, qui comporte des formes précises d'attention, de soupçon, de déchiffrement, de verbalisation, d'aveu, d'autoaccusation, de lutte contre les tentations, de renoncement, de combat spirituel etc. Et ce qui est désigné comme "l'extériorité" de la morale ancienne implique aussi le principe d'un travail sur soi, mais sous une forme très différente ».

et de son indépendance, de sa forme universelle et du lien qu'il peut et doit établir aux autres, des procédures par lesquelles il exerce son contrôle sur lui-même et de la manière dont il peut établir la pleine souveraineté sur soi[1].

La fragilité de l'individu trouve dans la recherche d'une forme universelle une fondation en nature et raison, et non comme dans la biopolitique, une norme sociale.

VERS UNE BIOSUBJECTIVITÉ

Si l'on poursuit ce troisième déplacement de Michel Foucault pour analyser ce qui est désigné comme le sujet, il apparaît que, depuis les années cinquante, nous avons pris conscience de la constitution subjective du corps par les mouvements revendicatifs du corps à soi[2]. La nouvelle forme de subjectivité corporelle veut se réaliser dans la matière biologique même du corps, car les mouvements de droit du corps ont rendu conscients au sujet les modes bio-subjectifs de constitution du corps humain. Nous sommes biosubjectifs de par notre constitution, mais désormais nous voulons consciemment réaliser cette biosubjectivité dans la matière de notre corps et du corps de l'autre. Dès lors que le corps naturel ne devra plus exister, il convient de bio-subjectiver tous les déterminants naturels du corps en intervenant sur leur qualité, leur développement et leur fonctionnalité. Ainsi, alors que l'opposition entre la constitution biosubjective de notre corps et l'hérédité corporelle a pu maintenir le débat sur l'inné et l'acquis, le nouveau

---

1. M. Foucault, *Le souci de soi*, t. 3, *Histoire de la sexualité*, Paris, Gallimard, 1984, p. 273.

2. *Cf.* Collectif NCNM, *Notre corps, nous-mêmes*, Marseille, Hors d'atteinte, 2020.

modèle de subjectivité corporelle voudrait éradiquer tout déterminisme transcendant à l'homme afin de décider et d'inventer un corps entièrement biosubjectif. Ainsi le médecin de son corps, à la différence du médecin de soi-même, ne soigne plus la maladie naturelle, il invente des somatechnies et des biotechnologies pour une auto-santé[1].

Le sujet corporel se définit par la matière et la forme de son corps volontairement assumé comme son identité. Être sujet de son corps revient à ne plus recourir à l'alibi d'une transcendance de la Nature ou du destin fatal et à consentir à devenir ce que le corps a fait de nous. Le sujet corporel s'approprie toutes les biotechnologies pour modifier l'état et la nature du corps afin de le faire correspondre à l'ordre de ses désirs. Le corps est la matière première à laquelle le sujet va donner une matière et une forme seconde. Cette amélioration du corps reçu par l'entretien de son capital santé n'est pas nouvelle, elle s'inscrit dans la tradition de la gymnastique[2]; mais l'entretien de l'état, qui maintenait transcendante la nature originelle du corps reçu, est devenu une inscription du dessein subjectif à même la matière corporelle. L'entretien maintient un combat, ce que M. Foucault appelait le combat de la chasteté, en enfermant le sujet

1. B. Andrieu, *L'auto-santé. Vers une médecine réflexive*, Paris, Armand Colin, 2012.

2. P. Arnaud, *Le corps a sa raison. De la finalité de l'éducation physique*, Thèse de 3e cycle, Université de Lyon II, 28 nov. 1978; J. Defrance, *La fortification des corps, essai d'histoire sociale des pratiques d'exercice corporel*, Paris, EHESS, Thèse 3e cycle, Paris, 1978; P. Arnaud (éd.), *Le corps en mouvement. Précurseurs et pionniers de l'éducation physique*, Toulouse, Privat, 1981; J. Defrance, *L'excellence corporelle. La formation des activités physiques et sportives modernes (1770-1994)*, Paris, Presses Universitaires de Rennes, 1987.

dans des techniques biopolitiques de l'individu plutôt qu'en développant des techniques de soi.

Ce que nous appelons aujourd'hui des technologies du bio-soi ou une biosubjectivité se distingue des techniques de soi. Sous l'angle de la « technique de soi », Foucault étudie l'herméneutique dans la pratique païenne et dans la pratique du premier christianisme :

> Les techniques de soi [...] permettent aux individus d'effectuer, seuls ou avec l'aide d'autres, un certain nombre d'opérations sur leur corps et leur âme, leurs pensées, leurs conduites, leur mode d'être ; de se transformer afin d'atteindre un certain état de bonheur, de pureté, de sagesse, de perfection ou d'immortalité[1].

Ces techniques de domination individuelle visaient déjà une subjectivité corporelle à travers une esthétique de l'existence. La biosubjectivité utilise la domination du vivant moins pour une herméneutique du sujet que pour une invention corporelle du sujet, son incarnation.

La bio-identité peut utiliser la bio-ascèse pour poursuivre le projet de soumission du corps à l'esprit. La bio-identité, comme poursuite actuelle de la bio-ascèse[2], maintient un modèle dualiste selon lequel l'esprit doit contrôler le corps. Se gouverner est un projet réflexif dans lequel le pouvoir s'exerce sur son propre corps plutôt que sur celui des autres. Mais cette biopolitique de soi-même n'est-elle pas la conséquence d'une appropriation par le Moi du biopouvoir, une sorte de prolongement dans l'individu de la norme ? La biosocialité utilise en réalité la bioascèse pour créer un lien social à partir de la

---

1. M. Foucault, « Les techniques de soi » [5 octobre 1982], *Dits et Écrits*, t. 4, Paris, Gallimard, 1994, p. 785.

2. F. Ortega, « De la ascesis a la bio-ascesis, o del cuerpo sometido a la sumisión al cuerpo », *Er, Revista de Filosofía* 31, 2002, p. 29-67.

conformation des corps à la norme de la santé parfaite.
La gouvernementalité est l'illusion produite en l'individu
d'un pouvoir réel sur son corps. L'aveuglement dans les
cultes du corps trouve dans la bio-ascèse son versant
spirituel, là où le corporéisme en est le versant matériel.

L'interprétation de Foucault par Deleuze, jusqu'à la
page 101 de son *Foucault*, est conforme à l'attendu : la
forme du visible aura été ce qui hante « toute l'œuvre
de Foucault »[1]. Deleuze interprète même *L'usage des
plaisirs* selon l'opposition entre les pratiques du voir et les
pratiques du dire[2], si bien que le toucher paraît étranger
à l'œuvre de Foucault. Pourtant, dans le chapitre « Les
plissements ou le dedans de la pensée (subjectivation) »,
et sous le coup de sa propre réflexion sur le pli (le livre *Le
pli* ne paraîtra qu'en 1988, alors que *Foucault*, même s'il
reprend deux articles des années 1970, paraît en 1986),
Deleuze renverse son interprétation, passant « de l'autre
côté » réclamé par Foucault dans la vie des hommes
infâmes. Par-là Foucault deviendrait deleuzien. Deleuze
franchit « la ligne » qui cantonnait l'interprétation dans
le pouvoir plutôt que dans la subjectivation.

Pour fonder ce franchissement, Deleuze défend la
thèse, par une relecture du *Raymond Roussel*, des deux
voies du double, d'un dedans qui ne se réduirait pas à
un dehors présupposé. Trouver l'autre en soi, c'est
découvrir dans l'œuvre de Foucault le toucher sous la
vue. Ce qu'autorise Deleuze, c'est découvrir moins
le vrai Foucault que l'autre corps subjectivant plutôt
qu'instrumentalisé. Le toucher est donc présent chez
Foucault, comme nous le montrons ici, dès le début de

1. G. Deleuze, *Foucault*, Paris, Minuit, 1986, p. 40.
2. *Ibid.*, p. 70. On pourra comparer avec l'interprétation contraire à
la page 109 une fois que Deleuze aura renversé son geste.

son œuvre. Il aura mis du temps à se retourner comme technique individuée du sujet par l'aveuglement fécond de l'idée de savoir-pouvoir. L'interdit de toucher aura fonctionné épistémologiquement pour être décrit dans le surcroît de la folie et dans le non-dit du panoptique :

> Le plus lointain devient intérieur, par une conversion au plus proche : la vie des plis. C'est la chambre centrale, dont on ne craint plus qu'elle soit vide, puisqu'on y met le soi[1].

Le pli établit le contact entre ce qui serait les deux Foucault, le visible et le tangible, l'extérieur et l'intérieur.

LE TACTILE VISUEL DU CONTACT CLINIQUE

Le monde pathologique au début du XVIIe siècle fonde sa connaissance de la maladie sur « ce qu'il y a de plus manifeste dans la perception »[2]. Le recours aux causes imperceptibles et prochaines instaure une interprétation « au-delà des limites du tact et de la vue »[3]. La physiologie des nerfs est visible sur le corps même du maniaque. L'opposition de la chaleur et du froid, de l'humide et du sec conduit à plonger la sécheresse interne des maniaques dans de l'eau glacée, ravivant par la sensation tactile la contraction des vaisseaux. L'ardeur hystérique ne peut guérir de ses flammes que par la conversion dynamique de l'espace corporel en une morale de la sensibilité : maladie de la continuité corporelle, l'irritation de la fibre nerveuse relève davantage de la sensibilité que de la sensation, de la psychophysiologie que de la pathologie

---

1. G. Deleuze, *Foucault, op. cit.*, p. 130.
2. *Ibid.*, p. 205.
3. *Ibid.*, p. 233.

nerveuse. Les cures utilisent la surface corporelle pour dériver ou détourner le mal : soit en créant à la surface d'un corps des blessures et des plaies afin d'y faire passer le mal intérieur, soit en appliquant du vinaigre détersif et révulsif par friction. L'immersion, quant à elle purifie et imprègne[1]. Le toucher reste une thérapie en utilisant la surface sensible du corps et en l'enveloppant d'eau froide ou chaude.

Le lieu naturel des maladies est la famille : douceur des soins, attachement, désir commun de guérison. À l'inverse de la médecine à domicile, la médecine à l'hôpital est celle de la tératologie du pathologique :

> [D]'une façon plus générale, le contact avec les autres malades, dans ce jardin désordonné où les espèces s'entrecroisent, altère la nature propre de la maladie et la rend plus difficilement lisible[2].

Pour éviter et contrôler la contagion par contact, la médecine des épidémies cherche moins à guérir qu'à se doubler d'une police sanitaire. Les regards croisés forment des réseaux sanitaires et remplacent l'information de proximité, la rumeur, la connivence et la solidarité des proches voisins.

La protection, conséquence du classement des malades dans l'hôpital, interdit le contact entre différents malades et enferme chacun dans le microcosme de son essence. La disparition de la clinique, au sens de l'observation et de l'expérience de chaque cas particulier, est celle aussi du malade au profit de la maladie. L'examen touchait le corps du malade par une série de palpations et par des rituels d'auscultation. Avec la clinique du regard,

1. *Ibid.*, p. 332-342.
2. M. Foucault, *Naissance de la clinique*, *op. cit.*, p. 16.

le toucher devient inutile, la nosologie des symptômes suffit à décrypter le cas de maladie. Ainsi l'apprentissage de l'officier de santé était un empirisme contrôlé par l'incorporation (perception, mémoire-répétition), tandis que l'apprentissage du médecin clinicien est un « regard qui est en même temps savoir »[1].

La leçon monstrative rend le corps du malade spectaculaire, interdisant ainsi la compassion, la sympathie, le partage manuel de la souffrance. S'il faut rendre la science oculaire plutôt que tactile, c'est faute d'une structure linguistique du signe dans le toucher, qui l'enferme dans le vécu corporel pour le traduire dans l'objectivité du visible. L'observation *détactilise* le champ de l'expérience en assimilant la sensibilité du regard à la simultanéité, la succession et la fréquence. L'analogie déprivatise l'individualité corporelle du vivant qui produit des strates dont nous ne relevons que des coupes archéologiques en insérant le vécu sensoriel du malade dans un ensemble. Voir c'est savoir, toucher c'est ignorer : « c'est l'œil qui parlerait »[2]. Le visible est énonçable, le tactile est imprononçable, intraduisible, infra-linguistique. Le contact devient, selon Corvisart, non verbal :

> Le coup d'œil est de l'ordre non verbal du contact, contact purement idéal sans doute, mais plus percutant au fond parce qu'il traverse mieux et va plus loin sous les choses [...] c'est l'index qui palpe les profondeurs. D'où cette métaphore du tact par laquelle sans cesse les médecins vont définir ce qu'est leur coup d'œil[3].

1. M. Foucault, *Naissance de la clinique, op. cit.*, p. 82.
2. *Ibid.*, p. 115.
3. *Ibid.*, p. 123.

Définition d'un contact sans physique, d'une palpation visuelle, « l'espace tangible du corps » remplace l'espace tactile du corps. Le tangible est un tactile visuel, une profondeur géométrique sans relief ni résistance. Le contact non verbal n'est pas infra-linguistique car il conserve une visée herméneutique.

L'anatomie pathologique des dissections, à la fin du XVIIIᵉ siècle, se rapproche du corps en tendant « les doigts »[1] et en changeant d'échelle : elle réduit la distance avec le malade, mais atteint la profondeur de son corps par l'empirisme scientifique de la perception :

> [C]e qui est modifié donnant lieu à la médecine anatomo-clinique, ce n'est donc pas la simple surface de contact entre le sujet connaissant et l'objet connu[2].

Le contact clinique passe derrière la surface tactile pour atteindre l'invisible visible plutôt que la matière tangible. Le toucher dans la nouvelle sémiologie s'ajoute à la vue :

> Alors que l'expérience clinique impliquait la constitution d'une trame mixte du visible et du lisible, la nouvelle séméiologie exige une sorte de triangulation sensorielle à laquelle doivent collaborer des atlas divers, et jusqu'alors exclus des techniques médicales : l'oreille et le toucher viennent s'ajouter à la vue[3].

La distance solidifiée du stéthoscope interdit le contact physique en définissant l'image virtuelle. Mais la triangulation sensorielle vue-toucher-audition reste sous le paradigme du visible. « Le regard limitrophe

1. *Ibid.*, p. 138.
2. *Ibid.*, p. 139.
3. *Ibid.*, p. 166.

du toucher » n'utilise pas les informations tactiles autrement que pour confirmer la perception développée des enveloppes découvertes.

La *Naissance de la clinique* démontre combien le toucher, abandonné au nom de la lisibilité symptômale, ne parvient jamais au rang d'analyseur épistémologique du corps. Le toucher reste inclus dans une triangulation sensorielle dont l'unité est assurée par la perception visuelle. L'impureté, la dangerosité et la promiscuité des corps sont incompatibles avec une clinique nosographique.

NE PLUS TOUCHER, LE TACTILE INCORPORÉ

Pourquoi le corps « supplicié, dépecé, amputé, symboliquement marqué au visage ou à l'épaule, exposé vif ou mort, donné en spectacle »[1] a disparu de la répression pénale? Le fait de toucher au corps pour inscrire la loi sur sa peau disparaît en tant que tactibilité physique, directe et visible de la justice pénale. Le supplice traduisait physiquement la peine sur le corps même : « ne plus toucher au corps, ou le moins possible en tout cas et pour atteindre en lui quelque chose qui n'est pas le corps lui-même »[2]. La douleur physique ne suffit plus à l'orthopédie morale. La pénalité incorporelle vise l'anesthésie, la psycho-pharmacologie sensorielle et le remplacement du toucher par la vue. Ce remplacement du corps réel par le sujet juridique diminue la sensibilité vécue du toucher dans le corps même du condamné : « Presque sans toucher au corps, la guillotine supprime la

1. M. Foucault, *Surveiller et Punir, Naissance de la prison*, Paris, Gallimard, 1975, p. 14.
2. *Ibid.*, p. 16.

vie » [1]. Le châtiment incorporel ne parvient qu'à atténuer la cruauté et la souffrance en convertissant la sensibilité physique en sensibilité morale. Atteindre l'âme sans toucher au corps.

La volonté de savoir n'échappe pas à l'utilisation idéologique du toucher et ne découvre pas la valeur tactile du corps du sujet, tant l'ouvrage dénonce l'hypothèse répressive plutôt qu'il n'expose la sexualité tactile. La mise en discours du sexe dans la structure confessionnelle à la fin du XVIIᵉ siècle met en place l'aveu de la chair jusque dans l'exhaustivité du toucher : position des partenaires, attitudes, gestes et attouchements. Le toucher est confondu avec la chair [2]. Devenue affaire de police au XVIIIᵉ siècle et médicalisée au XIXᵉ siècle, l'interdiction de toucher et de se toucher est dénoncée entre autres par Tissot, avec l'onanisme. Jusqu'à la fin du XVIIIᵉ siècle la réglementation des pratiques sexuelles dans les relations matrimoniales allait jusqu'à définir les types de caresses autorisées, comme les caresses inutiles et indues et la caresse à se donner réciproquement [3]. L'implantation perverse va rendre vicieuses les habitudes solitaires des enfants et la sodomie se voit qualifiée de sensation sexuelle contraire. L'incorporation du pouvoir psychiatrique remplace le toucher ludique qui est désigné comme pervers.

Dans *La volonté de savoir* commence à apparaître la différence entre deux formes de toucher. D'un côté l'art érotique [4], qui définit le toucher par sa finalité, le

1. *Ibid.*, p. 19.
2. M. Foucault, *La volonté de savoir. Histoire de la sexualité*, t. 1, Paris, Gallimard, 1976, p. 27-28.
3. *Ibid.*, p. 51-52.
4. *Ibid.*, p. 76-77.

plaisir par la maîtrise du corps, la jouissance unique par l'absence de limites. En Grèce le corps à corps[1] servait par exemple de transmission initiatique par le sexe. La direction et l'examen de conscience dans la confession chrétienne s'apparente à un art érotique[2], le toucher en moins : la majoration des effets physiques est obtenue grâce au discours. À l'inverse, d'un autre côté, la *scientia sexualis* arrache au corps par la torture de l'Inquisition un aveu dont la valeur de vérité est proportionnelle à la capacité du pécheur de supporter ou non la douleur physique.

LE TOUCHER INTANGIBLE TORIQUE DU PLI

Là où Foucault décrit le toucher comme un contact extérieur dans une technologie politique du pouvoir, Deleuze modélise le toucher à partir du touché comme la conséquence baroque de l'espace torique. Le paradoxe du pli est qu'il repose dans sa structure topologique sur un contact, du fait de la courbure d'univers, de la fluidité de la matière et de l'élasticité des corps. Le pli est un contact de surface, d'intérieur / extérieur qui admet moins une communauté ontologique qu'une structure évènementielle. Le pli définit un toucher intangible par l'impossible recroisement du touchant et du touché : le pli est le mouvement du toucher pour se toucher.

L'étude des replis de la matière va au-delà de celle des *Mille plateaux*. La fluidité de la matière, l'élasticité des corps et le ressort comme mécanisme[3] sont rendus possible par la texture poreuse de l'être. L'affinité de la

---

1. M. Foucault, *La volonté de savoir, op. cit.*, p. 82.

2. *Ibid.*, p. 94.

3. G. Deleuze, *Le pli*, Paris, Minuit, 1988.

matière avec la vie, avec l'organisme fournit un sens non déterministe à la préformation : l'enveloppement/ développement. Car « jamais la biologie ne renoncera à cette détermination du vivant comme en témoigne aujourd'hui le plissement fondamental de la protéine globulaire »[1] : c'est le principe de l'épigenèse et le fondement du principe d'individuation qu'exerce la matière dans le corps. Le pli formatif intérieur ne déroule pas un plan providentiel, mais insère la matière du temps dans l'individuation des formes.

Refusant le vitalisme qui serait un strict organicisme, Deleuze, comme nous le verrons dans le chapitre suivant, maintient la perception dans les plis plutôt que dans les parties du corps ; le corps exprime plus ou moins clairement la monade grâce à ces facteurs de renversement, de retournement, de précarisation et de temporalisation[2]. Ce corps spécifique dont je crois avoir la possession est en voie de recomposition, comme le bateau de Thésée, car son identité varie selon l'expression monadique.

1. *Ibid.*, p. 15.
2. *Ibid.*, p. 147.

CHAPITRE V

DELEUZE / GUATTARI : LE CONTACT MOLÉCULAIRE[1]

À François Zourabichvili

> Dans un livre il n'y a rien à comprendre
> mais beaucoup à se servir[2].

LES MOUVEMENTS DU CORPS VIVANT

En étudiant Nietzsche, Lewis Carroll, Francis Bacon, Spinoza, Kant, Proust, Foucault, Sacher-Masoch et Bergson, Gilles Deleuze aura réinterprété l'histoire des idées comme une écriture du contact des corps avec le vivant. Deleuze utilise la même stratégie interprétative : le signe est second par rapport au vivant. Ce que nous connaissons est postérieur à ce qui est. Il faut dès lors

---

1. Ce travail sur Deleuze a été mené depuis 2002, et je remercie Stefan Leclerq de m'avoir guidé dans cette voie. Des extraits en ont été publiés dans B. Andrieu, « Deleuze, la biologie et le vivant des corps », dans S. Leclercq (éd.), *Deleuze*, numéro spécial de *Concepts*, Mons, Sils Maria, 2002 p. 94-113 ; et B. Andrieu, « Le toucher chez M. Foucault et G. Deleuze », *Percepts 2*, *Foucault/Deleuze*, Liège, Sils Maria-Fonds G. Deleuze, 2005.
2. G. Deleuze, F. Guattari, *Rhizome*, Paris, Minuit, 1976, p. 10.

démonter l'évidence des interprétations traditionnelles qui faisait croire en un dualisme, là où le monisme est fondateur d'une ontologie de l'immanence. Les thèmes de l'immanence, de la sensation, du mouvement, du temps et du sens sont des variations autour du corps, plutôt qu'une description du corps lui-même par lui-même.

La philosophie ne parvient pas jusqu'au corps, elle en provient ; mais le corps ne s'objective pas, il produit des modèles topologiques et dynamiques qui ne l'épuisent pas. Le corps vivant ne se réduit pas à l'organisme, à l'énergie, à la pulsion ou à l'élan vital ; seules les modélisations de ses rythmes, de ses séquences, et de ses dialectiques dessinent des surfaces, des plis, des mouvements et des signes. Les mouvements aberrants sont ceux de la vie même :

> [C]'est que chez Deleuze, la vie ne se limite pas à produire des organismes, ni ne prend invariablement une forme organique [1].

La vie nous confronte à l'invivable, à ce qui nous dépasse parce que nous en faisons partie sans que notre conscience ne le perçoive.

Comme l'anneau de Moebius, le corps deleuzien n'a ni dehors ni dedans. Torique, il anime la pensée qui le modélise sans parvenir à la cristallisation du paradigme. Les auteurs étudiés sont moins des illustrations que des martyrs du corps vivant : ils en proviennent sans le savoir conceptuel suffisant pour l'enfermer dans une clôture qui en serait l'essence corporelle ; obstacle immanent à la transparence cognitive, l'épistémologie du corps

---

1. D. Lapoujade, *Deleuze, Les mouvements aberrants*, Paris, Minuit, 2014, p. 21.

reste ici en défaut et en deçà de toute systématisation. L'explication des causes est remplacée par la logique du sens. Aucune linéarité démonstrative n'embrasse la subjectivité, car le sujet vivant traverse le corps.

Bergson illustre justement cette subjectivité vivante, celle qui n'oppose pas l'objectivité et la subjectivité comme l'observation externe à l'expérience interne ; mais, ce en quoi le dualisme « doit aboutir à la re-formulation d'un monisme »[1]. La différence de nature du mélange souvenir-perception trouverait dans la convergence subjective de la durée un recoupement réel avec la vie. Les subjectivité-besoin, subjectivité-cerveau, subjectivité-affection, subjectivité-souvenir, subjectivité-contraction décomposent le mélange représentationnel en deux directions épistémologiquement différentes. L'existence psychologique fait accroire au sujet une différence de nature entre la perception et la mémoire.

Mais l'inconscient psychologique, distinct de l'inconscient ontologique, laisse au sujet la possibilité d'incarner ses souvenirs par le moyen de l'attitude corporelle active ou passive. Le monisme bergsonien est discontinu mais assure les passages de l'intérieur même du corps du sujet, de l'intérieur du cône :

> [L]e mouvement n'est pas moins hors de moi qu'en moi[2].

Constitué de modifications, de perturbations et de changements de tensions et d'énergies, l'univers relativise la durée psychologique, qui est seulement une contraction subjective, d'une vie, de la totalité, et ce

1. G. Deleuze, *Le bergsonisme*, Paris, P.U.F., 1966, p. 20.
2. *Ibid.*, p. 73.

malgré l'infinité des flux actuels, dont le sujet présent épuise le sens par la mesure, le temps de la vie.

L'identité de l'image et du mouvement instaure un plan d'immanence : « *l'image-mouvement* et *la matière-écoulement* sont strictement la même chose »[1]. Mais l'image provient du corps qui a « substitué au mouvement l'idée d'un sujet qui l'exécuterait ou d'un objet qui le subirait, d'un véhicule qui le porterait »[2] ; le corps est la conséquence d'un refroidissement du plan d'immanence opposant ainsi matière et perception. C'est là où les biologistes comblent les vides laissés par Bergson : il faut « concevoir des micro-intervalles »[3] dont l'infinie activité aura rendu la vie possible. Le premier moment de la subjectivité est déjà un après-coup, une soustraction et une division de la matière vivante. L'illusion subjective fait croire à la conscience qu'elle saisit la chose dans l'objet, le mouvement dans l'image, la matière dans sa biologie.

La perception rapporte le mouvement à des corps[4] les constituant ainsi par l'arrachement imaginaire de la perception :

> Car nous, matières vivantes ou centres d'indétermination, nous n'avons pas spécialisé une de nos faces ou créations de nos points en organes réceptifs sans les avoir condamnés à l'immobilité, tandis que nous déléguions notre activité à des organes de réaction que nous avions dès lors libérés[5].

1. G. Deleuze, *Cinéma 1. L'image-mouvement*, Paris, Minuit, 1983, p. 87.
2. *Ibid.*, p. 88.
3. *Ibid.*, p. 93.
4. *Ibid.*, p. 95.
5. *Ibid.*, p. 96.

Ni finalité ni déterminisme qui réduirait le vivant à une logique, mais une matière mouvante dont la qualification est à la fois une dégradation et une position spatio-temporelle. Si la mobilité de la matière vivante perd de son mouvement d'extension pour devenir seulement un mouvement d'expression, l'affect naît de la surface réfléchissante et des micro-mouvements intensifs de telle partie exaltée du corps.

CE QUE PEUT LE CORPS : SPINOZA ET NIETZSCHE

Pour Deleuze, « Spinoza ouvrait aux sciences et à la philosophie une voie nouvelle : nous ne savons même pas ce que peut un corps »[1]. Philosophie de l'affirmation pure, le rapport révélation-expression fonde chez Spinoza une connaissance de l'essence ; chaque attribut rapporte son essence, de même que l'essence de la substance n'existe pas hors des attributs. La distinction réelle n'est pas une division, elle rend aux attributs les fonctions dynamiques et génétiques de l'essence de la substance. La pensée et l'étendue sont des attributs isonomiques[2] et pas seulement autonomes, ce qui garantit une identité de connexion et une identité d'être. Le corps n'est qu'un mode d'un attribut, auquel l'expression est parallèle dans l'âme, ce qui interdit à celle-ci tout principe d'éminence.

Pour libérer la puissance propre du corps, il convient moins de dévaloriser la pensée par rapport à l'étendue que la conscience par rapport à la pensée[3]. Les affections déterminent le *conatus*, qui est constamment affecté par

---

1. G. Deleuze, *Nietzsche et la philosophie*, Paris, P.U.F., 1962, p. 44.

2. *Ibid.*, p. 95.

3. G. Deleuze, *Nietzsche et la philosophie, op. cit.*, p. 236.

la relation du corps avec les autres ; il faut aller jusqu'au bout de ce qu'on peut, et pas seulement au niveau éthique, comme Deleuze se l'appliquera à lui-même[1], pour éviter de vivre de manière séparée de nos modes d'existences immanents, enveloppés dans tout ce que nous éprouvons, faisons et pensons. Contre la biologie aristotélicienne, Spinoza aurait privilégié moins les formes et les fonctions que les structures, comme Étienne Geoffroy Saint-Hilaire[2], et les rapports des parties organiques au sein d'un même Animal, la Nature.

Sans finalité, pur monisme, la Nature exprime dans le corps un sens biologique plus que mathématique : la fonction pratique du corps, plutôt que spéculative, trouve dans le degré et la qualité affective les contenus inductifs qui lui permettent de former l'idée de ce qui est commun ou non au corps affectant et au nôtre. S'il est vrai que seul l'esprit forme l'idée de ce qui est commun à ce corps et au nôtre, l'affection découle d'un sentiment d'autant plus actif que cette rencontre sera joyeuse, favorable et adéquate. Cette connaissance du second genre suppose une idée adéquate de l'affection à partir d'une activité du corps, activité dont l'intensité est proportionnelle la puissance du *conatus*.

« Devenir expressif, c'est-à-dire devenir actif »[3] est un des thèmes communs à la lecture deleuzienne de Spinoza et de Nietzsche. La puissance du *conatus* est devenue ici le rapport entre les forces dominantes et les forces dominées ; refusant tout autant le mécanisme et le vitalisme, qui sont deux interprétations du vivant par les

1. *Ibid.*, p. 248.
2. *Ibid.*, p. 257, note 15.
3. *Ibid.*, p. 298.

forces réactives. Nietzsche, se référant à Lamarck plutôt qu'à Darwin, cherche la science de l'activité à partir de la puissance de transformation du pouvoir dionysiaque de la matière. Barbara Stiegler souligne combien la volonté de puissance, sous les influences de Wilhelm Roux et de Rudolf Virchow, va être confondue dans la lutte interne et dans la mémoire organique du vivant. Le pur devenir ne s'écoule pas sans un revenir qui est « l'un qui s'affirme du divers ou du multiple »[1].

On ne revient pas à ce que l'on était, car le vivant n'a pas la permanence du même. Son affirmation est la puissance du devenir actif du corps, tandis que sa négation produit un devenir réactif; aussi le sens et la valeur sont-ils toujours déjà une interprétation de la volonté de puissance du vivant, dont l'affirmation ne peut se reconnaître dans l'interprétation. Comme puissance d'affirmation, la volonté du vivant exige une mobilité subjective et une transformation matérielle indéfinie et renouvelée, dont la soutenance implique de la faiblesse à la moindre fatigue une réaction ou un ressentiment. Le thème de la séparation est repris ici comme chez Spinoza : « une force active *devient réactive* (en un nouveau sens), quand des forces réactives (au premier sens) la séparent de ce qu'elle peut »[2]. Séparée de ce qu'elle peut par une fiction, la force active est transformée dans la réaction du ressentiment, de la mauvaise conscience et de l'idéal ascétique. Disparaît-elle pour autant?

Avant qu'il ne parvienne à être sujet de son événement en devenir, Gilles Deleuze nous rappelait :

1. B. Stiegler, *Nietzsche et la biologie*, « Philosophie », Paris, P.U.F., n° 141, 2001, p. 55.

2. *Ibid.*, p. 64.

> [C]'est Nietzsche qui disait que rien d'important ne se fait sans une « nuée non historique ». Ce n'est pas une opposition entre l'éternel et l'historique, ni entre la contemplation et l'action : Nietzsche parle de ce qui se fait, de l'événement même ou du devenir. Ce que l'histoire saisit de l'événement, c'est son effectuation dans des états de choses, mais l'évènement dans son devenir échappe à l'histoire... c'est exactement ce que Nietzsche appelle l'Intempestif. Mai 1968 a été la manifestation, l'irruption d'un devenir à l'état pur[1].

Pour « jouir de sa propre différence dans la vie »[2] il faut certes dépasser les forces de l'homme, mais pas le devenir des forces en général.

LE PLISSEMENT

Selon Deleuze, le physicalisme de David Hume pose bien les principes de la constitution du sujet à partir du donné :

> [L]'association donne au sujet une structure possible, seule la passion lui donne un être, une existence[3].

La décomposition du sujet prouve combien il est « l'effet des principes de l'esprit »[4], le sujet n'étant qu'une fonction de l'esprit conscient de ses contenus. Le mouv-*ens* du sujet physicaliste se trouve dans les impressions de sensation et les impressions de réflexion :

1. G. Deleuze, « Post-scriptum sur les sociétés de contrôle », *Pourparlers*, Paris, Minuit, 1990, p. 231.
2. G. Deleuze, *Nietzsche et la philosophie*, Paris, P.U.F., 1962, p. 212.
3. G. Deleuze, *Empirisme et Subjectivité*, Paris, P.U.F., 1953, p. 137.
4. *Ibid.*, p. 143.

l'organisme possède dès lors une double spontanéité, de relation et de disposition[1], pour donner respectivement au corps des fonctions mécanique et biologique. La disposition de l'organisme permettant de produire la passion se mobilise par les appétits et les inclinations, renouvelant ses croyances.

Pour nous le mouv-*ens* caractérise l'être mouvant d'un corps pensant[2] qui doit moins s'adapter que se reconstruire indéfiniment dans l'intermodalité sensorielle, les traitements simultanés de l'information et les interactions en réseaux des niveaux bio-cognitifs. La polyvalence du corps repose sur ses multi-mouvances : la mutabilité de l'homme modifiant l'intensité et la vitesse de ses déplacements, la mobilité de son corps physique, la mouvance de sa chair biosubjective[3] :

> *Mobilité du corps physique*
>
> ---------------
>
> *Mouvements du corps bio-cognitifs*
>
> ------------------
>
> *Mouvance de la chair*

La mobilité, à l'inverse de la mobilisation, ne peut relever que d'un seul niveau, car les mouvements biocognitifs animent autant le mouvement des modèles, que celui des processus et de l'être vivant. Le problème des dispositifs mobiles est leur mode d'implication dans le corps : les processus et la construction des

---

1. *Ibid.*, p. 106.
2. B. Andrieu, *Le cerveau. Essai sur le corps pensant*, Paris, Hatier, 2000.
3. B. Andrieu, *La chair du cerveau. Philosophie de la biosubjectivité*, Liège, Sils Maria, 2001.

savoirs exigent une mise en relation par le vivant de ses représentations, de ses conceptions, de ses croyances et de ses métacognitions avec ses mouvements, ses actions, ses significations et ses développements corporels. Les mouvements biocognitifs entre l'esprit et le corps définissent un sujet mobile et mouvant qui ne cesse de reprendre la question de son identité.

Il faut dès lors définir des *objet-sujets* en mouvement bio-cognitifs qui relient, entre autres, la personne et la profession au sein de la double théorie du corps et de l'esprit. Le corps pensant de nos enfants, lui aussi, construit dans la mouvance le *switch* psychologique, le traitement multisensoriel de l'information, dans le double espace-temps réel et virtuel ; il projette dans la création biotechnologique des instruments susceptibles de les représenter dans une recherche de mobilité et de mouvement. Apprendre à sentir le mouvement de l'intérieur par la médecine de soi[1] consiste alors moins à se libérer du corps qu'à approfondir l'instance et les lieux des mouvances contradictoires, simultanées et dynamiques des sensations et des sentiments.

Dans ce contexte, le plissement est une topologie de la subjectivation, car « il ne "reste" jamais rien au sujet »[2]. Sans substance, ni permanence, le sujet n'a pas d'identité autre que celle identifiée par ses pouvoirs. Quatre plis de la subjectivation – le corps, le rapport de force, la vérité, le dehors – définissent la gouvernementalité de soi-même, moins comme maîtrise que comme plissement de l'affect de soi par soi. La Vie est dans les plis[3], pliée elle-

---

1. B. Andrieu, *Médecin de son corps*, Paris, P.U.F., 1999.
2. G. Deleuze, *Foucault*, Paris, Minuit, 1986, p. 113.
3. *Ibid.*, p. 130

même par le tracé d'un espace du dedans et par un temps
mouvant de la subjectivation, individuée par l'écart du
visible et de l'énonçable : cette mise en immanence d'un
toujours autre que moi interdit un moi-même autrement
que dans l'après-coup de la coupe historique. Le pli de
l'Être n'est pas descriptible, en raison de la temporalité
du vivant, qui produit des strates dont nous ne relevons
que des coupes archéologiques.

L'étude des replis de la matière va au-delà de celle
des *mille plateaux*. La fluidité de la matière, l'élasticité
des corps et le ressort comme mécanisme[1] sont rendus
possibles par la texture poreuse de l'Être. L'affinité de la
matière avec la vie, avec l'organisme, fournit un sens non
déterministe à la préformation, celui de l'enveloppement/
développement :

> [J]amais la biologie ne renoncera à cette détermination
> du vivant comme en témoigne aujourd'hui le plissement
> fondamental de la protéine globulaire[2].

C'est le principe de l'épigenèse et le fondement du
principe d'individuation qu'exerce la matière dans le
corps.

Le pli formatif intérieur ne déroule pas un plan
providentiel mais insère la matière du temps dans
l'individuation des formes. Refusant le vitalisme
qui serait un strict organicisme, Deleuze maintient
la perception dans les plis plutôt que dans les parties
du corps ; le corps exprime plus ou moins clairement
la monade grâce à ces facteurs de renversement, de

---

1. G. Deleuze, *Le pli*, Paris, Minuit, 1988, p. 7.
2. *Ibid.*, p. 15.

retournement, de précarisation et de temporalisation[1]. Ce corps spécifique dont je crois avoir la possession est en voie de recomposition, comme le bateau de Thésée, car son identité varie selon l'expression monadique.

LE DÉSIR VIVANT DES CORPS SANS ORGANES

Comment décrire cette activité vivante dont le pli est la forme ? Plutôt que de haïr le désir, « le désir […] révolutionnaire parce qu'il veut toujours plus de connexions »[2], la psychanalyse aurait à se séparer des machines à interprétation et à subjectivation afin de découvrir le devenir-sujet. Ainsi le schizophrène ne réduit pas le sujet au corps-machine de Descartes, ni à l'Homme-Machine de La Mettrie. Sa pathologie montre la nôtre :

> Les machines désirantes nous font un organisme[3].

Vivre d'un corps sans organes précipite la production subjective dans la fluidité d'une vie vécue :

> Un agencement machinique est tourné vers les strates qui en font sans doute une sorte d'organisme, ou bien une totalité signifiante, ou bien une détermination attribuable à un sujet, mais non moins vers un corps sans organes qui ne cesse de défaire l'organisme, de faire passer et circuler des particules asignifiantes, intensités pures…[4].

1. G. Deleuze, *Le pli, op. cit.*, p. 147.
2. G. Deleuze, F. Guattari, « Quatre propositions sur la psychanalyse », dans *Politique et psychanalyse*, Alençon, Des Mots perdus, 1977, p. 5.
3. G. Deleuze Guattari, *L'Anti-Œdipe*, *Capitalisme et schizophrénie*, Paris, Minuit., 1972, p. 14.
4. G. Deleuze, F. Guattari, *Rhizome. Introduction*, Paris, Minuit, 1976, p. 10.

Le sujet a-organique entre en conflit avec le mouvement du désir, par la « *répulsion* des machines désirantes par le corps sans organes »[1]. Le refoulement originaire de la production désirante ne doit pas être confondu avec la répression sociale qui réduit le désir au corps de la Terre, au corps du Despote et au corps de l'Argent. La théorie de la libération du corps, si revendiquée comme nous l'avons vu précédemment par le sujet contemporain, est produite par le capitalisme afin d'accorder au corps sans organes l'exercice des flux du désir dans un champ déterritorialisé[2].

Dans sa lecture de Marcel Proust, Deleuze privilégie l'Antilogos : selon lui, Marcel Proust ne décrirait pas une simple psychophysiologie, mais l'être de la vérité. M. Proust opposerait le monde des signes et des symptômes[3] à la pensée rationnelle. Les rapports contenant-contenu et parties-tout ne livreraient pas le réel du désir mais ses emboîtements, ses enveloppements, ses implications et ses complications :

L'expressivité, c'est le contenu d'un être[4].

Mais l'inadéquation du contenu, son incommensurabilité, entretient le désir dans les mouvements indéfinis de la perte, de l'évidement, et de la séparation. L'expressivité ne serait pas réparatrice, mais disjonctive, comme si le désir mouvant ne pouvait parvenir à saisir ou retenir son objet.

---

1. G. Deleuze, F. Guattari, *L'Anti-Œdipe, op. cit.*, p. 15.

2. *Ibid.*, p. 41.

3. B. Andrieu, *Le corps malade dans la* Recherche, Mémoire DEA Littérature comparée, Université Bordeaux 3, 1989. Publié en 2021 sous le titre *Proust : le corps, malade d'amour*, aux éditions Kimé.

4. G. Deleuze, *Proust et les signes*, Paris, P.U.F., 1964, p. 145.

La Nature ou la vie trouve dans l'art un équivalent spirituel dans « un impersonnel chaotique et multiple »[1]. Le temps est produit dans *La Recherche* dans trois dimensions machinales[2] : le temps perdu par fragmentation des objets partiels des pulsions, le temps retrouvé par résonance érotique et l'amplitude du mouvement forcé par Thanatos. Privé de tout usage volontaire de lui-même et des autres, le narrateur moderne est désormais sans organe, c'est un corps dispersé[3] dont les ébauches intensives de la sensibilité et de la mémoire révèlent la plasticité.

Le mouvement forcé de la désexualisation, compulsion thanatologique, s'oppose à la surface physique des pulsions sexuelles. Intermédiaire entre manger et parler, la sexualité s'écrit du conflit bouche-cerveau[4] : la perversion n'est qu'une structure de surface par laquelle l'énergie désexualisée réinvestit un objet. Mais l'évènement du non-sens de l'instinct est de trouver dans le phantasme une solution formelle aux chaos de la matière. Car l'évènement ne doit pas être confondu avec « son effectuation spatio-temporelle dans un état des choses »[5] : individué, l'état des choses produit une expression sans que le sujet ne puisse jamais revenir, sauf à être schizophrène, dans la machine désirante.

Entre Sade et Sacher-Masoch, Deleuze a su distinguer deux niveaux dans la machine désirante, respectivement la négation pure comme Idée totalisante, et le négatif

1. G. Deleuze, *Proust et les signes*, *op. cit.*, p. 187.

2. *Ibid.*, p. 192.

3. B. Andrieu, *Le corps dispersé. Une histoire du corps au XXᵉ siècle*, Paris, L'Harmattan, 1993.

4. G. Deleuze, *Logique du sens* [1969], Paris, 10/18, 1973, p. 333-344.

5. *Ibid.*, p. 33.

comme processus partiel. À l'inverse du pornographe et du fétichiste, Sade se réfère à une Nature libérée « du besoin de créer, de conserver et d'individuer : sans fond au-delà de tout fond, délire originel, chaos primordial fait uniquement de molécules furieuses et déchirantes »[1]. Pourtant le suspens esthétique et dramatique chez Masoch exprime les rythmes du désir, comme la répétition, l'accélération, ou le *figement*. Retrouvant Geoffroy Saint Hilaire à travers les concepts de fixation et de régression, Deleuze défend la thèse du transformisme des pulsions sexuelles : le sadisme et le masochisme sont analogues dans leur processus et leur formation car « en biologie, nous apprenons combien il faut prendre de précautions avant d'affirmer l'existence d'une ligne d'évolution »[2]. *Monstre sémiologique*, le sado-masochisme révèle l'apathie sadique et le froid masochiste dans des mouvements du désir où la désexualisation est la condition de la resexualisation[3].

LE TRANS-CORPS

Renverser le capital n'y suffira pas[4]! La libération ne peut pas s'achever dans une inversion des sexes, des genres, des classes sociales mais se fera par un agenrement[5]. Le retournement des usagers contre

1. G. Deleuze, *Présentation de Sacher-Masoch*, Paris, Minuit, 1967, p. 25.

2. *Ibid.*, p. 41.

3. B. Andrieu, *Le seul crime réel de l'homme serait de troubler l'ordre de la nature* (*Sade*), Nantes, Pleins feux, 2004.

4. B. Andrieu, « Révolution et Hybridité : Le transcorps », *Le portique* 20, « Gilles Deleuze et Felix Guattari, Territoires et devenirs », 2007, p. 34-43.

5. B. Andrieu, *Bd-SM? Comment s'agenrer*, Dijon, Le Murmure, 2019.

l'école, l'asile, l'usine, s'il participe du processus de régulation socio-économique programmée par le capital, conduit à l'épuisement faute d'une « société libérée de l'exploitation »[1]. De même qu'il y a une transversalité dans la psychanalyse, il y a une trans-sexualité pour dépasser l'homosexualité et ce qui serait sa perversion, sa transgression :

> [I]l s'agit donc en fait moins d'homosexualité que trans-sexualité : il s'agit de définir ce que serait la sexualité dans une société libérée de l'exploitation capitaliste et des rapports d'assujettissement qu'elle développe à tous les niveaux de l'organisation sociale[2].

La réflexion sur le transcorps[3] est contemporaine de celle sur le genre engagée par Luce Irigaray, Monique Wittig et Ann Oakley; elle offre la possibilité de déconstruire la masculinisation du corps, sans toutefois parvenir à se détacher de la survalorisation du féminin. À l'inverse, le transcorps suppose[4] l'affirmation d'identification de genre par une révolution hormonale, symbolique et orgasmique. Deleuze s'appuie sur le concept de « rhizome », qui *fait* le multiple plus qu'il ne l'énonce. Actant l'échec d'une biologie qui ne serait pas moléculaire, l'ouvrage de Felix Guattari publié en 1977 sous le titre de *La révolution moléculaire*, pourrait trouver dans la botanique les principes d'un rhizomorphisme; à la fois connexions, hétérogénéités, multiplicités et

1. F. Guattari, « Trois milliards de pervers à la barre », dans La révolution moléculaire, Paris, 10/18, 1973, p. 331.
2. *Ibid.*
3. K. Espineira, « Les corps trans : disciplinés, militants, esthétiques, subversifs », *Revue des sciences sociales*, 2018, p. 89-95,
4. S. Nicot, *Changer de sexe, Identités transexuelles*, Paris, Cavalier Bleu, 2006.

asignifiances, le rhizome va au-delà des régénérations, des reproductions des hydres et des méduses dont il s'inspire.

> Les systèmes arborescents sont des systèmes hiérarchiques qui comportent des centres de signifiance et de subjectivation[1].

Autrement dit, la totalité organique n'existe pas, seules les combinaisons, les permutations et les utilisations transforment la matière subjectivante, sans parvenir à l'épuiser.

Dans leur conception du rhizome, l'intactibilité est un principe de la déterritorialisation et de la déstratification[2] : car le contact entre les lignes de fuite est inattribuable, même si la vitesse crée un événement haptique qui affecte le corps sans organes. Il n'y a pas d'organe du toucher, aucune peau-surface dont l'intensité laisserait une trace. Il n'y a plus de différence entre le touchant et le touché, entre le corps qui ressent et la constitution multisensorielle de ce corps. Les multiplicités rhizomatiques ne produiront pas une arborescence du dedans-dehors, de la profondeur et de la surface car « la ligne de fuite fait partie du rhizome »[3].

Ainsi la guêpe ne touche pas l'orchidée, mais il y a à la fois un devenir-guêpe de l'orchidée et devenir-orchidée de la guêpe. Le toucher rhizomatique opère dans l'hétérogène, sans reprise homogène dans une sensation définie. Anti-généalogique, le rhizome haptique ne trouve ni dans l'objet tangible ni dans le sujet tactile une origine ou une finalité. Le toucher renvoie à une carte du

---

1. G. Deleuze, F. Guattari, *Rhizome, op. cit.*, p. 47-48.
2. *Ibid.*, p. 9.
3. *Ibid.*, p. 28.

tendre plutôt qu'à un calque arborescent, et il n'est pas réductible. Le devenir mouvement du rhizome haptique est l'inverse de la culture arborescente du tactile : celle-ci fait de la peau la surface d'une profondeur archéologique du soi, le tactile restant dans les racines du tangible.

> Ce qu'il faut combattre c'est ce qui interdit, empêche, censure et limite le mouvement du vivant dans l'être au nom de normes, d'impératifs qui relèvent d'une conception homogène du corps social et du corps du sujet : tout me porte à penser, en effet, que les nouvelles micro-cristallisations fascistes qui ne cessent de proliférer sous nos yeux, au sein du pouvoir d'État, au sein des partis, des syndicats, des groupuscules, à travers l'information, les attitudes racistes... [1].

Ce n'est pas l'homme qui pense, qui contrôle la pulsion ; il faut consentir à l'abandon de la maîtrise de soi et de l'autre pour se livrer au désir, en passant du chaos au cerveau. Le cerveau n'est pas ici à traiter comme l'objet constitué des neurosciences afin de servir de caution au neurocomportementalisme et aux dépistages des aneuraux et des déneuraux, nouvelles catégories de la pathologie neurocognitive du développement.

Car le cerveau devient sujet, il est l'esprit même, ou plutôt un « superjet » : « le concept devient l'objet comme créé » [2].

---

1. F. Guattari « Micropolitique du fascisme » [1977], in *La révolution moléculaire*, Paris, Amsterdam, 2012, p. 44-63.
2. G. Deleuze, F. Guattari, « Du chaos au cerveau », *Qu'est-ce que la philosophie ?*, Paris, Minuit, 1991.

DEVENIR HYBRIDE

Plutôt que de subir son environnement, le sujet doit, selon Marie Hélène Bourcier, « … s'inventer, se créer, prendre soin de soi, développer un style de vie, une technologie de soi, une éthique de soi »[1]. Il ne s'agit pas de rester toujours le même puisque l'être est en devenir, multiple, variable et interactif. L'hybride est justement ce qui fait advenir l'être dans l'existant, « ce que l'on doit sans arrêt déplacer, être en mouvement continuel, ne jamais être là où on vous attend »[2].

Toujours en mouvement, en déplacement physique et mental, l'individu mondialisé doit modifier sans cesse ses représentations en intégrant les informations. Cette « immanence plurielle »[3] implique une réalisation du soi à travers les actes corporels de plus en plus hybridés par les moyens de communication comme le satellite, l'internet, le portable, l'informatique et par les modes d'amélioration de l'existence que sont le viagra, les hormones, les anti-virus ou les cultures *in vitro*.

Gilles Deleuze et Felix Guattari précisent combien être et devenir hybride n'ont pas la même signification. Être hybride est statique, limitant les possibilités de transformations et de mutations :

> [L]a constitution de ces hybrides ne nous fait pourtant pas davantage avancer dans le sens d'un véritable devenir… on ne rompt pas avec le schéma d'arborescence, on n'atteint pas au devenir ni au moléculaire[4].

1. M. H. Bourcier, « Savoirs-pouvoirs sont partout. Comment résister ? », *Zoo* 1, « Q comme Queer », 1997, p. 76-83, ici p. 80.

2. C. Deschamps, « Just be queer ? », *ibid.*, p. 110-111, ici p. 110.

3. G. Genette, *L'œuvre de l'art*, Paris, Seuil, 1997.

4. G. Deleuze, F. Guattari, *Milles Plateaux*, Paris, Minuit, 1980, p. 389.

Être hybride c'est le devenir, ne pas demeurer dans l'être mais se modifier dans la multiplicité possible dont l'incarnation sera provisoire et éphémère. L'hybride n'est pas stable, il varie sans cesse en modifiant son intensité et ses états. La vitesse est remplacée aujourd'hui par le mouvement, forçant à une mobilité mentale, corporelle et sexuelle ce qui favorise l'isolement pour ceux et celles qui ne peuvent s'hybrider aux changements de l'environnement.

Cette multiplicité ne se contrôle pas, elle déborde les frontières identitaires en hybridant le sujet à ses autres possibilités d'être. Il devient un autre en lui-même, à la manière d'une performance accomplie sans s'en rendre compte, parce que l'interaction environnementale actualise ce qu'il pourrait être, mais dont la possibilité n'avait pas été jusque-là créée par l'interaction avec l'environnement. L'essence de l'être corporel est à déconstruire pour y découvrir non pas sa permanence et son homogénéité, mais de nouveaux modes d'existence. L'hybridation sert de techniques pour vivre ces existences en se connectant à des postures de genres, à des objets interactifs et à des actions. L'hybridation déstabilise l'être installé dans une stase identitaire : en restant toujours le même, l'être peut considérer l'hybride comme un intrus, un danger ou un virus.

À la déterritorialisation dans l'espace correspond le devenir hybride dans le temps, la capacité « du système corps-tête à devenir »[1]. La prise de possession du dedans du corps révèle la multi-dimensionnalité du corps : car la possession, l'implantation, la greffe, la chimérisation, la transgenèse, l'hybridation sont autant de procédés

---

1. G. Deleuze, F. Guattari, *Milles Plateaux*, *op. cit.*, p. 216.

bio-technoculturels qui utilisent la plasticité du vivant. Si Spinoza ignorait ce dont le corps est capable, la révolution moléculaire de Guattari est la conséquence du corps sans organe, de son débordement.

Car l'organicité du corps a pu faire croire à la limitation ontologique, sinon métaphysique, de la morphogenèse :

> [E]n effet le corps sans organes ne manque pas d'organes, il manque seulement d'organisme[1].

Le débordement de la forme est le principe à mettre en œuvre par des « reconversions, d'Agencements qui débordent de toutes parts le corps, le Moi, l'individu »[2]. Le corps-sans-organes (CsO) est « un ensemble de pratiques »[3] qui déconstruit, dépose, perd, détruit l'organisation de l'organicité même : le corps hypocondriaque, le corps paranoïaque, le corps schizo, le corps drogué, le corps masochiste. Les yeux sont-ils faits pour voir, les poumons pour respirer, la bouche pour avaler, le cerveau pour penser ?

DÉCORPORER L'ORGANISME

Le passage du déterminisme développemental aux techniques transgéniques a accompli cette déterritorialisation ontogénétique par la création non seulement de corps-sans-organes mais d'organes sans corps : cœur, foie, sans cellules, ovocytes... Dès la découverte des gènes Hox et la fabrication des chimères caille-poulet par Nicole le Douarin, le jeu du génie

---

1. G. Deleuze, *Francis Bacon, Logique de la sensation* [1981], Paris, Seuil, 2002, p. 49.
2. F. Guattari, *Les trois écologies*, Paris, Galilée, 1989, p. 58.
3. *Ibid.*, p. 186.

génétique a prouvé que le déterminisme développemental, et ce malgré le changement de territoire [1], se réalisait dans d'autres parties du corps.

La modification de ces « zones d'intensité » ne serait pas entièrement dénaturalisée et dés-organisée. Le champ d'immanence ou plan de consistance doit être construit ; or

> il peut l'être dans des formations sociales très différentes, et par des agencements très différents, pervers, autistes, scientifiques, mystiques, politiques qui n'ont pas le même type de corps sans organes. Il sera construit morceau par morceau, lieux, conditions, techniques ne se laissant pas réduire les uns aux autres [2].

En distinguant l'organisme et le corps, la déconstruction morphogénétique du corps comme forme définie et fonctionnelle devient une strate parmi d'autres du CsO, comme « un phénomène d'accumulation, de coagulation, de sédimentation qui lui impose des formes, des fonctions, des liaisons, des organisations dominantes, hiérarchisées, des transcendances organisées pour en extraire un travail utile » [3]. « S'il faut beaucoup de strates » [4], c'est pour se dégager de l'organisme, de la signifiance et de la subjectivation, comme autant d'obstacles épistémologiques et épistémiques qui maintiennent l'organe dans le corps. La déterritorialisation des gènes par la transgenèse et des sexes rejoint le projet *queer*.

---

1. N. Le Douarin, *Des chimères, des clones et des gènes*, Paris, Odile Jacob, 2000.

2. F. Guattari, *Les trois écologies, op. cit.*, p. 195.

3. *Ibid.*, p. 197.

4. *Ibid.*

La déstratification permet d'éviter la cristallisation corporelle qui identifie et réduit le vivant à la normativité du biopouvoir sans dépasser les limites du vivable. Ce dépassement passe par une critique des représentations, des modèles, des objets produits sous l'évidence de l'objectivité. Ce caractère idéologique des strates vient introduire la possibilité des pratiques intensificatoires, en découvrant l'œuf comme « milieu d'intensité pure »[1], sans image du corps établie ou à retrouver. La différence intensive du désir rend les formes contingentes et nous donne un plan d'immanence en évitant les effets cristallisants de la transcendance biopolitique. Ainsi, même dans le CsO, il faut « distinguer ce qui est composable ou non sur le plan »[2]. Car les décompositions du génome humain et du genre ont commencé de révéler les connexions discontinues et les liaisons transversales dans toutes les possibilités objectives du vivant, au-delà des formes normatives de la division sexuelle, du développement eugénique ou encore de la création OGM.

PRODUIRE LE MOLÉCULAIRE EN NOUS

Le devenir est le moyen de l'hybridation en déchaî-nant les chaînes Homme/femme, gènes Hox/Hom, espaces/Individu, Nature/culture : « devenir femme, de-venir enfant, devenir animal, végétal ou minéral, devenir moléculaire de toute sorte, devenir particules »[3].

La révolution moléculaire doit « commencer par la fin »[4]. Il ne s'agit plus de devenir quelqu'un ou quelque

---

1. *Ibid.*, p. 202.
2. *Ibid.*, p. 204.
3. *Ibid.*, p. 333.
4. *Ibid.*, p. 334.

chose, de s'identifier, mais d'être le plus proche « de ce qui est en train de devenir ». Ainsi « tous les devenirs sont déjà moléculaires »[1] : la zone moléculaire et l'espace corpusculaire définissent une hybridation potentielle par les effets de bordure, de composition et d'implantation. Il faut aller à l'inverse du clonage :

> non pas imiter le chien mais composer son organisme avec autre chose, de telle manière qu'on fasse sortir de l'ensemble ainsi composé, des particules qui seront canines en fonction du rapport de mouvement et de repos ou du voisinage moléculaire dans lequel elle entend[2].

Avec la collectivité moléculaire, les heccéités des objets et des sujets molaires, il s'agit d'« émettre des particules » en « produisant en nous-même une femme moléculaire », de « créer une femme moléculaire »[3]. Plutôt que d'imiter, le devenir hybride passe à travers et en dessous des affrontements molaires et autres machines duelles. Si on nous vole notre corps « pour fabriquer des organismes opposables »[4], alors l'assignation au sexe, à l'identité, à la sexualité, au travail, à la classe nous prive de « l'anorganisme du corps », du genre et du *queer*. « L'émission de particules »[5] est le modèle du transcorps, à la fois pour décorporer le vivant et pour définir une microdynamique de la matière biologique : l'idéalisation paradigmatique du devenir femme qui serait « la clef des autres devenirs »[6] participe encore d'un ordre biologique

1. F. Guattari, *Les trois écologies*, *op. cit.*, p. 334 et 340.
2. *Ibid.*, p. 335-336.
3. *Ibid.*, p. 337.
4. *Ibid.*, p. 338.
5. *Ibid.*, p. 341.
6. *Ibid.*, p. 340.

de l'hybridation assez conforme à la déconstruction de la sexualisation, de la reproduction, de l'utérus artificiel, de la FIV et la sélection génétique eugénique.

En allant vers « un devenir imperceptible » comme « fin immanente du devenir »[1], l'ensemble des composants moléculaires du cosmos rendra « impercepti[ble], indiscernable, impersonnel[le] »[2] l'hybridation. La question de savoir jusqu'où défaire le genre, posée par Judith Butler, est celle des limites de la désubjectivation forçant chacun désormais à être hors de soi :

> L'institution de nouveaux modes de réalité passe notamment par la corporalisation (*embodiement*), pour laquelle le corps n'est pas compris comme un fait établi et statique, mais comme un processus de maturation, un devenir qui, en devenant autre, excède la norme, la retravaille et nous montre que les réalités auxquels nous pensions être confinés ne sont pas gravées dans le marbre[3].

SADE VERSUS MASOCH

Masoch sert à Gilles Deleuze d'analyse critique pour déconstruire le discours psychanalytique sur la symptomatologie et sortir des oppositions actif-passif, sadisme-masochisme. La classification freudienne aurait établi que le masochisme devait s'inscrire dans l'opposition entre les pulsions de vie et les pulsions de mort. Deleuze nous propose dans sa préface non

1. *Ibid.*, p. 342
2. *Ibid.*, p. 343.
3. J. Butler, « Hors de soi » [2002], dans *Défaire le genre*, Paris, Amsterdam, 2006, p. 43.

seulement une nouvelle édition du texte, mais aussi une relecture en 1967 des nouveaux rapports de genre – terme qui apparaît en 1971 aux États-Unis –, par une dénonciation des interprétations psychanalytiques.

Avant l'*AntiOedipe*, Masoch est un moyen pour Deleuze de commencer en 1961, puis de poursuivre en 1967, la critique de la psychanalyse, et notamment du système instinctuel et pulsionnel dans lequel l'activité et la passivité seraient naturalisées selon le sexe et le genre. Selon Éric Alliez,

> le livre venait de loin, depuis ce premier article intitulé « De Sacher-Masoch au masochisme », publié en 1961, par lequel le philosophe inaugurait sa critique clinique en la *superposant* à la symptomatologie nietzschéenne (en cours de ré-élaboration)[1].

En 1969, dans *Logique du sens*, Deleuze estime que la cruauté masochiste « appartient à la position dépressive non seulement dans les souffrances qu'il subit, mais dans celles qu'il aime à donner par identification à la cruauté du bon objet comme tel »[2]. Pour Deleuze, Masoch n'est pas seulement « une sorte de petit Sade inversé »[3]. Il dissocie la « pseudo-unité » des valeurs propres à Masoch, tant dans la technique littéraire que dans les processus. Là où le sadique cherche une « possession instituée », le masochiste veut établir « une alliance contractée »[4].

---

1. E. Alliez, « Deleuze avec Masoch », dans *Multitudes* 25, « Masoch avec Deleuze », 2006.

2. G. Deleuze, « De l'oralité », *La logique du sens, op. cit.*, p. 266

3. G. Deleuze, « Mystique et masochisme », propos recueillis par M. Chapsal, *La Quinzaine littéraire*, 1er au 15 avril 1967, p. 13, reproduit dans *L'île déserte et autres textes*, Paris, Minuit, 2002, p. 182-186.

4. G. Deleuze, « Sade, Masoch et leur langage », *Présentation de Sacher-Masoch*, Paris, Minuit, 1967, p. 20

L'héroïne sadienne doit par son corps souffrant faire une fonction démonstrative par la « répétition accélérante et condensante »[1] des actes cruels et dégoûtants : le sang-froid du sadique cherche la douleur extrême de sa victime, car le but est de déconstruire le Moi de toute sa certitude narcissique par « le plaisir de nier la nature en moi et hors de moi, et de nier le Moi lui-même »[2]. La négation du genre, du sexe et de la nature doit être intégrale chez Sade pour se délivrer de la constitution corporelle.

Ainsi il est vain d'attendre que la victime du sadique soit masochiste[3]. Deleuze veut interroger cette complémentarité sexuelle, car la victime de Sade n'éprouve pas de plaisir malgré elle ou ne découvre pas un orgasme jusque-là inédit et potentiel ; le sadisme n'est pas une actualisation du corps orgasmique, il est une négation de sa naturalité. Il faut ouvrir le corps, sa peau et ses orifices. L'unité sadomasochiste est le symptôme d'une confusion du couple douleur/violence. La honte, le remords, le goût du châtiment sont des sentiments étrangers à l'expérience sadique tant la maîtrise du corps de la victime suffit à la jouissance. Le double Juliette/ Justine n'est pas l'envers d'un endroit dans le miroir du vice et de la vertu.

> Si la femme bourreau dans le masochisme ne peut pas être sadique, c'est précisément parce qu'elle est *dans* le masochisme, parce qu'elle est partie intégrante de la situation masochiste, élément réalisé du phantasme masochiste[4].

1. G. Deleuze, « Rôle des descriptions », dans *ibid.*, p. 27.

2. *Ibid.*

3. « Jusqu'où va la complémentarité de Sade et de Masoch ? », dans *ibid.*, p. 34.

4. *Ibid.*, p. 37.

Le masochisme est un contrat interactif et, à la différence du sadisme, il consiste en un consentement à être femme bourreau « se faisant masochisante dans cette situation »[1]. Deleuze refuse de faire du masochisme un système ontologique qui relèverait de la nature perverse d'une personne comme Kraft-Ebing : car il faudrait trouver dans le caractère, dans l'être et dans la sexualité la cause systématique. Deleuze remplace le système par l'élément d'une situation :

> Chaque personne d'une perversion n'a besoin que de « l'élément » de la même perversion, et non pas d'une personne de l'autre perversion[2].

Plutôt que d'en réaliser la subjectivité, la situation masochiste de la femme-bourreau « incarne l'élément du "faire souffrir" »[3]. L'élément devient une posture de genre qui n'utilise pas le masochisme subjectif d'une personne mais réalise le masochisme au cours de la situation.

Cet argument de l'élémentarité sert à Deleuze de principe pour critiquer la confusion sadomasochiste des trois arguments freudiens des *Trois essais sur la sexualité*, celui de la *rencontre intérieure* du côté passif et du côté actif, de *l'identité d'expérience* du sadique qui impose à l'autre la douleur qu'il a eu autrefois à subir, et le *transformisme pulsionnel* qui fixerait l'amour dans la haine. Le mélange plaisir-douleur sert à établir ce qui serait la matière commune au sadisme et au masochisme en le supposant, indépendamment des

---

1. G. Deleuze, « Sade, Masoch et leur langage », *Présentation de Sacher-Masoch*, *op. cit.*, p. 38.
2. *Ibid.*
3. *Ibid.*

formes concrètes, « identiquement vécu »[1]. L'analogie des situations est comprise comme une homologie réunie dans un syndrome. Cette confusion aura eu pour effet de stigmatiser toute attitude de soumission dans une unité pathologique.

Il faut distinguer le plaisir de la douleur comme Masoch du masochisme et Sade du sadisme[2] pour découvrir la différence entre la sexualisation masochiste et l'«' "érogénéité" propre masochiste »[3]. La dérive du masochisme du sadisme par retournement nous prive de l'analyse de la désexualisation, de l'agressivité libidineuse et de la désintrication des instincts. La désexualisation implique un déplacement d'une charge énergétique et « jamais une transformation directe d'un instinct à l'autre »[4], ce qui interdit la confusion entre Eros et Thanatos dans ce qui serait un syndrome pathologique ; la désintrication facilite « la formation de cette énergie déplaçable à l'intérieur des combinaisons »[5].

En plaçant le plaisir et la douleur comme cause du masochisme et du sadisme, l'étiologie pathologisante voudrait réifier la pulsion et l'instinct comme un déterminisme auquel le moi ne pourrait échapper. Une « scission structurale », et non une « dérive génétique »[6] doit être établie entre le masochisme et le sadisme pour faire une lecture de Masoch. Pour Deleuze, « le rapport à la douleur est un *effet* »[7] de la structure historique de

1. *Ibid.*, p. 41.
2. G. Deleuze, « Dans le sadisme et le masochisme, il n'y a pas de lien mystérieux de la douleur avec le plaisir », *ibid.*, p. 105.
3. G. Deleuze, « La psychanalyse », *ibid.*, p. 91.
4. *Ibid.*, p. 96.
5. G. Deleuze, « Qu'est-ce que l'instinct de mort ? », *ibid.*, p. 101.
6. G. Deleuze, « Surmoi sadique et moi masochiste », *ibid.*, p. 111.
7. G. Deleuze, « Qu'est-ce que l'instinct de mort ? », *ibid.*, p. 105.

l'homme. La cruauté froide du sadique contraste avec la douleur brûlante ressentie dans le masochisme.

LE FROID

Cette opposition entre le froid cruel et la chaleur masochiste est une esthésiologie centrale dans l'œuvre de Deleuze, qui permet de maintenir la dynamique des connexions et des disjonctions : comme dans la peinture de Gérard Fromanger « tout un jeu réversible de transformations, de réactions, d'inversions, d'inductions, chauffages et refroidissements »[1] imbrique la connexion et la disjonction. Le masochisme plus que le sadomasochisme est l'occasion pour G. Deleuze d'illustrer le vécu haptique du toucher sans organes : « l'idéal de froideur, de sollicitude et de mort »[2], est incarné par le masochiste qui se fait battre en espérant par-là atteindre le corps de la mère, cette fois sans le père.

Les rites de suspension physique – ligotage, accrochage, crucifixion – s'inversent chez Sade et chez Masoch : la fréquence sadique touche la chair du corps jusqu'à l'exsuder là où l'attente masochiste n'atteint jamais suffisamment le phantasme d'être battu par l'autre. En privilégiant le masochisme sur le sadisme, Deleuze décrit un touchant qui n'atteint jamais le touché, le masochiste n'étant tenu que par sa parole là où le sadique espère toucher l'autre contre son gré. Le toucher est touchant mais sans toucher matériel. Il renvoie à l'idéalité phantasmatique de Sacher-Masoch à un corps

---

1. G. Deleuze, « Le froid et le chaud », dans *Fromanger, le peintre et le modèle*, Paris, Baudard Alvarez, 1973, rééd. dans *L'île déserte et autres textes*, Paris, Minuit, 2002, p. 344-350, ici p. 347.

2. G. Deleuze, *Présentation de Sacher-Masoch, op. cit.*, p. 50.

sans organes du toucher, à un rhizome multipliant en réseaux les points de contact, à un pli sans dedans ni dehors.

UNE ATTENTE CONTRACTUELLE

Des trois points de vue qui lui permettent d'analyser Masoch, l'alliance plaisir-douleur, le comportement d'humiliation et l'esclavage dans une relation contractuelle, Deleuze estime que le troisième « devrait rendre compte des autres »[1]. Masoch déplace la question des souffrances par la nature même du contrat de soumission en proposant de « défaire le lien du désir avec le plaisir »[2]. Maintenir la constitution du désir comme processus, sans jamais le conjurer par la réalisation jouissive du plaisir, exige un dispositif qui maintienne le désir dans l'infini de l'attente, de l'autre, du contact, de la volonté. L'épreuve masochiste est une expérience de la temporalité indéfinie du désir.

L'attente et le suspens[3], qui s'expriment dans la suspension, le *bondage*, l'attachement, toutes sont des formes d'intensification physique qui maintiennent l'esprit dans son corps. Le corps ne pouvant plus se procurer du plaisir par lui-même, dépend de l'autre. Ne pas obtenir immédiatement le plaisir force à l'attente et à l'attention de la présence en rendant le corps et la peau

---

1. *Ibid.*, p. 185.
2. G. Deleuze, « Re-présentation de Masoch » [1989], dans *Libération*, rééd. dans *Critique et Clinique*, Paris, Minuit, 1993, p. 71-74, ici p. 71.
3. Éric Alliez précise : « C'est le *suspens des corps* – masochiquement dés-organisés et érogénéisés », *Multitudes* 25, « Masoch avec Deleuze », 2006, p. 53-65, ici p. 55.

plus sensibles. « La complémentarité contrat-suspens »[1] est décrite selon un cycle de forces dont les ondes se dressent mutuellement, le masochiste dressant celle qui doit le dresser. Deleuze trouve dans l'essai de Pascal Quignard de 1974 *L'être du balbutiement : essai sur le S.M.*, le moyen de lier le suspens et la suspension du langage dans le silence et dans le cri :

> [L]e suspens des corps et le balbutiement de la langue constituent le corps-langage, ou l'œuvre de Masoch[2].

Le dressage, figure du roman de formation, est spatio-temporel. À la précipitation surdéterminée de Sade faite de réitération et de multiplication, se substituent la lenteur rituelle et le goût des scènes figées. Deleuze y anticipe son travail sur le temps et le mouvement, présent depuis son travail sur Bergson, en analysant la douleur masochiste comme l'attente pure :

> Il appartient à la pure attente de se dédoubler en deux flux simultanés, l'un qui représente *ce qu'on attend*, et qui tarde essentiellement, toujours en retard et toujours remis, l'autre qui représente quelque chose *à quoi l'on s'attend*, et qui seul pourrait précipiter la venue de l'attendu[3].

Le retard de la douleur accroît la crainte et affole l'anticipation mentale face à l'épreuve physique toujours plus cruelle que son idée conçue. L'angoisse masochiste est une attente infinie du plaisir « mais en s'attendant intensément à la douleur »[4].

---

1. G. Deleuze, *Présentation de Sacher-Masoch*, *op. cit.* p. 72.
2. *Ibid.* p. 74.
3. *Ibid.*, « Les éléments romanesques de Masoch », p. 63.
4. *Ibid.*

Le suspens et l'attente rythment la réalisation impossible du phantasme définissant « un art masochiste du phantasme »[1] : cette incarnation esthétique, dont le fétichisme et le rituel sont les instances, est souvent perdue dans le décorum de la mode ; l'intensité des suspensions physiques, ligotage, accrochage et crucifixion s'éprouve dans l'expérience sensorielle donnée au masochiste par le maître ou la maîtresse. Même si la caresse, selon Emmanuel Levinas, donne à l'autre ce dont nous ne saurions avoir qu'une idée[2], l'attente pure déplace le corps vécu afin de le surprendre : se déprendre de l'habitus en vivant un évènement corporel attendu mais en même temps inattendu sollicite une nouvelle coordination sensorielle.

Deleuze trouve dans le masochisme[3], dès 1961, un des enjeux principaux de la relation contractuelle :

> [...] le goût du contrat, l'extraordinaire appétit contractuel. Le masochisme doit être défini par ses caractères formels, non pas par un contenu soi-disant dolorigène. Or, de tous les caractères formels il n'y en a pas de plus important que le contrat. Pas de masochisme dans contrat avec la femme. Mais l'essentiel, justement, c'est que le contrat se trouve projeté dans la relation de l'homme avec une femme dominante[4].

1. *Ibid.*, p. 64.

2. J. Rogozinski, « De la caresse à la blessure outrance de Levinas », *Les Temps Modernes* 3 (n° 664), 2011, p. 119-136.

3. G. Deleuze, « De Sacher-Masoch au masochisme », *Arguments* 21, 1er trimestre 1961, rééd. *Multitudes* 25, Été 2006, « Masoch avec Deleuze », p. 19-30 ; rééd. dans G. Deleuze, *Lettres et autres textes*, Paris, Minuit, 2015, p. 167-181.

4. *Ibid.*, p. 171.

Même si le droit à la mort en est la clause secrète, la dimension inconsciente du masculin/féminin mais plus sûrement de la relation à la mère est réactivée avec la contrainte consentie, la sensation de dépendance :

Le masochisme est perception de l'image maternelle ou de la mère dévorante [1].

UNE RECONQUÊTE SENSORIELLE

Le corps battu doit se réapproprier sa sensorialité à partir des nouvelles informations esthésiologiques qui vont au-delà du sado-masochisme, « ce sadisme à l'intérieur du masochisme et [...] n'est pas le vrai sadisme » [2] ; l'affolement masochiste provient de cette perte sensorielle des coordonnées initiales du schéma corporel dans des situations bouleversant l'image du corps par la contrainte, l'humiliation, et la ritualisation. Avec « son plaisir *dans* la douleur », le corps doit changer de genre sensoriel et sexuel, pour adopter des postures dans des situations qui bouleversent la convention non seulement sociale mais aussi individuelle. Le secours de l'habitude ne sert de rien dans l'approfondissement sensoriel masochiste : « neutraliser le réel et suspendre l'idéal dans l'intériorité pure du phantasme lui-même » [3] forme le corps. Le for intérieur ne suffit pas à contenir la douleur, celle-ci doit irradier dans tout le corps à la limite de l'inconscience, sinon, et c'est là toute la différence avec la torture, aucune appropriation de l'expérience n'est possible.

1. G. Deleuze, « De Sacher-Masoch au masochisme », art. cit. p. 180.
2. G. Deleuze, « Mystique et masochisme » [1967], dans *L'île déserte et autres textes*, *op. cit.*, p. 162-186, ici p. 183.
3. *Présentation de Sacher-Masoch*, *op. cit.*, p. 65.

Cette reconquête sensorielle de la douleur *dans* le plaisir ne tient pas le masochiste dans des fers et des liens :

> [I]l n'est tenu que par sa parole. Le contrat masochiste n'exprime pas seulement la nécessité du consentement de la victime, mais le don de persuasion, l'effort pédagogique et juridique par lequel la victime dresse le bourreau[1].

Là où le tortionnaire dresse la victime jusqu'à détruire toutes ses coordonnées, le masochisme, lui, est un apprentissage que donne le maître ou la maîtresse à l'élève en lui construisant *in vivo* moins la carte du tendre que celle du cruel. La peau masochiste dessine les nouvelles coordonnées acquises afin de guider le geste douloureux et de l'en détourner pour ne pas installer le sujet sensoriel dans un moi connu.

Avec la répétition, le masochisme pourrait verser dans le sadisme par son « processus quantitatif d'accumulation et d'accélération mécaniquement fondé dans une théorie matérialiste »[2]. Le rituel ne se confond pas avec la répétition car il propose un cadre dans lequel le déplacement d'une zone tactile à une autre revivifie la douleur, afin qu'aucune habitude ne vienne clôturer la signification vécue. Cet art subtil de la variation exige un contrôle, une confiance et une connaissance de la peau vécue de l'autre. Le rituel fixe l'espace, le temps et les accessoires du masochisme mais l'habitus sera déconstruit indéfiniment pour rendre au sujet le vif de sa chair.

---

1. *Ibid.*, p. 67.
2. *Ibid.*, p. 62.

La « puissance violente de projection, de type paranoïaque »[1] dans l'usage sadique du phantasme doit faire souffrir la victime pour le compte du seul plaisir de celui ou celle qui l'exerce. Les blessures, traces et viols croissent indéfiniment puisque le réel ne parvient jamais à prouver son intensité pour celui qui ne peut le ressentir. Le masochisme[2], par l'attente contractuelle non plus asymétrique mais réciproque, « a besoin de croire qu'il rêve, même quand il ne rêve pas ». L'idéal érotise la douleur dans un imaginaire dont les rituels, le fétichisme et la discipline sont autant d'éléments du fantasme ; la douleur est supportable parce qu'elle est une traversée du fantasme.

UN CORPS AGENRÉ

Le contrat est limité par la loi car celle-ci s'applique strictement comme processus punitif que le masochiste éprouve dans sa longueur : « son véritable plaisir, il le trouve ensuite »[3]. Le châtiment permet le plaisir défendu en transgressant la culpabilité ressentie envers la loi. L'extrême sévérité de la loi se fonde sur les trois grands types de rites : les rites de chasse, les rites agricoles et les rites de régénération. Le masochiste est ré-engendré par la traversée des trois images de la mère, « les coups d'épingle, puis les coups de fouet » agissant « comme activation parthénogénétique »[4]. Le joug, la laisse, et la cravache ne sont que des illustrations des trois rapports

1. G. Deleuze, *Présentation de Sacher-Masoch*, *op. cit.*, p. 64.
2. B. Andrieu, *Un corps à soi. Critique du masochisme*, « Figures de l'art corporel », Mont de Marsan, Euredit, 2000.
3. G. Deleuze, *Présentation de Sacher-Masoch*, *op. cit.*, « La loi, l'humour et l'ironie », p. 78.
4. G. Deleuze, « Du contrat au rite », dans *ibid.*, p. 83.

à la mère, dans une succession ordonnée et rituellement répétée. La castration est « la condition symbolique du succès »[1], l'inceste et l'œdipe ne sont réalisés qu'à travers l'interdiction.

La femme bourreau maintient moins Masoch en esclave et en mortifié qu'en devenir homme sans père. Contre la sexualité génitale héritée du père, la seconde naissance parthénogénétique consiste à « renaître de la femme seule »[2]. Masoch ne cherche pas à se reproduire dans la femme, mais à y être produit en étant à la fois le père et le fils. Cette sexualité repose sur des combinaisons sensuelles du plaisir et de la douleur, mais dans une forme sans ressemblance, autoréférentielle, celle du Nouvel Homme.

> Si le masochiste est, pour l'essentiel, un esclave qui ne s'ignore pas – il se déclare même très ouvertement, c'est qu'il change la donne du jeu social (le *casting* du *gender*) : il inverse les rôles sexuels. L'homme est un esclave et la femme est son maître. On utilise exprès le genre *masculin*, lequel traduit au mieux cet échange de fonctions, qui est un échange des sexes[3].

Là où la sexualité génitale nous précipite dans la position du fils, l'amour masochiste traverse la douleur comme un enfantement renouvelé à chaque coup, une sorte d'apostasie. Cette déconstruction de la génitalité par le masochisme, laboratoire d'une sexualité ouverte et non procréative, est produite par la femme, engendrant sans le père et l'esclave, s'enchaînant dans l'intérieur du

---

1. *Ibid.*, p. 82.
2. *Ibid.*, p. 87.
3. R. Michel, « L'Anti-Masoch. Essai sur les errements de la maso(miso) analyse », *Multitudes* 25, Été 2006, « Masoch avec Deleuze ».

corps imaginaire de la mère. La douleur du châtiment, semblable à celle de l'enfantement, est un lieu de passage pour devenir un homme.

Le masochiste sait comment se faire un corps sans organes : en dénouant le lien entre le désir et le plaisir par le prix de la souffrance, il retarde au maximum l'avènement du plaisir en refusant le procès continu du désir positif dont la jouissance serait l'acmé. Le plaisir n'est plus la mesure de la réalisation du désir. L'intensité du plaisir, comme joie immanente, doit éviter l'angoisse, la honte et la culpabilité. L'agencement des dispositifs, contraintes et processus, place le masochiste dans un devenir en dehors de la loi du manque :

> [L]e masochiste se sert de la souffrance comme d'un moyen pour constituer un corps sans organes et dégager un plan de consistance du désir [1].

La sensorialité masochiste sans genre n'est pas monstrueuse au sens sadien, selon Pierre Klossowski, de la « monstruosité intégrale, niant ainsi l'élaboration temporelle de leur propre moi » [2]. Sans genre, le masochiste découvre une sensorialité qui ne déconstruit pas le moi jusqu'à l'effacement identitaire de la destruction. En changeant de genre, le jeu SM pourrait alterner la posture subjective, mais sans genre le sujet doit se dégager de son schéma corporel et de son image du corps. Comme l'analyse François Zourabichvili :

> Jamais autant que dans *Présentation de Sacher-Masoch* ne s'établit chez Deleuze cette relation triangulaire,

1. G. Deleuze, F. Guattari, « Comment se faire un corps sans organes ? », dans *Mille Plateaux, op. cit.*, p. 192.
2. P. Klossowski, « Le monstre », *L'Acéphale* 5-6, 1936 ; rééd. dans *Tableaux vivants*, Paris, Le promeneur, 2007, p. 40-42, ici p. 42.

conséquente pour qui ré-entreprend de fonder la Critique : Art-Désir-Droit[1].

La critique triangulise le corps en sujet imaginaire du désir.

Deleuze se réfère constamment à la biologie moléculaire sans jamais faire œuvre de biosophe. La réduction n'est de ni mise, ni finale. La Vie de la matière aurait pu le conduire à un monisme simpliste. Il écrit à partir de cet impossible à décrire le réel, comme si l'homme était jeté par sa conscience et son corps dans l'après-coup de la vie dont aucune causalité ne pourra vaincre la discontinuité. Situant toujours le vivant dans le plan d'immanence, la philosophie doit en provenir sans parvenir à y revenir : l'œuvre en fait le dessin.

1. F. Zourabichvili, « Kant avec Masoch », *Multitudes* 25, Été 2006, « Masoch avec Deleuze », p. 87-100, ici p. 87.

CHAPITRE VI

AU CONTACT DE SA MATIÈRE CÉRÉBRALE [1]

La neurophilosophie [2] est l'arbre qui cache la forêt du matérialisme. Cet arbre a été planté en France par *L'homme neuronal* [3] et la réduction des modèles de fonctionnement du cerveau à des réseaux électro-chimiques. Son auteur lui-même, Jean-Pierre Changeux, est passé d'un matérialisme réductionniste à un holisme neurofonctionnel, l'espace de travail global devenant la théorie globale recherchée [4] qui retrouve la neurobiologie du développement de la stabilisation sélective des

1. Ce chapitre a été retravaillé à partir de ma thèse de 1996 sous la direction de Dominique Lecourt sur la neurophilosophie (publiée en partie en 1998). La partie sur Dreyfus reprend deux articles rédigés entre 1991 et 1994 : « Intelligence Artificielle : la tentation des sciences sociales. Des neurosciences sociales ? », *Technologie Idéologies Pratiques TIP*, Sciences sociales et Intelligence artificielle, Université de Provence, vol. X., n°2-4, 1991, p. 223-237, et « Vers l'homme artificiel. Chronologie commentée de l'intelligence artificielle », *La Pensée*, n°299, 1994, p. 103-118.

2. B. Andrieu, *La neurophilosophie*, « Que sais-je ? », Paris, P.U.F., 1998.

3. J. P. Changeux, *L'homme neuronal*, Paris, Fayard, 1983.

4. J. P. Changeux, *L'homme de vérité*, Paris, Odile Jacob, 2002, p. 142.

synapses. En effet, malgré l'organisation univoque de l'édition matérialiste de la neurophysiologie américaine et française, la forêt du matérialisme se compose en réalité de plusieurs types d'arbres.

Le contact cérébral avec la matière émersive[1] a été discuté au sein même des débats des philosophes matérialistes en neurosciences. La détraction de ce contact provient sans doute des opposants au matérialisme qui défendent des positions spiritualistes. Mais cette détraction ou contraction du contact cérébral, pour autant qu'elle relève d'une épistémologie propre au matérialisme, permet de s'interroger sur la critique menée par des matérialistes contre d'autres, sous couvert de conceptions plus justes et plus adaptées aux résultats des neurosciences.

Par *détraction*, nous entendons définir une posture épistémologique adoptée par l'esprit critique pour sélectionner et mettre à distance les travaux qui ne conviennent pas au postulat théorique du détracteur. La détraction est une lecture sélective utilisée notamment pour s'éloigner de ce que l'on considère comme un extrême de l'argumentation. La détraction devient une forme d'argumentation matérialiste dès lors que les descriptions neuroscientifiques autorisent des interprétations contradictoires. Ainsi, à la détraction épistémologique correspond une position matérialiste implicite ou explicite selon que la critique des neurosciences sera sélective, éliminativiste ou reconstruite. Le cerveau a été et est inventé[2], car sa boîte noire lui confère le

---

1. J. D. Thumser, *La vie de l'ego. Au carrefour entre phénoménologie et sciences cognitives*, Paris, Zeta, 2018, p. 73.
2. B. Andrieu, *L'invention du cerveau*, Paris, Press Pocket, 2002, p. 19-40.

statut épistémologique d'objet projectif sur lequel les hypothèses et les postulats seront vérifiés après coup par l'expérimentation *post-mortem* et *in vivo*.

Nous distinguons plusieurs sortes de détraction en allant de la critique externe à la critique interne des neurosciences : la détraction externe, la détraction interdisciplinaire et la détraction interne. La détraction externe critique les neurosciences à partir d'une position théorique qui leur est extérieure et qui justifie cette critique en sélectionnant les travaux qui servent cette thèse. La détraction interdisciplinaire interroge le passage des neurosciences à l'intelligence artificielle, et réciproquement, mis en œuvre par le connexionnisme afin de délimiter le cerveau incarné par rapport au cerveau désincarné. La détraction interne analyse les mécanismes décrits par les neurosciences en critiquant tous les modèles d'interaction et d'émergence entre le corps et le cerveau. On associe :

– *Détraction externe et matérialisme éliminatif* : Richard Rorty, Paul Karl Feyerabend et Patricia Smith Churchland impliquent la fin de tout contact avec les sciences humaines, la naturalisation de tous les objets, l'élimination de concepts.
– *Détraction interdisciplinaire du connexionnisme et matérialisme phénoménologique* · Hubert Dreyfus, et Hilary Putnam critiquent la désincarnation du cerveau et la conception neurocomputationniste, en valorisant l'intelligence du corps humain.
– *Détraction interne et matérialisme physicaliste* : J. Kim critique l'émergentisme de la survenance au nom du risque de crypto-dualisme.

Selon le type de détraction des neurosciences, le matérialisme sera dit plus ou moins fort dans ses versions : l'éliminativisme fonde un matérialisme linguistique où la réduction des termes de la psychologie ordinaire à ceux des neurosciences est un moyen pour décrire les concepts philosophiques (conscience, volonté libre, soi et connaissance de soi, la représentation, l'apprentissage) dans le sens du cerveau [1].

LE CONTACT CÉRÉBRAL AVEC SOI-MÊME

La détraction externe utilise souvent une position idéologique non contenue dans les thèses étudiées afin de faire valoir leur inanité : l'invalidation des thèses s'effectue par l'éliminativisme en remplaçant le langage obsolète de la philosophie par le nouveau langage de la neurophilosophie ; la détraction externe ne fait pas la critique des contenus neuroscientifiques, elle les sélectionne en ne retenant que les travaux utiles à la naturalisation neuroscientifique des concepts de la philosophie et de la psychologie ordinaire.

Plutôt qu'une histoire exhaustive et objective des neurosciences, la détraction externe réécrit cette histoire en privilégiant des travaux orientés vers tel postulat neurophilosophique à démontrer :

> Dans l'idéal j'aurai souhaité commencer en présentant les neurosciences *pertinentes pour la théorie*. Pendant les premières étapes de la mise en place théorique les jugements portés sur ce qui est ou ce qui n'est pas pertinent sont nécessairement naïfs : c'est le problème dans la poursuite d'un tel idéal. En fait il faudrait

---

1. P. S. Churchland, *Brain-Wise. Studies in Neurophilosophy*, Cambridge (Mass.), The MIT Press, 2002.

disposer d'une théorie robuste, décisive et largement adoptée contre laquelle évaluer l'importance théorique des données mais aucune théorie très globale du fonctionnement cérébral n'a encore réussi à atteindre ce statut dans le domaine des neurosciences. Cela ne signifie pas de théorie mais seulement qu'il n'existe pas de Paradigme déterminant au sens kuhnien du terme[1].

La détraction externe s'inspire donc d'une théorie globale du fonctionnement cérébral pour sélectionner les travaux des neurosciences. Cette théorie est extérieure aux travaux neuroscientifiques dont l'insuffisance actuelle rend impossible leur unification dans une science de l'esprit-cerveau.

La détraction externe défend un matérialisme éliminatif plutôt qu'un matérialisme réductionniste, car elle ne peut accomplir une présentation exhaustive de l'identité esprit-cerveau par un mécanisme entier. L'exemple du renouvellement conceptuel, ici du concept de déterminisme, est un exemple typique de cette détraction externe. Afin de définir ces états neurobiologiques non-propositionnels, Patricia S. Churchland diminue la portée des arguments de ces adversaires des neurosciences[2]. Les défenseurs du dualisme sont plus particulièrement, depuis 1977, Karl. R. Popper et John. C. Eccles : leur principal argument est d'affirmer que l'homme a une volonté libre dont aucun déterminisme ne peut altérer l'intensité ou la nature. À leurs yeux « le déterminisme est incompatible avec la volonté libre, et comme le physicalisme implique

1. P. S. Churchland, *Neurophilosophie. L'esprit-cerveau*, trad. fr. M. Siksou, Paris, P.U.F., 1999, p. 8-9.

2. P. S. Churchland, *Touching a Nerve : Our Brains, Our Selves*, New York, W. W. Norton & Company, 2013.

le déterminisme, le physicalisme est faux »[1]. L'argument des dualistes reposerait sur une approche traditionnelle du déterminisme neuroscientifique : l'idée de réponse automatique réflexe s'oppose à celle de volonté libre[2] car l'agent est soumis au déroulement mécanique d'une causalité extérieure à lui. En se référant à la raison, instance du jugement libre de l'action, l'argumentation dualiste s'en tient à une conception très skinnérienne du comportement humain : selon Burrhus Frederic Skinner, une action conditionnée par un réseau de causes produit un comportement prévisible. Les dualistes ont recours à un argument vitaliste pour l'opposer au déterminisme behavioriste selon la lutte traditionnelle des deux thèses.

Churchland choisit au contraire, dans le combat déterminisme-indéterminisme, d'opter pour une définition renouvelée du déterminisme : plutôt que d'en rester au mécanisme, les neurosciences développeraient un physicalisme de la complexité selon lequel l'organisation de la matière posséderait différents niveaux de détermination. Ainsi :

> le comportement raisonné peut être expliqué par quelque chose d'autre que l'activité de la libre volonté, comme par exemple par quelque chose de physique, bien que l'explication puisse être plus compliquée et embrouillée que tout ce que nous pouvons envisager maintenant[3].

1. P. S. Churchland, « Is Determinism Self-refuting ? », *Mind*, vol. XC, 1981, p. 99.

2. P. S. Churchland, *Conscience : The Origins of Moral Intuition*, New York, Norton & Compagny, 2019.

3. P. S. Churchland, « Is Determinism Self-refuting ? », art. cit. p. 101.

Le déterminisme ne peut donc pas s'auto-réfuter, encore moins être réfuté, par une conception traditionnellement contraire. Churchland reconnaît que le déterminisme mécanique trouvait naturellement comme adversaire la libre volonté. Mais le déterminisme neuroscientifique, plus souple, pourrait accepter des descriptions plus moirées des comportements humains. Ce qui devrait aussi constituer le meilleur argument pour défendre ce déterminisme face aux attaques des dualistes comme John C. Eccles.

Dans l'ouvrage *Brain-Wise. Studies in neurophilo-sophy* (2002), Churchland poursuit la détraction externaliste en supprimant définitivement les frontières entre les disciplines académiques. Elle analyse, à propos de la conscience, les arguments des dualistes contre le progrès neuroscientifique : alors même que le dualisme est essentiellement moribond, nombre de philosophes et de scientifiques refusent de comprendre la conscience en termes de fonctions neurologiques au nom d'arguments comme :

– comment le cerveau pourrait-il produire la conscience ?
– je ne peux imaginer comment la science pourrait expliquer la conscience
– l'expérience de la conscience est-elle celle du zombie ?
– le problème est trop dur
– comment puis-je connaître ce dont je fais l'expérience ?

Ces arguments, souvent implicites, servent de postulats à des positions dualistes au nom du mystère de la conscience, de sa non-phénoménalité, de son immaté-rialité, de son inconcevabilité, de son idéalité, de sa non-physicalité et de sa complexité. Patricia S. Churchland, par sa détraction externaliste, veut prendre chaque argument

un à un pour rendre évidente la thèse neurophilosophique
face à l'inanité dualiste :

> Et à ce degré-là, nous pouvons comprendre pourquoi le
> matérialisme semble plus plausible que le dualisme. Par
> exemple, il devient maintenant plus difficile de concevoir
> l'expérience que le dualiste s'est fixée comme tâche à
> l'origine, c'est-à-dire inverser les *qualias* sans changer
> quoi que ce soit de physique ou de comportemental.
> Si l'inversion doit conserver la métrique des relations
> de similitude et de discrimination qui structurent
> nos *qualias* phénoménales, cela va nécessiter des
> changements complets dans les connexions synaptiques
> qui projettent vers les cellules résistant aux couleurs
> et/ou des changements importants dans les profils ou
> dans la localisation des profils des réponses normales
> de nos populations de cellules à trois cônes. Ce sont ces
> caractéristiques de notre système nerveux, qui comme
> nous l'avons vu, donnent naissance à cette métrique
> non uniforme au départ[1].

FORMALISER LE CONTACT

Dans un long article « Recent work on the relation
of mind and brain » (1989)[2], David Malet Armstrong
présente lui aussi un bilan de la décennie 1966-1976.
Celle-ci lui semble placée sous la triple référence du
réalisme scientifique tel qu'il a pu se développer dans
les œuvres de Ullin Thomas Place, Herbert Feigl, et John

---

1. P. S. Churchland, *Brain-Wise. op. cit.*, p. 189 ; trad. fr. B. Andrieu
et C. Lafon, non publiée.
2. D. M. Armstrong, « Recent work on the relation of mind and
brain », *Contemporary philosophy. A new survey*, The Hague-Boston-
London, Martinus Nijhoff Pub., 1989, vol. 4, p. 45-79.

Jamesion Carswell Smart[1]. Ces auteurs s'accordent sur le behaviorisme, doctrine sur la nature de l'esprit qui refuse l'innéité des processus mentaux et permet de renforcer la description physicaliste. Par souci de filiation, Armstrong affirme avoir inscrit son travail dans les pas de David Kellogg Lewis[2], reprenant la thèse que tous les états mentaux intérieurs devaient être identifiés à des états du cerveau. L'analyse causale, en favorisant l'identité entre les états physiques et les états mentaux, abandonne toute réalité aux qualités secondes et subjectives.

Armstrong place Feyerabend et Rorty[3] comme successeurs immédiats du physicalisme. Cette liaison entre le courant réductionniste et Feyerabend apparaît surprenante pour ceux qui ne retiendraient de l'œuvre du second que ses travaux sur l'épistémologie. Il nous semble qu'Armstrong ramène à lui Feyerabend, alors que ce dernier a, au moins par deux fois, clairement exprimé son refus du matérialisme réductionniste, ne voulant

1. U. T. Place, « Is Consciousness a Brain Process ? », *British Journal of Psychology* 47, 1957, p. 44-50 ; H. Feigl, « The "Mental" and the "Physical" », *Minnesota Studies in the Philosophy of Science* 2, 1958, p. 370-497, trad. fr. B. Andrieu, C. Lafon dans H. Feigl, *Le mental et le physique*, Paris, L'Harmattan, 2002 ; J. J. C. Smart, « Sensations and Brain Processes », *Philosophical Review* 58, 1959, p. 141-156.

2. D. K. Lewis, « An argument for the Identity Theory », *Journal of Philosophy* 43, 1966, p. 17-25. « Psychophysical and Theoretical Identifications », *Australian Journal of Philosophy* 50, 1972, p. 249-258.

3. P. K. Feyerabend, « Mental events and the Brain », *Journal of Philosophy* 60, 1963, p. 295-296 ; « Materialism and the Mind-Body Problem », *Review of metaphysics* 17, 1963, p. 49-66 ; R. Rorty, « Mind-Body Identity, Privacy, and Categories », *Review of Metaphysics* 19, 1965, p. 24-54. « Incorrigibility as the Mark of the Mental », *Journal of Philosophy* 67, 1970, p. 24-54 ; « In the defense of Eliminative Materialism », *Review of Metaphysics* 19, 1970, p. 24-54.

pas en rester à la théorie de la réduction telle qu'elle a été définie par Thomas Nagel. Celui-ci estimait en effet qu'une théorie scientifique pouvait subir une réduction scientifique. Or, pour Feyerabend, une telle réduction lui semble impossible, car il convient de respecter la formalisation des lois à l'intérieur du cadre initial de la théorie scientifique. Il ne faut pas confondre le projet d'unification ontologique des phénomènes avec le processus de réduction des théories.

Dans son article « Materialism and the Mind-Body problem », Feyerabend définit sa propre position au sein du matérialisme. Il distingue le matérialisme « éliminatif » du matérialisme réductionniste : contrairement à ce dernier, le matérialisme « éliminatif » ne porte pas sur les qualités réelles de la matière, mais examine l'usage des expressions et des théories. Ainsi son projet est moins constitutif que régulateur.

Examinant les attaques portées contre le matérialisme, Feyerabend n'adopte pas une position extrême, à l'instar d'Armstrong. Au contraire, il estime que la tâche de la philosophie est d'examiner la validité des énoncés matérialistes : ainsi, il met l'accent sur l'usage des mots, nous permettant d'exprimer des sensations comme la douleur. Pour Feyerabend, l'usage des mots nous fait croire que le mot « douleur » correspondrait à un état mental réel. Aussi faut-il distinguer les circonstances psychologiques qui sont à l'origine de la production de la phrase « je souffre » du sens physiologique de cet état ainsi exprimé. Feyerabend ne cherche donc pas à nier l'élaboration linguistique des états mentaux en les réduisant, comme Armstrong, aux seuls états neurobiologiques. Il se situe à un niveau épistémologique second par rapport à lui ; en d'autres termes, il réfléchit aux conditions de validité du matérialisme et s'inscrit par-là dans la voie tracée par Wittgenstein et Carnap.

Ce point est essentiel dans la mesure où tout le courant du matérialisme éliminatif des années 1980 (Patricia S. Churchland, Paul M. Churchland, Stephen Stich, entre autres) tend au contraire à séparer le matérialisme réductionniste du réalisme scientifique du courant de Feyerabend et Rorty. La thèse du nouvel éliminativisme est d'affirmer que ces deux auteurs ont seulement contribué à définir un matérialisme éliminatif par la réduction interthéorique ; celle-ci consiste à éliminer au nom de la vétusté expérimentale et du progrès technoscientifique les théories anciennes pour les remplacer par des théories plus efficaces.

Or, en les installant dans la filiation directe du matérialisme réductionniste le plus radical, comme la théorie de l'identité défendue par les physicalistes, Armstrong revendique pour lui-même la naissance du courant. Dans *Neurophilosophy*, ouvrage de 1986, Patricia S. Churchland insiste plutôt sur la critique des théories précédentes qui, selon Feyerabend et Rorty, font référence à des significations, à des mots et à des concepts qui n'ont plus de valeur dans l'actualité des travaux sur le cerveau :

> Feyerabend pensait que l'ensemble de la fabrique des concepts mentaux devait être systématiquement amélioré et révisé […] cela a permis aux philosophes de voir que les découvertes empiriques en psychologie, en neurosciences, en intelligence artificielle pouvaient

mouler et former et peut-être transmuer le langage du mental[1].

Une telle mise en perspective est-elle conforme à la réalité textuelle ?

Dans son article de 1963 « Mental Events and the Brain », Feyerabend utilise sa réflexion sur le langage pour distinguer l'approche physiologique de l'approche empiriste : l'observation doit permettre une redéfinition des processus mentaux en modifiant la terminologie ancienne. La défense du physicalisme moniste passe par une modification du vocabulaire. Dans l'article « Materialism and the Mind-Body Problem », le but clairement affiché est de défendre le matérialisme : le matérialisme se reconnaît lorsque « les entités existant seulement dans le monde sont des atomes, des agrégats d'atomes et que les seules propriétés et relations sont

---

1. P. S. Churchland, *Neurophilosophy*, *op. cit.*, p. 275. À la page 249 elle situe P. K. Feyerabend comme un révolutionnaire épistémologique. À la page 251, Feyerabend fait partie avec Quine, Kuhn, Hanson des philosophes de la science qui ont contribué aux développements de la nouvelle logique et des nouvelles théories de la signification. À la page 267, elle souligne comment son travail a contribué à lier les affirmations empiriques avec les affirmations théoriques. À la page 271, elle relie J. J. C. Smart et P. K. Feyerabend en indiquant combien ils renouvellent de la théorie de l'esprit ; mais les pages 272-275 ont pour but de souligner la méthode de Rorty et Feyerabend porte moins sur le contenu de la thèse physicaliste que sur sa légitimation par rapport à la tactique commune philosophique qui critique les hypothèses neurobiologiques. Le chapitre VII « Réduction et le problème esprit-corps » est consacré à la réduction interthéorique : elle définit la réduction à l'intérieur d'une théorie unifiée de l'esprit-cerveau dans laquelle les états et les processus psychologiques sont expliqués dans les termes des processus et des états neuronaux. Mais la « réduction est premièrement et principalement une relation entre théories », *ibid.*, p. 278.

les propriétés et les relations entre ces agrégats »[1]. Cette défense du matérialisme conduit Feyerabend à la conclusion suivante : il n'y a pas de raison que le point de vue physiologique doive être abandonné en vue d'un retour au vocabulaire spiritualiste de l'âme.

L'embarras de Patricia S. Churchland concernant les thèses de Feyerabend tient au caractère double de la méthode employée par la neurophilosophe. En effet, elle défend à la fois la thèse de la réduction interthéorique et l'élimination des états mentaux à partir de leur remplacement par les états neurobiologiques. Elle prétend être à la fois épistémologue et neurophilosophe, à la fois P. K. Feyerabend et D. M. Armstrong. Entreprise éminemment contradictoire, car le projet Feyerabend réside justement en l'adoption d'une position critique, lui permettant de défendre une théorie anarchiste de la connaissance.

Traduire le contact par l'identité

La position de Rorty concernant la théorie de l'identité est plus explicite que celle Feyerabend. Dans son article « Mind-Body Identity, Privacy, and Categories », Rorty rappelle que la théorie de l'identité affirme que « les sensations (et non les pensées) sont identiques avec certains processus cérébraux »[2]. L'objectif de Rorty est de situer les arguments de la théorie de l'identité à partir d'une réflexion sur les expressions linguistiques utilisées par elle. Pour lui, il convient de distinguer deux

1. P. K. Feyerabend ; « Materialism and the Mind-Body Problem », *Review of Metaphysics* 17, 1963, p. 49.
2. R. Rorty, « Mind-Body Identity, Privacy, and Categories », *Review of Metaphysics* 19, 1965, p. 24.

formes d'identité dans la théorie de l'identité et dans le physicalisme, car l'identité n'établit pas toujours une relation entre les éléments d'une expression linguistique. Ainsi, il y a une forme de traduction (*translation form*) et une forme de disparition (*disappereance form*). Selon Rorty, la forme de traduction de la théorie de l'identité a été parfaitement exprimée par John J. C. Smart dans son article « Sensations and Brain Processes » : il s'agit de traduire le vécu subjectif en un énoncé objectif, cela grâce à une suite de phrases appartenant à un langage topique neutre se rapportant aux processus cérébraux.

La question de la « disparition », devenue depuis « élimination » avec le matérialisme éliminativiste, est distincte de la théorie de l'identité telle qu'elle a été illustrée par Wilfried Sellars dans son article « The Identity Approach to the Mind-Body Problem » : il s'agit de faire disparaître ce qui n'est pas nécessaire dans la description pour le remplacer par un autre langage plus approprié. Ainsi X n'est rien, il est Y, c'est-à-dire que les attributs qui donnent une signification à X deviennent plus significatifs comme prédicats de Y. Dans cet article[1], Sellars examine la thèse de la théorie de l'identité selon laquelle les sensations sont identiques avec certains états du cerveau empirique. Le problème de cette affirmation est la réduction au cerveau empirique, par laquelle ces états existent comme une proposition universelle.

> Car l'affirmation est que les sensations (ou même les pensées) sont en ce sens identiques aux états du cerveau

---

1. W. Sellars, « The identity approach to the Mind-Body Problem », *The Review of Metaphysics* 18, 1964-1966, p. 430-451. Sur l'œuvre de W. Sellars, on lira avec intérêt l'article de J. F. Rosenberg, « Wilfried Sellars'philosophy of mind », *Contemporary philosophy. A new survey*, vol. 4, 1983, p. 417-439.

> simplement transférés aux épisodes et aux dispositions initialement attribuées aux personnes vers le système nerveux central, maintenant conçu comme un noyau de personne[1].

C'est au prix de ce transfert que la notion de personne est attribuée à des connexions cérébrales. Rorty choisit de défendre la seconde position qui lui paraît prendre en compte la première, dès lors devenue inutile. La seconde raison de ce choix tient à la difficulté de trouver une traduction adéquate et susceptible d'établir une exacte correspondance entre sensations et processus cérébraux.

On comprend mieux maintenant le souci, en 1983, rencontré par Armstrong, qui consiste à reconstruire une filiation en partant du premier sens de la théorie de l'identité, lui paraissant être le seul sens véritablement fondateur du matérialisme. Il existe donc bien une différence entre le matérialisme réductionniste et le matérialisme éliminativiste : alors que le premier veut traduire strictement tous les événements mentaux en faits neurophysiologiques, le second ne retient que la stratégie méthodologique d'éliminer les théories. Notre point de vue est le suivant : la neurophilosophie, si elle se sert de la méthode éliminativiste pour faire disparaître ce qui la dérange, est un retour au premier matérialisme des fondateurs, en réduisant les états mentaux à des états neurobiologiques. En effet, la confusion entre l'épistémologie et la neurophilosophie chez Patricia S. Churchland entretient l'illusion. Or elle est à la fois prise de parti et parti pris : elle pratique la réduction interthéorique en éliminant les théories anciennes tout en adhérant positivement aux neurosciences pour y affirmer

1. *Ibid.*, p. 442.

des descriptions physicalistes radicales. La synthèse produite par Patricia S. Churchland utilise les deux sortes de matérialisme, éliminativiste et réductionniste.

LES LIMITES D'UN CERVEAU DÉSINCARNÉ

La détraction interdisciplinaire maintient l'autre discipline, ici le connexionisme, hors de la position matérialiste défendue par Hubert Dreyfus ou Hilary Putnam.

L'intérêt pour le matérialisme des travaux d'Hubert Dreyfus [1] réside dans son refus de réduire l'esprit humain à la matière cérébrale. Il veut préciser les limites de la matérialisation de l'humain. Il partage avec John Searle le projet dualiste, mais trouve dans la phénoménologie les moyens de sa critique du réductionnisme. L'intelligence artificielle [2] constitue l'adversaire privilégié pour la défense du dualisme. En effet, l'intelligence artificielle a pour but de reproduire les capacités cognitives de l'esprit humain par un ordinateur. Cette imitation a pour finalité implicite, non pas de compléter l'esprit humain, mais de le remplacer [3].

---

1. B. Andrieu, articles « H. Dreyfus », « H. Feigl », « S. Stich », *Dictionnaire des philosophes*, Paris, P.U.F., 1993 ; articles « H. Feigl », « J. J. Smart », « Monisme », « Neurophilosophie », *Dictionnaire d'histoire et de philosophie des sciences*, Paris, P.U.F., 1999.

2. B. Andrieu, « Intelligence Artificielle : la tentation des sciences sociales. Des neurosciences sociales ? », *Technologie Idéologies Pratiques TIP*, « Sciences sociales et Intelligence artificielle », vol. 10, n°2-4, 1991, p. 223-237 ; « Vers l'homme artificiel. Chronologie commentée de l'intelligence artificielle », *La Pensée* 299, 1994, p. 103-118.

3. Entre 1957 et 1977, Dreyfus distingue quatre phases dans le développement de l'I.A : 1) 1957-1962, la simulation cognitive : L'espoir est de construire une machine universelle de traduction.

H. Dreyfus prend position contre ce qu'il nomme les quatre postulats de l'intelligence artificielle :

> le postulat biologique, reposant sur une hypothèse empirique dans laquelle le cerveau est « perçu comme un système de manipulation de symboles qui fonctionnerait à l'image d'un ordinateur »[1]. Or il y a une différence entre « l'organisation cérébrale, fortement interactive, et celle de la machine, à caractère non interactif». Par interactif, H. Dreyfus ne désigne pas seulement l'aptitude réceptrice des automatismes susceptibles de réagir à une impulsion sensible. L'interaction n'est pas un réflexe. Elle dépend d'une adaptation libre à la situation.

> le postulat psychologique, se fondant sur le traitement de l'information. Celui-ci permet de simuler les activités de l'esprit par un calcul numérique, même si Jerry Fodor espère aboutir à de véritables représentations

Mais l'obstacle de la langue naturelle, intranscriptible en structures syntaxiques fait échouer le projet. Newel et Simon inventent un programme susceptible de résoudre les problèmes (G.P.S), véritable ancêtre des systèmes experts actuels. La reconnaissance des formes (Selfridge et Neisser) pose le problème de la constitution d'un corps sensible automatique sans liberté de conscience (le robot). 2) 1962-1967, le traitement sémantique de l'information : Selon Minsky (Semantic Information processing, 1969) il s'agit de construire des machines intelligentes sans recourir à l'image d'un système biologique ou humanoïde. 3) 1967-1972, la manipulation des micromondes : les programmes s'orientent vers la compréhension du langage naturel, ainsi le programme SHRDLU de Winograd (1970) donne au bras du robot les moyens de déplacer un certain nombre de blocs de formes variées; 4) 1972-1977, la représentation des connaissances usuelles : À travers le développement des systèmes experts, des jeux d'échecs, l'intelligence humaine est reproduite en des systèmes formels.

1. H. L. Dreyfus, *What Computers Still Can't Do*, New York, The MIT Press, 1972.

sans corps : « les tenants du postulat psychologique (les chercheurs en simulation cognitive) posent par principe que les règles servant à exprimer formellement un comportement sont très précisément les mêmes règles qui produisent ce comportement »[1]. Le Platon du *Ménon* et J. Fodor appartiennent à la même école formaliste, celle d'une théorie rationnelle du comportement. Or « au niveau physique nous sommes confrontés à des combinaisons sans cesse fluctuantes d'énergie, et au niveau phénoménologique à des objets, qui se situent dans le champ déjà structuré de l'expérience »[2].

le postulat épistémologique : les chercheurs de l'I. A. l'utilisent en séparant le domaine cognitif de l'homme de celui de l'ordinateur, au nom d'une théorie de la compétence. Pourtant l'existence d'un niveau mental où s'opèrent des descriptions symboliques susceptibles d'une formalisation numérique leur sert de caution pour constituer des représentations du monde. Ils évitent évidemment la critique d'une réduction au niveau physique du comportement. Mais, comme le prouvent Noam Chomsky et l'école transformationnelle de linguistique, la réduction à des structures exclusivement formelles a développé une théorie de la syntaxe, une pragmatique extérieure aux discontinuités des locuteurs.

le postulat ontologique, considérant l'intelligence humaine, d'une part, selon un corps de données bien structurées, et d'autre part d'une façon désincarnée. Ce corps abstrait est plus réel que notre corps psycho-biologique au point de constituer, par la régularité, un être idéal, éternel et absolu.

1. H. L. Dreyfus, *What Computers Still Can't Do, op. cit.*, p. 237.
2. *Ibid.*, p. 234.

H. Dreyfus relève là une tendance interne à la pensée occidentale :

> Il faut que ce soit une « théorie de la pratique », qui envisage l'homme comme un système, comme un objet susceptible de réagir, sous l'influence d'autres objets, conformément à des lois ou des règles universelles[1].

Or une voie différente a été ouverte : cette voie privilégie les rôles du corps, de la situation, des intentions et des besoins humains. Nous examinons ici surtout les arguments du chapitre IX « Le rôle du corps dans l'exercice de l'intelligence humaine » : même si les notions de situation et de besoin y introduisent une lecture dynamique de la présence du sujet psychobiologique dans l'histoire, la supériorité de l'être humain sur l'ordinateur tient à l'absence de corps du second. Ce qui rend l'ordinateur inférieur à nous, c'est son intelligence logique et formelle, lui interdisant toute sensibilité. Faute d'un corps vivant, l'ordinateur ne nous semble pas susceptible de s'adapter aux informations non logiques. Cet argument est en faveur du corps vivant, puisqu'il écarte toute réduction formelle et toutes analyses logiques au nom de l'adaptabilité du corps à son milieu.

H. Dreyfus prend l'exemple de la reconnaissance des formes qui produit une attitude d'anticipation de notre corps. Du point de vue phénoménologique, le vécu du corps fournit un horizon extérieur et un horizon intérieur. L'ordinateur n'a pas d'horizon extérieur, puisque le programmateur se situe entre la machine et le monde. Quant à l'existence d'un horizon intérieur, elle nécessite une conscience de la situation qui, au-delà

---

1. *Ibid.*, p. 296.

des capteurs sensoriels de la machine, apporte au sujet une connaissance indirecte et permanente de qualités invisibles. Ainsi,

> le sentiment que nous avons de la situation d'ensemble – l'horizon extérieur – et notre expérience passée de la configuration ou de l'objet considéré – l'horizon intérieur – se combinent pour nous donner le sens du « tout » et nous guider dans la mise en place des détails[1].

Il y aurait, selon H. Dreyfus, un mode de connaissance corporelle, fondement de l'habitude, qui participerait de la sensation en y accolant une signification susceptible d'orienter la conscience de la situation. Là où l'ordinateur identifierait les objets au travers d'une décomposition formelle, le corps reconnaîtrait les objets grâce au vécu du sujet. Le corps possède aussi une capacité d'adaptation due à sa situation dans l'existence :

> Le corps peut constamment réviser ses attentes selon des critères plus souples : en tant qu'être incarné, nous n'avons pas à vérifier la présence de traits spécifiques ou d'une gamme spécifique de traits, mais simplement à nous assurer que nous parvenons, en nous fondant sur ce à quoi nous nous attendons, à nous « débrouiller » avec l'objet de notre perception[2].

Si bien que la question de l'I. A. se ramène à celle consistant à « savoir s'il peut exister un sujet artificiel incarné »[3] : à l'évidence non, en tant que l'artefact produirait la chair [*Leib*] sous les seules formes corporelles [*Körper*]. S'il est vrai que le « "traitement

---

1. H. L. Dreyfus, *What Computers Still Can't Do, op. cit.*, p. 309.
2. *Ibid.*, p. 320.
3. *Ibid.*, p. 321.

de l'information" passe par le corps entier » [1], alors un ordinateur dépourvu de corps ne peut reproduire cette intelligence acquise. L'intérêt de ces analyses pour notre travail est de parfaitement situer le critère du corps vivant. En effet, la situation du corps vivant lui fournit une intelligence immédiate qui ne relève pas de la logique. Le défaut de l'ordinateur est qu'il ne peut pas nous fournir une alternative à la neurophilosophie : les courants du connexionnisme n'accordent pas au corps humain une spécificité suffisante par rapport à la structure informatique.

Or, comme le précise H. Dreyfus :

> La compréhension et la connaissance humaine ne consistent pas en quelques données, règles et opérations ; et rien de ce en quoi consistent essentiellement ces choses ne copiera jamais la gamme se rapportant au comportement humain intelligent [2].

L'étude du langage naturel a pu donner l'illusion d'une possible imitation, voire production de significations à partir d'un programme d'ordinateur. Or la position dualiste qui oppose « la connaissance humaine » à « l'intelligence artificielle » se fonde sur l'impossible réduction des processus de signification. L'ensemble des signes n'équivaudra jamais à la signification humaine. La présence incarnée du locuteur, producteur de signification, est irremplaçable et inimitable. L'I. A. procède par décomposition des fonctions de l'esprit humain, au point qu'une fois recomposée par des moyens technologiques,

---

1. *Ibid.*, p. 327.
2. H. L. Dreyfus., « Misrepresenting Human Intelligence », *Artificial Intelligence : The Case Against*, éd. R. Born, London-Sydney, Croom Helm, 1987, p. 42.

elle prétend à l'équivalence sinon à la substitution. Il ne s'agit pas d'affirmer que les ordinateurs ne peuvent pas devenir intelligents, mais que le corps des robots[1] devra leur fournir les conditions de l'*affordance* avec le milieu pour favoriser leur écologie.

Les chercheurs ont abandonné l'idée de trouver une représentation symbolique semblable aux productions sémantiques de l'esprit humain. Il faut donc situer l'exacte place de l'I. A. par rapport à l'esprit humain : l'I. A. a une intelligence qui dépend d'un programme, et donc d'un programmeur. Bien sûr, les systèmes d'auto-programmation existent (comme les jeux d'échecs), mais ils sont toujours à l'intérieur d'un programme plus souple qui permet de s'adapter aux conditions présentes. Au contraire, l'esprit humain produit des significations avec une liberté infinie en comparaison des reproductions limitées de solution de problème par l'ordinateur.

Ainsi, H. Dreyfus adopte une position dualiste plus radicale que celle de Searle, accordant à l'esprit humain un contenu spécifique. H. Dreyfus fait de l'existence du corps un moyen de lier la vie à l'esprit dans une continuité cognitive qu'aucun ordinateur ne peut reproduire. Notre thèse du corps vivant y trouve un encouragement, mais nous ne saurions accorder à la vie de l'esprit une réalité si séparée. La continuité cognitive ne suffit pas à correspondre à la continuité matérielle que nous recherchons à l'intérieur même du corps humain.

Pour autant, le robot en première personne, et sa conception écologique, a pris en compte la critique d'Hubert Dreyfus. Le robot aidant en 3e personne, comme dans l'Assistance Robotisée, repose, lui, sur une

1. J. Becker, « Le corps humain et ses doubles », *Gradhiva* 15, 2012, p. 102-119.

hybridation corps-robot. Le robot a un corps qui rend service par ses organes artificiels. Le corps du robot est bien un concurrent du corps humain tant par sa spécialité technique, que par sa conscience de soi et aussi bien dans son traitement de l'information. Cela produit une hybridation des espaces et des fonctions corps-robot. Par exemple, *HAL* ou *Hybrid Assistive Limb* (en français : Membre d'assistance hybride) est un exosquelette motorisé développé par la société japonaise *Cyberdyne*, un *spin-off* de l'université de Tsukuba et destiné à aider les personnes ayant des difficultés à se mouvoir (personnes âgées ou handicapées moteurs).

L'aide par des assistances robotisées aux personnes âgées et en situation de handicap peut être compris comme un devenir hybride [1] de l'espèce humaine. Devenu un moi-cyborg [2], l'hybride forme un sentiment d'osmose avec le corps robotisé. L'incorporation est ainsi décrite par Donna J. Haraway dans son *Cyborg Manifesto*, rédigé en 1983, à partir de l'expérience du cyborg. Créature à la fois organique et machinale, le cyborg est « une créature du monde post-gender » [3] qui n'a pas de rapport avec l'unité plus harmonieuse revendiquée par la téléologie occidentale depuis Platon, Freud et Marx, envoyant aux mythes de la bisexualité, de la symbiose pré-œdipienne, du travail libéré.

1. B. Andrieu, *Devenir hybride*, Nancy, Presses Universitaires de Nancy, 2008.

2. F. Tordo, *Le moi-cyborg. Psychanalyse et neurosciences de l'homme connecté*, Paris, Dunod, 2019.

3. Notre traduction. D. J. Haraway, *Simians, Cyborgs and Women. The Reinvention of Nature*, London, Routledge, 1991, p. 150. *Cf.* D. J. Haraway, *Des singes, des cyborgs et des femmes. La réinvention de la nature*. trad. fr. O. Bonis, préf. M.-H. Bourcier, Paris, Jacqueline Chambon, 2009.

Car le cyborg dépasse la prothèse qui ne possédait qu'une dimension d'incorporation. Il faut réfléchir dans ce cadre spécifique au « corps dans la machine »[1], et non plus seulement à la machine dans le corps, selon la métaphore du mécanisme cartésien de l'homme-machine. Comme le réplicant de *Blade Runner*, « nous cherchons nous-mêmes à être cyborgs, hybrides, mosaïques, chimères ». Les dualismes soi / autres, esprit / corps, culture / nature, mâle / femelle, civilisé / primitif, réalité/ apparence, ensemble / partie, total / partiel, Dieu/homme sont détruits par l'hybridation, par la construction d'une identité mixte et imparfaite d'une chair métallisée et d'un corps au genre incertain. Le genre du corps cyborg ne peut être « une identité globale »[2] qui serait née dans un jardin paradisiaque ou dans l'espérance d'une rédemption technologique : « un corps cyborg n'est pas innocent ». Il assume son mélange, son impureté, qu'il revendique comme une identité prosthétique.

Comme construction contestée et hétérogène[3], le corps cyborg est dénaturalisé pour placer le sujet dans un « embodiement » inédit qui l'oblige à adopter une nouvelle configuration subjective dans son rapport à la technique. Le cyborg est une extension[4] incorporée du corps et non plus seulement une extension artificielle. Le posthumanisme ne suffit pas pour décrire la future bioculturalité[5] permise par l'incorporation des prothèses

1. D. J. Haraway, *Simians, Cyborgs and Women, op. cit.*, p. 177.

2. *Ibid.*, p. 180.

3. *Ibid.*, p. 212.

4. J. Zylinska, *The Cyborg Experiments : Extension of the Body in the Media Age*, New York, Continues, 2003.

5. M. Smith, J. Morra, *The Proesthetic Impulse : From a Posthuman Present to a Biocultural Future*, Cambridge (Mass.), The MIT Press, 2005.

et cyborgs dans la chair : car le refus de tout processus biologique repose sur une tentative de dire adieu au corps organique. Le cyborg viendrait incarner une nouvelle possibilité d'être.

Le robot peut être vécu comme une première personne, à la manière du robot Gemenoid, crée par Hiroshi Ishiguro, Professeur à l'université d'Osaka et chercheur au laboratoire de robotique de ATR (Advanced Telecommunications Research Institute international), qui est la doublure de son créateur, ce qui implique une interaction robot-corps[1]. Le robot est comme première personne humaine[2], il possède une empathie inconsciente[3] et sympathie sociale[4], un habitus et des techniques du corps, et même une projection mimétique. Kate Darling estime même qu'il sera indispensable un jour d'accorder des droits sociaux aux robots[5]. Le robot en première personne (comme Nao ou Icub[6]) repose sur une immersion écologique. L'intelligence collective est

---

1. Z. Paré, *L'Âge d'or de la robotique japonaise*, Paris, Les Belles Lettres, 2016.

2. C. Breazeal, *Designing Sociable Robots*. Cambridge (Mass.), The MIT Press, 2002.

3. W. D. Stiehl, *Sensitive Skins and Somatic Processing for Affective and Sociable Robots Based upon a Somatic Alphabet Approach*, Cambridge (Mass.), The MIT Press, 2005.

4. S. Turkle, « Relational Artifacts / Children / Elders : The Complexities of CyberCompanions », *Proceedings of the CogSci Workshop on Android Science*, Stresa, 2005, p. 62-73.

5. K. Darling, « Extending Legal Protection to Social Robots : The Effects of Anthropomorphism, Empathy, and Violent Behavior Towards Robotic Objects », *We Robot Conference 2012*, University of Miami, 2012, rééd. *in* R. Calo, A. M. Froomkin, I. Kerr (eds.), *Robot Law, 2016*; Cheltenham, Edward Elgar, 2016.

6. P. F. Dominey, « Conceptual Grounding in Simulation Studies of Language Acquisition », *Evolution of Communication* 4(1), 2002, p. 57-85.

produite par une mise en réseau. Le robot devient un agent de sa perception et non plus patient de la programmation. Il peut anticiper des décisions non prévisibles par l'être humain et se caractérise par une expression personnelle.

LES LIMITES DU CONTACT ANALOGIQUE

Hilary Putnam prolonge la pensée de Hubert Dreyfus sur l'I. A. en allant plus loin dans la critique. Il souligne, comme lui, l'analogie entre l'ordinateur et l'esprit. Mais l'originalité de sa position réside dans sa critique du caractère formel de l'ordinateur. Il défend une thèse analogue à la nôtre : celle du caractère irréductible du corps humain. Par sa sensibilité, le corps est supérieur à toute imitation et reproduction formelle.

Par un certain nombre de configurations internes, la machine est capable de symboliser un certain nombre d'états. La machine possède un mécanisme d'écriture susceptible de convertir un état A en un symbole B, opérant ainsi un déplacement :

> Cependant c'est extrêmement commode de donner à une machine électronique « des organes sensibles » qui lui permettent de voir elle-même et de détecter les dysfonctionnements [...]. Une machine qui est capable de détecter au moins quelques-uns de ses propres états structuraux est dans une position très analogue à celle d'un être humain qui peut détecter non seulement quelques mais tous les dysfonctionnements de son propre corps, et en variant les degrés de fiabilité [1].

L'ordinateur peut détecter les dysfonctionnements de son programme, mais il ne peut le suppléer si le programme

---

1. H. Putnam, « Minds and machines », *Dimensions of Mind*, New York University Press, 1960, p. 159-160.

n'a pas prévu cette complémentarité fonctionnelle. La machine est analogue à l'être humain si l'on conçoit ce dernier sans corps. L'avantage de l'ordinateur est de ne subir aucune contingence matérielle du corps.

Mais Putnam reprend l'argument de la suppléance organique (exposé par Diderot dans sa *Lettre sur les aveugles à l'usage de ceux qui voient*) pour affirmer sa thèse : l'ordinateur est un esprit sans corps, or l'être humain est un corps avec un esprit. Mais, à la différence de notre thèse du corps vivant, pour Putnam, l'esprit est maintenu séparé du corps. Ainsi,

> l'organisation fonctionnelle (la pensée des solutions du problème) de l'être humain ou de la machine peut être décrite en termes de séquences d'états logiques ou mentaux respectivement (et les verbalisations accompagnantes), sans la référence à la nature de la « réalisation physique » de ces états[1].

L'ordinateur découperait les états mentaux en des séquences logiques qui ne tiennent pas compte, dans leur formation, des circonstances historiques de l'énonciation. Sans leurs conditions de réalisation physique, ces états mentaux fonctionnent comme des opérations logiques pures et abstraites. En réalité ils sont désincarnés, même s'ils ont un sens logique parfait. Mais l'être humain est-il semblable à ces machines sans corps susceptibles de modifier leurs « esprits » ?

Partant de l'idée que « ces robots ne "connaissent" rien concernant leur propre fabrication physique ou comment ils sont arrivés dans l'existence »[2], il indique

---

1. *Ibid.*, p. 161.
2. H. Putnam, « Robots : machines or Artificially Created Life ? », in *Philosophy of the Mind*, New York, Harper and Row, 1966, p. 91.

par-là l'impossible conscience historique des robots. L'absence d'histoire trouve sa cause dans l'absence de naissance corporelle. Les robots existent, mais ne le savent pas. Pour prendre une décision, l'ordinateur est capable de nous proposer toutes les possibilités logiques indépendamment des conséquences historiques, morales ou corporelles que de telles décisions impliqueraient dans leurs applications.

> Si nous prenons une décision, il paraît préférable pour moi d'étendre notre conception que les robots sont conscients, par la « discrimination » basée sur les parties souples ou dures du corps d'un « organisme » synthétique à l'image du traitement discriminatoire des humains sur la base de la couleur de leur peau [1].

L'organisme synthétique de l'ordinateur reproduit les processus de décision sans un engagement corporel, s'il est vrai que les machines n'ont pas de corps.

Mais les machines pensantes ont-elles une vie mentale [2] ? L'organisation fonctionnelle de la machine est donnée par son programme. La description de l'organisation fonctionnelle d'un être humain peut être assez différente, voire plus compliquée que celle de la machine ; l'espoir des informaticiens est cependant de reproduire la même organisation fonctionnelle, en présupposant une simple différence de degré entre la machine et l'être humain.

> Mais la chose importante est que les descriptions de l'organisation fonctionnelle d'un système sont

---

1. H. Putnam, *Philosophy of the Mind, op. cit.*, p. 91.
2. H. Putnam, « The Mental Life of Some Machines », *Intentionality Minds and Perception*, Detroit, Wayne State University Press., 1967, p. 177-200.

logiquement différentes si on les effectue soit à partir des descriptions physico-chimiques, ou à partir des descriptions de ses comportements actuels ou potentiels[1].

La vie mentale des machines pensantes ne découle pas d'un organisme. La différence entre un système informatique et un organisme vivant se trouve dans la structure logique : l'ordinateur procède par suites logiques abstraites ; l'organisme doit tenir compte du milieu pour nourrir son raisonnement : la vie concrète vient qualifier la logique de l'organisme. La machine n'a pas de comportement, elle n'a que des effets mécaniques. Là aussi H. Putnam nuance, écartant toute assimilation hâtive du matérialisme au réductionnisme :

> Le matérialisme est juste, et il est vrai que c'est la seule méthode pour obtenir la connaissance de quelque chose en testant les idées dans la pratique [...] le sens de cette doctrine ne conduit pas au réductionnisme »[2].

Hilary Putnam pose la question de l'identité entre la douleur et un état cérébral[3]. Pour lui, elle peut être résolue, sauf lorsqu'elle est réductionniste, ce qui nécessite de partir d'une définition philosophique claire du sens des mots. H. Putnam propose de démontrer que « la douleur n'est pas un état cérébral au sens physico-chimique du cerveau (ou même de l'ensemble du système nerveux) mais [...] est un état fonctionnel d'un organisme tout entier ». S'appuyant sur une utilisation comme modèle

1. *Ibid.*, p. 200.
2. H. Putnam, « Reductionism and the Nature of Psychology », *Cognition* 2, 1973, p. 131-146.
3. H. Putnam, « La nature des états mentaux » [1967], trad. fr. J.-M. Roy, *Les Études philosophiques* 3, 1992, p. 323-335.

de l'organisme de la machine de Turing, Putnam décrit
quatre principes de ce système :

> un principe probabiliste qui définit l'organisme comme
> un système ;
> un principe de description de ses fonctions par le
> système ;
> un principe de non-décomposition analytique de
> l'organisme ;
> un principe de désignation des entrées sensorielles
> comme description.

L'hypothèse de l'état fonctionnel ne lui paraît pas
incompatible avec le dualisme, si bien que l'on pourrait
définir la position de Putnam comme celle d'un dualisme
fonctionnaliste. Il faut reconnaître que l'état fonctionnel
appartient à un comportement particulier de cet organisme
au lieu d'expliquer tous les états psychologiques par des
lois neurophysiologiques universelles. La description
de la douleur est celle d'un état fonctionnel de cet
organisme et non de son cerveau en particulier. Le
dualisme fonctionnaliste ne se confond pourtant pas
avec le behaviorisme : comme c'est l'ensemble du
système de l'organisme qui définit la douleur, on ne
peut l'assigner, et plus encore, le prévoir dans un énoncé
général selon lequel un organisme doit dans une telle
condition se comporter. H. Putnam réfute aussi la thèse
de la corrélation, car l'organisation fonctionnelle de
l'organisme explique la douleur.

Putnam, comme Dreyfus et Searle, tout en situant
exactement la place du matérialisme fonctionnaliste,
maintient une position dualiste en refusant à la machine
pensante un corps susceptible d'interagir avec les contenus
sémantiques. Le langage formel des computations est
incapable de rendre compte de la vie du corps : celle-ci,

pour Putnam, suppose une relation active entre le corps et l'esprit humain.

Dans son livre *Reason, Truth and History*[1], Hilary Putnam se livre à une critique précise de la notion de référence. Car celle-ci alimente la croyance en des représentations mentales, dans des rapports nécessaires avec ce qu'elles représentent, à l'instar des représentations physiques. Bien que les représentations mentales soient essentiellement différentes de la nature des objets physiques à la manière de l'intentionnalité, la conservation de la notion de référence, dans son rapport à un objet précis, viendrait remplir le contenu intentionnel d'une représentation mentale de cet objet. Pour illustrer le problème, Putnam prend un exemple qui n'est pas sans anticiper les travaux actuels sur la réalité virtuelle : le cerveau d'une personne a été séparé de son corps et placé dans une cuve qui assure sa conservation. Les terminaisons nerveuses ont été reliées à un super-ordinateur scientifique qui procure à la personne-cerveau des illusions qu'elle prend pour des contenus produits par ses propres représentations. Il y a donc perte de la référence réelle, même si le sujet éprouve l'illusion de celle-ci. Poussant l'argument sceptique jusqu'au bout, on peut supposer que l'univers entier n'est qu'une machine automatique occupée par une cuve remplie de cerveaux et de systèmes nerveux.

Putnam pose alors la question suivante : « Pourrions-nous, si nous étions des cerveaux dans une cuve, *dire* ou *penser* que nous sommes des cerveaux dans une cuve ? Je vais tenter de montrer que la réponse est "non, nous

1. H. Putnam, *Raison, Vérité, et Histoire* [1981], trad. fr. A. Gerschenfeld, Paris, Minuit, 1984. Nous étudierons plus particulièrement les chapitres I « Des cerveaux dans la cuve » et IV « Le physique et le mental ».

ne le pourrions pas" ». En fait, Putnam va essayer de montrer que l'hypothèse que nous sommes réellement des cerveaux dans une cuve, bien qu'elle ne viole aucune loi physique, et bien qu'elle soit parfaitement cohérente avec toute notre expérience, ne peut en aucun cas être vraie, car elle est « auto-réfutante »[1]. L'argument repose sur la perte de référence des cerveaux dans la cuve, qui ne peuvent plus eux-mêmes se référer à ce dont nous pouvons nous-mêmes faire référence. Ainsi ils ne peuvent se référer à des objets extérieurs, en les opposant aux objets dans l'image que produit l'ordinateur. Non seulement ils ne savent pas que leurs terminaisons nerveuses sont le résultat d'un programme et non d'une expérience corporelle du monde, mais ils peuvent uniquement considérer les images comme des objets réels.

Cette perte de référence fournit l'occasion à Putnam de développer la réflexion sur le langage :

> Car il n'y a aucun lien entre le mot « arbre » tel que l'utilisent ces cerveaux, et les arbres réels. Ils utiliseraient le mot « arbre » de la même manière, ils penseraient de la même manière, ils auraient les mêmes images, même si les arbres n'existaient pas[2].

La référence du signe n'est plus l'objet réel, mais est seulement constituée par le signe lui-même. Cette indépendance du signe confirme la critique du connexionnisme : la reproduction de la pensée à partir de l'isolement du cerveau à l'intérieur d'une programmation ou d'une modélisation conduit à une perte de référence de la relation entre le physique et le mental. La pensée posséderait cette supériorité cognitive par rapport au cerveau, cette capacité de se penser à l'intérieur de la

---

1. H. Putnam, *Raison, Vérité, et Histoire, op. cit.*, p. 17.
2. *Ibid.*, p. 23.

cuve. En d'autres termes, elle pourrait disjoindre ce que le cerveau, par ses nerfs, produit en elle, d'une réflexion sur le contenu de cette représentation. Les états mentaux constitueraient le moyen de différencier la conscience de soi et la conscience du monde des déterminations strictement neurophysiologiques.

C'est au chapitre IV, « Le physique et le mental » de son livre que Putnam précise sa position. Il s'en tient à une description naturaliste du rapport entre le physique et le mental. Selon le fonctionnalisme, la théorie « moniste » la plus plausible du XXe siècle, les symboles mentaux, les images, les sensations etc. sont effectivement des occurrences physiques fonctionnellement caractérisées.

> La plupart des gens adopteront un de ces deux points de vue : le point de vue selon lequel les états de sensation sont corrélés à des états du cerveau ou le point de vue selon lequel les états de sensation sont identiques à des états de cerveaux [1].

On reconnaît là respectivement une position dualiste et une position matérialiste. Le problème qui se pose à Putnam ne provient pas de l'adoption ou non du matérialisme, mais concerne davantage le caractère problématique de la thèse de la corrélation car on ne peut connaître sa nature.

Mais à l'inverse, les théories de l'identité sont, selon Putnam, observationnellement indiscernables :

> Si le théoricien de l'identité a raison, il semble qu'il n'y ait aucun moyen de savoir en quel sens il a raison, à quel état précis du cerveau est identique (ou corrélé) un état donné de sensation [2].

---

1. *Ibid.*, p. 95.
2. *Ibid.*, p. 106.

En effet, en adoptant cette théorie, on ne parviendrait plus à différencier l'état mental de l'état neurobiologique.

Pour autant, la position d'Hilary Putnam ne peut être assimilée à une forme de behaviorisme. Dire que les états mentaux ne sont pas des entités bien définies ne revient pas à réfuter leur existence, ni à les réduire à un comportement, ou à n'importe quoi d'autre[1]. Son projet est de montrer, en sceptique, comment les notions de ressemblance et de différence sont à l'origine de l'opposition entre les matérialistes et les réalistes métaphysiques comme Jerry Fodor.

Comme monde humain, la connaissance que nous avons de nos états mentaux dépend de nos jugements humains et non d'une description véritable d'une réalité inatteignable. Exprimer l'existence d'états mentaux ne doit donc pas conduire obligatoirement à les définir comme la référence absolue ; de même, comme l'expérience des cerveaux dans la cuve l'a prouvé, l'affirmation de l'identité des états mentaux et des états neurobiologiques matérialiserait la référence à une unité esprit-cerveau.

LA DÉTRACTION INTERNE

La détraction interne est mise en œuvre par Jaegwon Kim à propos de la théorie de l'identité développée par le matérialisme mécanique de J. J. C Smart et le matérialisme neurophysiologique d'H. Feigl. J. Kim se situe à l'intérieur des trois thèses actuelles de la survenance (D. Davidson), du réalisationnisme physique (H. Punam, N. Block) et de l'émergence (Varela). La détraction interne ne cherche pas à quitter le physicalisme pour défendre une position dualiste ou idéaliste. Elle

---

1. H. Putnam, *Raison, Vérité et Histoire, op. cit.*, p. 115.

examine avec précision les arguments de chacun afin de la dépasser de manière interne en soulevant les limites.

J. Kim utilise la détraction interne pour dénoncer les faux physicalismes qui se réfugient dans des options dualistes (comme le fonctionnalisme et l'émergentisme), ou qui en reste à des théories de l'interprétation et non de l'explication du problème corps-esprit comme la survenance davidsonienne. Trois thèses semblent s'opposer : le mental est émergent du physique (l'émergentisme) ; le mental est réalisé par le physique (Le fonctionnalisme de H. Putnam) ; le mental survient sur le physique (Davidson).

Émergentisme	Énaction	Crypto-Dualisme
Fonctionnalisme	Réalisation	Physicalisme moniste
Monisme amonal	Survenance	(Pas une théorie corps-esprit))

Principe Détraction

Ces trois théories admettent le principe de survenance, soit comme postulat ineffable pour l'émergentisme, soit comme conséquence directe pour le fonctionnalisme, soit comme principe palliatif à l'anomalité du mental pour le monisme anomal. L'anomalité du mental est une thèse négative qui avait besoin de la survenance pour prétendre expliquer la relation du physique et du mental : « Elle nous dit de quelle manière le mental n'est *pas* en relation avec le physique mais elle ne dit rien sur comment les deux *sont* en relation »[1].

1. J. Kim, *Mind in a Physical World. An Essay on the Mind-Body Problem and Mental Causation*, Cambridge (Mass.), The MIT Press, 1998, p. 4, trad. fr. non parue B. Andrieu et C. Lafon.

La survenance est un système d'interprétation plutôt que d'explication, elle « laisse de côté la question de ce qui la fonde et l'explique »[1]. Ce qui n'est pas expliquer, ce que devrait précisément faire un matérialisme ou un physicalisme c'est le passage du physique au mental, ce que Davidson ne peut admettre en posant l'anomalité du mental : c'est une sorte « de métaphysique physicaliste prometteuse dans la survenance corps esprit »[2] mais qui ne suffit pas pour expliquer.

Le matérialisme, dans ses versions survenantes du physicalisme, est resté jusque là une théorie d'interprétation des rapports corps- esprit sans jamais entrer dans un principe d'explication. La détraction interne mise en œuvre par Kim dénonce l'imposture du physicalisme de la survenance qui maintient un crypto-dualisme faute d'avoir renoncer, dans sa critique de la théorie de l'identité d'H. Feigl et W. Sellars.

Pour autant il faut se demander si cet abandon d'un matérialisme réductionniste et d'une théorie forte de l'identité n'a pas séparé définitivement les neuroscientifiques des philosophes de l'esprit : le matérialisme est davantage utilisé par les neuroscientifiques tandis que le physicalisme s'est de plus en plus spiritualisé faute de parvenir à une description réelle des processus physiques.

L'émersiologie évite t-elle cette critique de Kim sur un physicalisme spiritualisé ? En admettant être au contact du vivant, l'émersion est une émergence involontaire perçue par la conscience. Les différents niveaux d'organisation

---

1. J. Kim, *Mind in a Physical World, op. cit.*, p. 13.
2. *Ibid.*, p. 7.

de la matière depuis le vivant jusqu'au vécu est une différence de degré et non de nature.

CONCLUSION POUR L'ÉMERSIOLOGIE

Face à ces trois types de détraction, l'émersiologie est au contact de la matière cérébrale pour laisser le vivant advenir à la conscience. Admettre cette invitation du vivant correspond à ce que le philosophe Andreas Weber développe à propos de la vitalité involontaire du vivant. Ce que nous appelons une vivacité, dans sa dialectique être à vif /être vif[1], dépasse le dualisme sans pour autant réduire à un seul élément la production des formes.

Pour Andréas Weber la vie est un « processus permanent de création des corps »[2], si bien que penser la vie exige de dépasser (*enlivenment*) le dualisme corps-esprit, nature-culture, homme-animal pour s'inscrire dans une relation sauvage avec le cosmos. L'intercorporéité entre les vivants n'isole jamais le soi dans un strict soi-même. Nous sommes toujours « des communs de transformation créative »[3]. Ce que partagent en commun tous les vivants c'est la « vitalité »[4] ce que nous avons décrit comme « être vif ».

Reprenant l'idée de Varela, Maturana et Uribe[5] d'autopoïèse et d'autoorganisation de la nature sauvage,

---

1. B. Andrieu, *Être vif, être à vif. Le corps face à la dismose*, Montréal, Liber, 2022.
2. A. Weber, *Invitation au vivant*, trad. fr. C. Le Roy, Paris, Seuil, 2021, p. 8.
3. *Ibid.*, p. 9.
4. *Ibid.*, p. 10.
5. F. G. Varela, F. H. Maturana, et F. Uribe, « Autopoiesis : The organization of living systems, its characterization and a model », *BioSystems* 5, 1974, p. 187-196.

Andréas Weber estime que la perte de contrôle du vivant est une condition de son émersion dans de nouvelles formes. L'anthropocène fait croire que l'activité humaine aurait pris le contrôle de la nature par le capitalisme industriel, en la transformant en environnement. La « reliance » assure le maillage des vivants en délivrant des réalisations mutuelles.

Ainsi la vitalité est « l'élément de la connexion »[1] mais aussi de la reconnexion en nous de notre vécu accumulé par l'activation du vivant. Cette part d'involontaire émersif évite la détraction, car depuis le vivant de notre corps cette vitalité est « autonome et irréductible »[2]. C'est le lien entre le niveau ontologique de l'émersiologie et le niveau cosmologique de l'écologie corporelle.

1. A. Weber., *Invitation au vivant*, *op. cit.*, p. 13.
2. *Ibid.*, p. 15.

TROISIÈME PARTIE

L'EXPÉRIENCE DU VIVANT

Dans cette troisième partie qui prolonge, par l'émersiologie, nos travaux sur l'écologie et l'énaction, nous interrogeons les modalités de l'activation du vivant dans notre corps, dont la connaissance ne nous est pas immédiatement accessible. Car le contact avec le vivant est d'abord intime, il passe de vivant à vivant par une sorte d'empathie. Cette intelligence émotionnelle est émersive et produit des résonances sensibles, y compris dans des pratiques « extrêmes », comme nous l'analysons ici.

Au contact de leur vivant, Artaud et Nietzsche illustrent de façon exemplaire la difficulté à contenir cette vivacité, qui peut se révéler pathologique, tant à l'égard de leur esprit que de leur santé. Ébranlés par la maladie humaine, les deux créateurs explorent le pathos et l'inhumain au cœur de la cruauté du vivant, qui n'est plus seulement une métaphore mais une expérience traversée tout au long de leur engagement dans l'existence. Chez Nietzsche, comme chez Rimbaud, Van Gogh et Maupassant, la syphilis altère le corps vivant en affectant les capacités du malade-artiste à pouvoir travailler, mais aussi en influençant les thèmes de la création.

Le contact avec le vivant, pour invasif qu'il soit dans le corps individuel, révèle aussi à la philosophie la dimension écologique de toute émersiologie. Si le vivant émerse dans le corps, ce dernier s'écologise sans cesse pour s'adapter et développer de nouvelles capacités. L'écologie superficielle, qui maintient l'activité humaine propre à l'Anthropocène comme moyen pour dominer la nature, et l'écologie profonde analysée par Arne Naess, reposent notamment sur les principes de diversité et de symbiose.

À quel rythme pouvons-nous vivre cette écologie corporelle ? Faut-il rechercher une sobriété ascétique pour respecter le vivant, au motif que cette expérience de pauvreté nous ferait redécouvrir la satisfaction des besoins essentiels ? La santé durable des vivants implique une relation plus lente et compréhensive : l'extension et la possession des vivants nous privent de l'expérience qualitative de l'adaptation des plantes [1], de la communication entre les arbres [2], du rayonnement des minéraux [3] et des liens de coopération des animaux [4]. Le vivant développe une écologisation avec son milieu que notre conscience ne pourra apercevoir qu'après son émersion. L'émersion est la condition de cette écologie corporelle qui active dans le vivant de nouvelles capacités inédites.

Encore faut-il prendre le temps de vivre plus lentement le contact avec le monde ! L'accélération nuit à l'attention accordée à ce qui se passe en nous et autour de nous. La présence au monde exige de prêter attention à cette émersion qui vient. Ralentir sa conscience ne suffit certes pas à ralentir son cerveau, qui lui continue à activer ses réseaux. C'est seulement en privant la pensée de sa reprise représentationnelle, que la conscience peut

1. *Cf.* M. Marber, *La plante du philosophe. Un herbier intellectuel*, Paris, Mimesis. 2020. et Q. Hiernaux (dir.), *Textes clés de philosophie du végétal. Botanique, Epistémologie, Ontologie*, Paris, Vrin, 2021.
2. P. Wohllehen, *La Vie secrète des arbres*, Paris, Les Arènes, 2017.
3. J.-P. Poirier, *Le Minéral et le Vivant*, Paris, Fayard, 1995.
4. F. De Whall, *Primate et philosophes*, Paris, Le Pommier, 2020.

s'arrêter de penser en contemplant ce qui émerse depuis sa sensibilité nerveuse : s'abandonner à vivre[1] ce qui vient est une ataraxie qui consiste à accueillir la présence du monde dans son corps même.

---

1. S. Tesson, *S'abandonner à vivre*, Paris, Gallimard, 2017.

CHAPITRE VII

NIETZSCHE-ARTAUD : AU CONTACT
DE LA MALADIE

Artaud et Nietzsche sont exemplaires par leur difficulté commune à contenir une certaine vivacité, qui se révèle être le signe d'une pathologie de l'esprit portant atteinte à leur santé. Les deux créateurs placent le pathos et l'inhumain au cœur de la cruauté, afin « de maintenir à la cruauté sa force d'excès »[1]. Le contact avec la maladie physique et psychique est ici chronique tout au long de l'élaboration de l'œuvre. L'évolution de la maladie scande les écritures du corps en vivifiant le style, les métaphores et les concepts. La fonction cathartique, restreinte ou totale[2] de l'œuvre suffit-elle à contenir dans l'écriture la puissance du vivant ? Si l'excès de Dionysos peut s'incorporer à l'œuvre[3], rien ne garantit que le créateur ait pu suffisamment distinguer son contact avec la maladie des forces même du devenir du vivant dans son corps. Les formes tragiques de l'œuvre expriment cette tension entre maladie et devenir.

1. C. Dumoulié, *Nietzsche et Artaud. Une éthique de la cruauté*, Paris, P.U.F., 1982, p. 27.
2. *Ibid.*, p. 60.
3. B. Stiegler, *Nietzsche et la critique de la chair. Dionysos, Ariane, le Christ*, Paris, P.U.F., 2005, p. 175.

L'OSMOSE ENTRE LA PAROLE
ET LE SQUELETTE MÊME

Sur cette relation entre le corps vivant et l'œuvre, Michel Foucault analyse ce que pourrait être la folie d'Artaud, dans un inédit sans doute écrit entre 1955 et 1962 et publié dans *Critique* en 2016 sous le titre « La littérature et la folie »[1]. À propos du *Théâtre et son double*, Foucault observe la façon dont Artaud ne cherche pas à « conjurer sa folie », « mais à se maintenir en elle et à la maintenir comme à bout de bras »[2]. Il refuse les illusions du langage afin de favoriser, dans ce théâtre de la cruauté, « la restitution de la parole à la voix, de la voix au corps, du corps aux gestes, ou aux muscles, au squelette même »[3].

Ainsi le langage de l'œuvre n'est plus extérieur au corps, le corps devient la langue, s'ouvrant aux métaphores qui rythment le texte. Le sens de la chair doit être dit « avant tout *appréhension*, poil hérissé, chair à nu avec tout l'approfondissement intellectuel de ce spectacle de la chair pure »[4]. La chair est cette appropriation « intime, secrète, profonde, absolue de ma douleur à moi-même »[5]. Confronté au chaos illogique,

---

1. Fonds Foucault BnF, boite 57 dossier 7 et 1.
2. M. Foucault, « La littérature et la folie », *Une conférence inédite de Michel Foucault*, parue dans *Critique* 835, 2016, § 25 p. 975 ; texte aussi repris dans M. Foucault, *Folie, langage, littérature*, Paris, Vrin, 2019, p. 104.
3. *Ibid.*, § 19, p. 974 ; *Folie, langage, littérature*, p. 101.
4. A. Artaud, « Position de la chair », *La nouvelle revue française*, 1 avril 1925, rééd. *Œuvres complètes*, Paris, Gallimard, t. 1, 1976, p. 50.
5. *Ibid.*, p. 51.

la « déraison lucide »[1] d'Artaud cherche à se maintenir dans une langue qui soit claire malgré tout.

On retrouve l'influence d'Artaud dans le théâtre de Jerzy Grotowski qui repose sur le principe que « le théâtre est un acte accompli ici et maintenant dans les organismes des acteurs »[2]. L'apparence du masque ne suffit pas à donner l'impression du rôle car il propose « à l'acteur de se transformer lui-même devant les yeux du spectateur en utilisant seulement ses impulsions intérieures, son corps »[3]. L'action doit prévenir du vivant lui-même, l'acteur doit activer son vivant pour lui faire produire du sens :

> Nulle pensée ne peut guider l'organisme entier d'un acteur de manière vivante. Elle doit le stimuler, et c'est tout ce qu'elle peut réellement faire. Entre une réaction totale et une réaction guidée par une pensée ; il y a la même différence qu'entre un arbre et une plante[4].

Selon les *Carnets d'Ivry*, le journal de la dernière année de sa vie, dont Gallimard a publié l'intégralité en deux tomes en 2011, Artaud réside à Ivry de février 1947 au 4 mars 1948, après avoir traversé des périodes de maladie et d'enfermement. Il y développe « quelque chose d'anormal dans ma façon de me sentir moi et être, de me percevoir organiquement et sensuellement »[5]. La difficulté que pose la lecture de ce journal réside dans

1. A. Artaud, « Manifeste en langage clair », *La nouvelle revue française*, 1 décembre 1925, 680*7. 35

2. J. Grotowski, « Il n'était pas entièrement lui-même », *Vers le théâtre du pauvre*, trad. fr. Cl. B. Levenson, Lausanne, La Cité-L'Âge d'homme, 1967 p. 87.

3. *Ibid.*, p. 87.

4. *Ibid.*, p. 91.

5. A. Artaud, Cahier 325, juillet 1947, [10v°], p. 1411.

le mélange des « niveaux » du corps qui sont, parfois dans la même phrase, moins l'expression du désordre mental, qu'une nécessité vitale d'être au plus près de son corps vivant. À travers sa maladie, Artaud ressent son corps conscient mais aussi son corps inconscient, par les sensations involontaires et intenses provenant du vivant.

Dans les *Carnets d'Ivry*, Artaud consigne donc à chaque page les modifications de sa sensibilité et de son image corporelle, en créant un style de langage si singulier qu'il semble provenir de l'intérieur, sinon de l'intime de la chair[1]. Artaud y raconte la dépossession de son corps, en livrant une description de sa position : le corps d'Artaud est entre gouffre et néant (« le gouffre corps »[2]). Mais il approfondit l'usage du langage en creusant les structures signifiantes convenues : plus que des métaphores qui maintiennent une équivalence entre le vivant sans mots et les mots vécus, il convient de percer les mots des maux du vivant.

Le corps vivant agit en nous sans nous, sans personne pour nous manipuler de l'intérieur. Nous ne sommes pas non plus conscients de ce qui se passe dans notre corps vivant. Ce dernier nous écologise sans cesse en se modifiant de l'intérieur et en autorégulant ce que notre perception nous donne à voir de nous-mêmes, à travers le concept de vécu. Le vécu n'est que la perception limitée et subjective du vivant. Nous n'apercevons le vivant de notre corps qu'en dépassant notre anesthésie sensorielle

1. A. Morfee, 2005, *Antonin Artaud's Writing Bodies*, Oxford, Clarendon Press, 2005.

2. A. Artaud, Cahier 235, février 1947, *Cahiers d'Ivry*, t. 1, Paris, Gallimard, 2011, p. 51.

par le biais une attention conjointe[1], pour un contrôle des émotions[2] ou pour la sublimation des pulsions[3].

L'orgasme, le vertige, la douleur, la maladie, la blessure, le viol, la torture, le combat, la faim, le harcèlement ou la parole peuvent nous atteindre par la porosité de notre corps[4]. Le contact avec ces vivants traverse les frontières psychologiques : notre vivant déclenche, de manière involontaire, une sensation inédite et incontrôlable qui envahit notre conscience. L'incorporation d'une information exogène provoque une réaction adaptative qui peut être disproportionnée au regard des cadres habituels de la conscience du vécu. Antonin Artaud dit à ce propos qu'il ne veut plus « jamais cohabiter avec la chair »[5]. Déjà en novembre 1946, dans son texte « Interjections » sur le surréalisme, Artaud renverse la conscience au nom de « l'individu répulsif »[6] qui ne se réclame pas de l'être. Philippe Sollers précise à propos de l'état d'Artaud qu'il est :

> impossible de corporiser l'état Artaud bien qu'il soit corporé sans être incorporé, c'est-à-dire aussi peu corpus ou corporatif que possible, et quant à vouloir le

1. M. F. Crawford, « De l'attention conjointe », dans *Contact. Pourquoi nous avons perdu le monde, et comment le retrouver*, Paris, La Découverte, 2019.

2. N. Heinich, « Une sociologie des affects », dans *La sociologie de Norbert Elias*, Paris, La Découverte, 2010, p. 20.

3. M. Péruchin, I. Orgiazzi Billon-Galland, « Le corps, entre pulsions et sublimations ou d'un continuum sublimatoire », *Cahiers de psychologie clinique* 30, 1, 2008, p 39-58.

4. F. Vinit, « Les corps poreux de la bioéthique », *Cahiers de recherche sociologique*, 2003, p. 63-76.

5. Cahier 329, juillet 1947, [4v°,], p. 1476.

6. A. Artaud, « Interjections » [1946], dans *Suppôts et supplications*, Paris, Gallimard, « Poésie », 1978, p. 183.

portraiturer pour le regarder, l'écouter ou le déchiffrer, tant dire que le caveau reviendrait puer[1].

L'ÉVOLUTION DU CORPS

Le sujet connaît-il ce qui lui est insupportable dès lors que la sensation de douleur/plaisir atteinte n'a jamais été expérimentée dans le corps? Le corps est limité par la représentation psychique du plaisir et de la douleur, ce qui rend très subjective la normativité de l'extase. Le seuil de tolérance rencontre celui de la résistance. En devenant le « bourreau de soi-même », le sujet dans les expériences immersives se retourne contre lui-même pour faire subvenir de l'inédit, tout en étant l'agent de son propre tournant.

Mais devient-on bourreau de soi-même en expérimentant même involontairement des situations immersives? « Je suis mon corps et pas autre chose », nous dit Artaud[2]. L'évolution du corps est en tout cas au centre de son projet vital de maîtrise consciente de son corps :

> Voilà 9 ans que jour après jour heure après heure, seconde après seconde moi Antonin Artaud je refais mon corps d'une manière absolument consciente et concertée[3].

Voilà un exemple du projet de réformation corporelle que Artaud veut réaliser absolument :

---

1. P. Sollers, « L'état Artaud », dans P. Sollers (éd.)., *Artaud*, Paris, 10/18, 1973, p. 25.
2. Cahier 325, juillet 1947, [26v°], p. 1436.
3. Cahier 328, juillet 1947, [17ev], p. 1466.

> Moi Antonin Artaud, je travaille à parfaire mon corps
> dont 1. Je ferai sauter la sexualité. 2. Dont je referai
> le système nutritif, digestif, masticatoire, gustatif,
> inglutitif, déglutitif, ingestif c'est-à-dire petit à petit le
> corps entier[1].

Cette maîtrise de son corps n'a pas pour but de le perfectionner, compte tenu de l'état dans lequel il se trouve, mais plutôt comme il dit de « parvenir à me débarrasser de ce chancre qui depuis des éternités me dévore lequel s'appelle l'être… c'est-à-dire l'esprit »[2]. Ce n'est pas l'esprit immatériel que combat Artaud dans ce qui serait sinon un dédoublement schizophrénique, mais des « spectres d'idées » qui sont « tous des corps »[3]. Ainsi Artaud décrit la façon dont ces spectres veulent s'imposer dans son corps, à la manière d'une invasion ou plutôt d'un éveil d'autres corps dans son corps, en témoigne une phrase barrée d'Artaud « pourquoi un corps qui dormait se manifeste-il »[4]. Artaud se vante de pouvoir / rêve de pouvoir / fantasme d«' inventer un corps qui résiste à toute douleur qui soit au-dessus et en dehors de la douleur possible »[5]. Il faut débarrasser le corps dans son évolution de ces « corps mauvais qui épousaient le mien »[6]. Il veut, à l'instar de Nietzsche, trouver un nouveau corps.

La lutte est biologique et interne dans le corps même d'Artaud : la saleté, la merde, et l'obscurité sont

1. A. Artaud, Cahier 324, [20v°], juillet 1947, t. 2, *Cahiers D'ivry*, *op. cit.*, p. 1399.

2. *Ibid.*, [21r°], p. 1400.

3. *Ibid.*, [21v°], p. 1400.

4. *Ibid.*

5. Cahier 327, juillet 1947, [2v°], p. 1442.

6. *Ibid.*, [17 r°], p. 1449.

assimilées à la conscience : « la conscience qu'est-ce que c'est ? de la merde il n'y a que le corps le reste n'existe pas »[1]. Le développement de la conscience est inutile et apporterait moins que celui du corps puisque « tirer sur un coin de la conscience n'est pas mal mais tirer sur un coin du corps est mieux »[2]. La science ne fait que « perdre de plus en plus le corps humain dans des thérapeutiques »[3], rappelant celles qu'il subit lui-même, de l'insulinothérapie à l'électrochoc.

Il convient alors de se débarrasser du sexe conventionnel et d'aller vers des expériences inédites et innovantes : « du sexe pour nous faire entendre et voir physiquement et dynamiquement ce qui n'est pas et qui n'existe pas »[4]. L'angoisse d'Artaud est que « notre corps individuel le plus intime est obscènement et altruistement pénétré par le corps sexuel méthodiquement organisé et disposé par la conscience générale... »[5]. La lutte du corps humain contre la saleté, les bêtes de l'abîme et les larves doit trouver « dans le creux sexuel du vide central élémentaire du corps que les initiés ont puisé le cerveau »[6]. Il convient de traverser par des moyens de fusion, de confusion et d'indéfinition voire de transsubstantiation le champ de la création poétique pour nourrir un désir « en corps »[7].

---

1. Cahier 324, [20v°], juillet 1947, [23v°] p. 1400.
2. *Ibid.*, [24r°] p. 1401.
3. Cahier 327, [8v°], juillet 1947, p. 1445.
4. Cahier 325, juillet 1947 [4v°], p. 1408.
5. Cahier 326, juillet 1947, [5v°], p. 1425.
6. *Ibid.*, [12r°], p. 1429.
7. *Ibid.*, [24r°], p. 1435.

LE SOUFFLE DE L'ACTEUR

Le souffle est le moyen organique de « faire passer un corps de sensibilité authentique d'un souffle à l'autre » à l'image de la création d«' un corps synthétique dans un laboratoire de chimie »[1]. Le théâtre va plus loin que la chimie, ne manipulant que des corps abstraits alors que « la volonté du souffle animé vit la mort d'un corps et le passage d'un corps à l'autre »[2]. Seul « l'acteur a cette fonction de transférer les corps »[3]. Il a ce pouvoir d'exhausser le corps en activant la dynamique interne pour exalter la sensibilité et la volonté créatrice : il faut emmener le corps « à cet état d'animation, de fulguration de ses parois internes, d'ébullition vraie, de ses puissances, de ses facultés et de ses voix »[4].

Le théâtre doit « reprendre sa véritable fonction de transmutation organique des membres les plus intimes du corps humains »[5]. C'est le théâtre qui a la charge du changement du corps[6] par un transfert « visible et sensible d'un corps à l'autre », par le travail de l'acteur qui « vit le passage du nouveau corps »[7]. Mais cette alchimie nécessaire contre la médecine actuelle qui ne parvient pas à le soigner lui, Artaud, du passage au nouveau corps doit dire « adieu au corps qui sombre »[8]. Pour autant « ce n'est pas sur ses élans spontanés que le corps table pour vivre, pour se dépasser ou pour sombrer »[9].

1. Cahier 325, juillet 1947 [5v°], p. 1408.
2. *Ibid.*, [6r°], p. 1409.
3. *Ibid.*, [6v°], p. 1409.
4. *Ibid.*, [7r°], p. 1409.
5. *Ibid.*, [12r°], p. 1412.
6. *Ibid.*, [14v°], p. 1413
7. *Ibid.*, [15r°], p. 1413.
8. *Ibid.*, [16r°], p. 1414.
9. *Ibid.*, [20v°], p. 1417.

L'intérêt pour le théâtre et l'acteur est interne à l'évolution du corps même : « le corps humain en lui-même est un drame et c'est pour le drame qu'il est créé, par le drame qu'il se fait naître et doit se faire évoluer »[1]. Le théâtre doit montrer l'immortalité du corps humain en passant d'un souffle à l'autre « un corps de sensibilité organique réelle »[2]. Il est question d'ériger un langage qui émerserait du vivant corporel :

> Il s'agit de substituer au langage articulé un langage différent de nature, dont les possibilités expressives équivaudront au langage des mots, mais dont la source sera prise à un point encore plus enfoui et plus reculé de la pensée. De ce nouveau langage la grammaire est encore à trouver. Le geste en est la matière et la tête[3].

Le théâtre doit être « un acte vrai, donc vivant, donc magique »[4] : la vie doit pouvoir s'exercer y compris dans la torture, la cruauté et la violence afin d'en faire émerser une esthétique de la « vibration » que l'énonciation du mot puisse « répandre dans l'espace »[5]. Ce n'est plus le langage de la parole mais un langage qui doit revenir des mots, comme si nous les avions déjà connus, ce qui n'est pas si évident, « aux sources respiratoires, plastiques, active[s] du langage »[6]. Les mots doivent être compris moins pour leur sens que « sous leur angle sonore, soit perçus comme des mouvements »[7] de la vie

1. Cahier 326, juillet 1947, [9r° & 9v°], p. 1427.

2. *Ibid.*, [16r°], p. 1431.

3. A. Artaud, Deuxième lettre, « Lettres sur le langage » [1932], dans *Le théâtre et son double*, Paris, Folio-Gallimard, 1964, p. 170-171.

4. *Ibid.*, Troisième lettre, p. 177.

5. *Ibid.*, Quatrième lettre, p. 183.

6. *Ibid.*, p. 185.

7. *Ibid.*, p. 186.

même : l'agitation de la vie, le bruit, les meurtrissures de la peau émersent dans ce « théâtre muet »[1]. Pour le spectateur presque en transe, les répétitions rythmiques de syllabes, les modulations de la voix doivent précipiter, au sens chimique, « en plus grand nombre les images dans le cerveau, à la faveur d'un état plus ou moins hallucinatoire » par une « manière d'altération organique »[2] de la sensibilité.

NIETZSCHE : AU CONTACT DE LA SYPHILIS[3]

La syphilis altère le corps vivant en affectant le malade-écrivain dans sa capacité à travailler, mais aussi en influençant les thèmes de la création comme chez Nietzsche, Rimbaud, Van Gogh ou Maupassant. À la suite de nos travaux dans *Malade encore vivant*[4], nous décrivons ici comment, autour de la Méditerranée, les écrivains, et Nietzsche en particulier, décrivent leur propre syphilis en participant à l'avènement d'un véritable style à l'origine d'une écriture et d'un art sous syphilis.

Nietzsche s'est toujours dit affecté par la syphilis (l'était-il vraiment ?), qu'il aurait contracté auprès de prostituées dès son premier rapport sexuel. Menant une vie ascétique et d'abstinence sexuelle, malgré son désir inassouvi pour Lou Andreas-Salomé, il n'eut de cesse de se sentir à vif, en pleine mutation. On peut

1. *Ibid.*, p. 187.
2. *Ibid.*, p. 188.
3. Cette partie reprend une présentation au colloque sur l'histoire de syphilis et publié sous le titre « Écrire sa syphilis. Nietzsche au contact de sa maladie », dans Y. Ardagna, B. Pouget (dir.), *La syphilis. Itinéraires croisés en Méditerranée et au-delà, XVIᵉ-XXIᵉ siècles.*
4. B. Andrieu, *Malade encore vivant*, Dijon, Le murmure, 2016.

parler de « dismose ». À la différence de l'osmose, la dismose est le produit de mutations internes du vivant, à la limite du viable. Elle rend souvent invivable, comme dans la maladie de Nietzsche, les transformations des conditions de vie, les formes corporelles et ses modalités d'existence dans la création artistique. Plus d'harmonie ni de résilience avec le milieu, le trouble identitaire est tel que la définition de soi est altérée par les atteintes des défenses immunitaires. La dismose est insertive car elle enferme le sujet dans le procès de sa mutation, imposée ici par l'intrusion de la syphilis, un processus addictif de dépendance à la douleur, sans possibilité de s'en détacher. La dismose échappe au sujet qui ne peut plus contrôler les effets sur son corps vivant qui doit muter en détruisant progressivement la forme actuelle de son corps.

Qu'est-ce donc que créer sous syphilis ? Comment l'œuvre peut-elle être affectée par la maladie dans son style, sa forme et ses contenus ?

L'ATTRAIT POUR LE VIVANT

Dès ses cours sur la rhétorique et le langage entre 1861 et 1874, le thème de l'attrait pour le vivant et ses pulsions est central dans le travail de Nietzsche pour pouvoir décrire par le langage cette vie sans conscience qui nous traverse en tant qu'être vivant. Ainsi en 1863, il affirme que « rien ne nous attire, que le vivant. Tout ce qui nous attire a d'abord pris vie dans notre esprit ». Il faut comprendre ici que nous recherchons une « langue de l'affectivité »[1] plutôt que de la représentation cognitive, car « le développement de la pensée consciente est

---

1. F. Nietzsche, « Fragments sur le langage », *Rhétorique et langage*, *op. cit.*, p. 73.

nuisible au langage »[1]. En considérant le langage
« comme un produit de l'instinct »[2], Nietzsche refuse de
réduire l'instinct au « résultat d'une réflexion consciente,
ni la simple conséquence d'une organisation corporelle,
ni le résultat d'un mécanisme placé dans le cerveau »[3].
Dans le cours sur Platon (1871-1879), Nietzsche affirme
que la vie dans cette métaphysique « n'est qu'à moitié
réelle, le corps est une prison et une entrave pour l'âme,
et même le tombeau de l'âme »[4]. Cette vie ne vaut déjà
plus face à ce qui serait « l'autre vie »[5].

Nietzsche trouve dans les sciences de la nature, et
notamment dans les travaux de Wilhelm Roux et son
ouvrage de 1881, *La lutte des parties dans l'organisme.
Contribution au parachèvement de la doctrine de la
fonctionnalité mécanique*, une inspiration pour décrire
la puissance formatrice du processus vital. Ainsi pour
Wolfgang Müller-Lauter, « l'idée d'autorégulation
dénuée de toute fonctionnalité préalablement donnée,
que défend Roux, passera elle aussi dans l'interprétation
nietzschéenne de la corporéité »[6]. La volonté de puissance
serait ainsi un processus d'activation de l'intérieur
même du vivant, incorporant d'autant plus de données
extérieures qu'elle s'y renforce et s'y développe.

---

1. F. Nietzsche, 1869-1870, « De l'origine du langage. Introduction
du cours sur la grammaire latine », dans *Rhétorique et langage*, textes
traduits, présentés et annotés par Ph. Lacoue-Labarthe et J.-L. Nancy,
Paris, Éditions de la transparence, 2008, p. 77.

2. *Ibid.*, p. 78.

3. *Ibid.*

4. F. Nietzsche, « Platon », [1871-1879], *Nietzsche. Écrits
philologiques* VIII, trad. fr. A. Merker, Paris, Les Belles Lettres, p. 206.

5. *Ibid.*, p. 207.

6. W. Müller-Lauter, *Nietzsche, Physiologie de la volonté de
puissance*, Paris, Allia, 2020, p. 172.

La langue du corps vivant[1], fût-elle celle de la maladie, provient-elle du corps vivant par la retranscription sous la dictée les symptômes de la maladie ou est-elle une ré-écriture seulement à partir de la perception de la maladie vécue ? Dans cette « danse de Nietzsche » il faut « savoir être à l'écoute de ce corps qui vous parle »[2] : la vie qui pénètre dans le corps peut être maladive mais aussi une source de guérison, si l'harmonie avec la nature peut être ressentie. Comment dès lors distinguer la vérité du mensonge, sinon en rapportant chaque mot à la « transposition nerveuse d'une excitation nerveuse »[3] ? Nietzsche développe une pratique idiosyncrasique du langage en rapportant chaque métaphore et figure rhétorique à une intuition « individuelle et sans égale »[4]. En luttant, par la mise en concept de ces intuitions sensibles, « afin de ne pas être emporté à la dérive et de ne pas se perdre lui-même »[5], le chercheur se construit « une cabane tout contre la tour de la science ». À partir de ce refuge dans les métaphores, « cette toile d'araignée fixe et régulière des concepts »[6], il convient de revenir à l'homme intuitif récoltant « en plus de l'immunité au mal, un afflux permanent de lumière, de gaîté, de rédemption »[7]. Écrire cette vie qui surgit de son corps ne

1. B. Andrieu, *La langue du corps vivant, Émersiologie 2*, Paris, Vrin, 2018.

2. B. Commengé, *La danse de Nietzsche*, « L'infini », Paris, Gallimard, 1988, p 25.

3. F. Nietzsche, *Vérité et mensonge au sens extra-moral* [1873], trad. fr. N. Gascuel, Paris, Babel, 1997, p. 12.

4. *Ibid.*, p. 18.

5. *Ibid.*, p. 27.

6. *Ibid.*, p. 28.

7. *Ibid.*, p. 32.

peut donc trouver dans l'image ou la métaphore qu'une traduction ou une trahison.

Dans sa conférence du 28 mai 1869, « Homère et la philologie classique », Nietzsche refuse de réduire le mouvement d'un vivant à un point car « on ne saurait restituer ce que l'individu a d'indéfinissable »[1]. Les repères biographiques ne sont qu'un mélange d'ingrédients dont on voudrait parvenir à déceler l'individualité là où il faudrait comprendre l'ensemble. L'œuvre dépasse l'auteur Homère, comme l'auteur Nietzsche :

> Toute activité philosophique doit être encadrée, canalisée par une conception philosophique du monde qui évacue tout isolat pour ne prendre en compte que ce qui représente une unité globale[2].

MALADE ENCORE VIVANT

Avec *Le corps du chercheur*[3], nous avancions la thèse qu'une méthode immersive était nécessaire pour celui qui voudrait décrire les conditions de sa recherche. Reich précise en 1949 pour lui-même :

> Le chercheur se fourvoiera dans la mesure même où il négligera son propre appareil sensoriel et perceptif. Il

---

1. F. Nietzsche, « Homère et la philologie classique » [1869], *Le cas Homère*, trad. fr. G. Fillion et C. Santini, Paris, Éditions de l'EHESS, 2017, p. 67.

2. *Ibid.*, p. 72.

3. B. Andrieu (éd.), *Le corps du chercheur. Une méthodologie immersive*, Nancy, Presses Universitaires de Nancy, 2011.

faut qu'il sache comment il fonctionne quand il perçoit et quand il pense[1].

En effet, ne pas situer son corps dans la méthode reviendrait à supposer l'objectivité purifiée de sa recherche. Plutôt qu'une œuvre abstraite, il convient d'extraire de soi-même ce qui œuvre en nous. Puis-je me retirer de ce que j'écris en affirmant l'universalité de mes résultats ? Nietzsche, dans l'écriture même de son *Zarathoustra*, ne renonce jamais à indiquer d'où vient son texte :

> Qui sait si *d'aussi grands* tourments n'étaient pas nécessaires pour me décider à *la saignée* que mon livre. Tu m'entends, il y a beaucoup de sang dans ce livre[2].

Le contact avec son vivant vient perturber la capacité de l'écrivain par l'invasion de sensations inédites. La modification de son corps par la maladie précipite le philosophe Nietzsche dans la projection de son corps malade dans son œuvre[3]. La perception du vécu par la conscience est ainsi sous l'influence de l'évolution de l'état de son corps vivant[4]. Chez Nietzsche, malade encore vivant, « la maladie deviendra consubstantielle

---

1. W. Reich, *L'Ether, Dieu et le Diable* [1949], Paris, Payot, 1973, p. 33.

2. Lettre à Franz Overberc à Bâle, 17 avril 1883, *Correspondance de Nietzsche*, 1880-1884, trad. fr. J. Lacoste, Paris, Gallimard, t. 4, 2015, p. 361.

3. C. André, A. Rangel Rios, « Furious Frederich : Nietzsche's neurosyphilis diagnosis and new hypotheses », *Arq. Neuro-Psiquiatr.* vol. 73 n° 12, 2015, https://doi.org/10.1590/0004-282X20150164.

4. D. Hemelsoet, K. Hemelsoet, D. Devreese, « The neurological illness of Friedrich Nietzsche », *Acta Neurol Belg.* 108(1), 2008, p. 9-16.

à sa doctrine »[1]. À partir de 1873, la maladie de Nietzsche devient chronique, à travers des maux de tête et d'estomac, nausées et dépressions qui le maintiennent au lit et ne lui laissent que quelques heures de travail. La pire de ces années-là aura été, selon la lettre écrite à sa sœur le 31 décembre 1879, celle où il prétend avoir subi cent dix-huit jours d'attaques graves[2].

Nietzsche lui-même, dans l'écriture et la publication du *Gai Savoir*, en témoigne : l'originalité de nos idées dépend bien de l'origine idiosyncrasique de notre existence. À travers ses développements sur la nutrition, la digestion, la respiration, le lieu, le climat, la douleur, Nietzsche est un « philosophe médecin » qui « parle davantage au corps et au moyen du corps (le corps du texte) »[3]. Maladie physique et maladie morale sont liées dans le travail sur le corps vivant et le corps vécu chez Nietzsche. Écrire sous syphilis[4] ce n'est pas seulement écrire sa syphilis à travers l'inventaire des symptômes qui l'absorbe, c'est aussi décrire la morale syphilitique qui envahit la société. C'est aussi se rapprocher de la vie en esprit libre, même si « ces convalescents, ces lézards

1. G. Morel, *Nietzsche. Genèse d'une œuvre*, Paris, Aubier, 1970, p. 38.

2. Cité par G. Morel, *Nietzsche, Analyse de la maladie*, Paris, Aubier Montaigne, 1970, p. 107 : Lettre à sa sœur du 31 décembre 1879 ; Lettre au docteur Eiser de février 1880.

3. A. Bilheran, *La maladie, critère des valeurs chez Nietzsche. Prémices d'une psychanalyse des affects*, Paris, L'Harmattan, 2005, p. 73.

4. L. Sax, « What was the cause of Nietzsche's dementia », *Journal of Medical Biography* 11(1), 2003, p. 47-54.

à moitié reconvertis à la vie »[1] n'y parviennent pas
entièrement.

UNE MORALE SYPHILITIQUE

La morale devrait elle-même passer à l'analyseur
idiosyncrasique, non seulement pour relativiser le travail
intellectuel du chercheur, mais afin « de découvrir ou de
rechercher *certains états supérieurs du corps* où certaines
capacités jusque-là séparées se trouveraient unies »[2]. Si
le bouddhisme et le monachisme sont des « productions
de corps sains (contre les passions destructrices et
affaiblissantes) »[3], la morale est « comme un langage
métaphorique à propos d'une région inconnue des *états
corporels* » ; et c'est seulement « le corps de la caste
dominante » qui « suscite une morale ». La surévaluation
de l'esprit en des lois morales repose sur le mépris du
corps qui est « la conséquence de l'insatisfaction qu'on
en éprouve »[4].

Les concepts eux-mêmes sont « des choses vivantes »,
et « il faudrait les définir, métaphoriquement, tout d'abord
comme des cellules, avec un noyau enveloppé d'un corps
lequel subirait des modifications »[5]. Il convient de ne
pas se laisser abuser par la noblesse des Athéniens et de
toujours dévoiler ce qui se cache derrière : ainsi Socrate
comprit que « *l'idiosyncrasie* de son cas n'était déjà

1. F. Nietzsche, *Human trop humain* 1, « Préface », *Essai
d'autocritique et autres préfaces*, trad. fr. M. De Launay, Paris, Point-
Seuil, 1999, p. 61.
2. F. Nietzsche, *Fragments posthumes* [1882-1883], trad. fr.
A.-S. Astrup et M. De Launay Paris, Gallimard, 1997, 4 (205), p. 178.
3. F. Nietzsche, *Fragments posthumes, op. cit.*, 4 (217), p. 181.
4. F. Nietzsche, *Fragments posthumes, op. cit.*, 7 (149), p. 301.
5. F. Nietzsche, *Fragments posthumes, op. cit.*, 40, 51, p. 391.

plus un cas isolé »[1]. La condamnation de la vie est pour Nietzsche une « erreur intrinsèque... une *idiosyncrasie de dégénéré* »[2].

Cette relativité, sinon relativisme corporel, de toute recherche intellectuelle évite à l'homme la désincarnation ascétique et idéalisante :

> C'est la partie de son corps qui est au-dessous de la ceinture qui fait que l'homme ne se prend pas si facilement pour un dieu[3].

Faut-il rapporter le corps du chercheur à ces instincts, son sexe, sa sexualité, ses pulsions et ses désirs inavoués et impratiqués ? Si la philosophie est bien un art de la transfiguration de nos états de santé dans des contenus plus spirituels, alors

> il ne nous appartient pas, à nous autres philosophes, de séparer l'âme et le corps... Nous ne sommes pas des grenouilles pensantes, des appareils d'objectivation et d'enregistrement sans entrailles – il nous faut constamment enfanter nos pensées du fond de nos douleurs et les pourvoir maternellement de tout ce qu'il y a en nous de sang, de cœur, de désir, de passion, de tourment, de conscience, de destin, de fatalité[4].

---

1. F. Nietzsche, « Le problème de Socrate », dans *Crépuscule des idoles ou Comment philosopher à coups de marteau, Œuvres philosophiques complètes*, t. 8, trad. fr. J.-Cl. Hémery, Paris, Gallimard, 1974, p. 73.

2. F. Nietzsche, « La morale, une anti-nature », *Crépuscule des idoles ou Comment philosopher à coups de marteau, op. cit.*, p. 86.

3. F. Nietzsche, « Maximes et interludes », *Par-delà le bien et le mal*, § 141, trad. fr. C. Heim, Paris, Idées Gallimard, 1971.

4. F. Nietzsche, *Le gai savoir* [1986], § 3, trad. fr. H. Albert, Paris, 10/18, p. 42.

Le corps du chercheur doit accoucher de ses pensées en refusant de se réfugier dans la domination rationnelle et l'ascèse idéaliste : en explorant leur corps, leurs émotions et leurs désirs, les chercheurs Reich et Lowen en feront une thérapie de la libération corporelle, qui doit déconstruire la cuirasse rationnelle de la vérité pour atteindre le sens vécu. Il en va pour nous de toute vérité « comme à l'égard du corps intime »[1]. Prétendre à une confession intime qui déviderait le fil autobiographique pour dégager ce qui serait un soi-même est une illusion méthodologique : « je ne crois pour ma part ni à la confession ni au soi »[2].

Contre « cette torture de soi-même, cette raillerie de sa propre nature »[3] de la morale religieuse, le chercheur doit retrouver dans son corps la part de lui-même. C'est « l'élément corporel » qui « donne la prise avec laquelle on peut saisir le spirituel »[4]. Ce n'est pas l'esprit qui philosophe, nous enseigne Nietzsche :

> J'ai toujours trouvé que c'était mon corps qui le faisait : il songe au moyen qu'il a de parvenir à la santé et, ce faisant, il anticipe sur la joie de la santé[5].

Ce n'est donc pas la conscience humaine qui serait le degré supérieur de l'évolution organique, car « ce qui est plus surprenant, c'est bien plutôt *le corps* : on ne se

---

1. F. Nietzsche, « Notes de Tautenbourg pour Lou Salomé » [1882], *Fragments posthumes, op. cit.*, (55), p. 35.

2. F. Nietzsche, « Gai saber. Confessions de soi », *Fragments posthumes, op. cit.*, 34 (1), p. 151.

3. F. Nietzsche, « La vie religieuse », *Humain, trop humain*, t. 1, § 137, trad. fr. A. M. Desrousseaux, Paris, Éditions Denoël-Gonthier, 1973, p. 137.

4. *Ibid.*, § 111, p. 119.

5. F. Nietzsche, *Fragments posthumes, op. cit.*, 3 (5), p. 115.

lasse pas de s'émerveiller à l'idée que le *corps* humain est devenu possible »[1]. S'il faut s'interdire toutes divagations sur l'unité, l'âme, la personnalité c'est parce que notre corps n'est pas constitué d'atomes spirituels mais « des êtres vivants microscopiques qui croissent, luttent, s'augmentent et dépérissent »[2].

La religion, et notamment le christianisme, a besoin de la maladie dans le *« training »* chrétien de pénitence et de rédemption, sorte de « folie circulaire » qui est fondée sur l'enseignement de « la mécompréhension du corps et l'apologie du « corps cadavérique »[3]. L'idiosyncrasie du christianisme est d'avoir « inventé de toutes pièces une "âme", un "esprit" à seule fin de ruiner le corps ; que l'on enseigne encore à ressentir la condition première de la vie, la sexualité comme quelque chose d'impur »[4]. Mais extraire « l'idiosyncrasie sociale hors de l'existence d'une manière générale (culpabilité, punition, justice, honorabilité, liberté, amour, etc.) »[5], est-ce seulement possible et à quel prix ?

Dans ce contexte, « l'être-malade [*das Kranksein*] est une sorte de ressentiment »[6]. Mais l'expérience de la douleur est aussi un mode d'approfondissement de soi :

> Seule la grande douleur, cette longue et lente douleur qui prend son temps, et dans laquelle pour ainsi dire

1. F. Nietzsche, « Gai saber Confessions de soi », *Fragments posthumes, op. cit.*, 37, 4, p. 310.

2. *Ibid.*, p. 311.

3. F. Nietzsche, *L'antéchrist. Imprécation contre le christianisme* [1888], trad. fr. J.-Cl. Hémery, Paris, Gallimard, t. 8, 51, p. 215.

4. F. Nietzsche, « Pourquoi je suis un destin » [1888], *Ecce Homo, Œuvres philosophiques complètes*, trad. fr. J.-Cl. Hémery, Paris, Gallimard, t. 8, p. 339.

5. F. Nietzsche, *Fragments posthumes, op. cit.*, 9 (21), p. 71.

6. F. Nietzsche *Ecce Homo, op. cit.*, § 6, p. 28.

> nous sommes consumés avec du bois vert, nous contraint, nous autres philosophes, à descendre dans nos dernières profondeurs. [...] je doute que pareille douleur « améliore » mais je sais qu'elle nous approfondit[1].

Se soustraire à la maladie, « instrument et hameçon de la connaissance »[2] est difficile pour recouvrer la santé : car Nietzsche s'est servi de sa maladie individuelle, de son idiosyncrasie, pour l'universaliser en la rapportant à ce qui serait la maladie universelle de la morale conservatrice; la critique des valeurs qui l'auraient rendu malade est portée à son absolu par la nécessité de renverser l'ordre moral.

LA SYPHILIS DE NIETZSCHE

En descendant par la nature et ses chemins jusqu'au Sud, déjà souffrant pendant la guerre de 1870 à Metz[3], il se laisse dériver d'abord vers la Suisse pour se revigorer par le froid et l'altitude comme à Coire. Mais le cycle est le suivant : automne et printemps à Turin et hiver à Nice où Nietzsche a séjourné cinq fois et qu'il quitte une dernière fois pour la ville de Sils Maria[4] le 2 avril 1888[5]. Préférant Turin à Nice, Nietzsche s'y écroule le 3 janvier

---

1. F. Nietzsche, *Le gai savoir*, *op. cit.*, « Introduction », 6

2. F. Nietzsche, *Humain trop Humain I*, § 4, trad. M. De Launay, *Essai d'autocritrique et autres préfaces*, Paris Seuil, 1999.

3. Y. Porte, « Le siège de Metz en 1870. La guerre de Nietzsche comme expérience intérieure », *Le Portique* [En ligne], 2003, 21. https://journals.openedition.org/leportique/1883.

4. P. Raabe, *Sur les pas de Nietzsche à Sils-Maria*, trad. fr. F. Autin, Paris. Les trois platanes, 1994, p. 62.

5. P. Mauries, *Nietzsche à Nice*, Paris, Gallimard, 2009, p. 34.

1889, en pleine rue après s'être jeté au cou d'un cheval pour crier sa pitié[1].

Voici la scène. Nietzsche est victime d'une crise de démence[2] en plein Turin. Il enlace l'encolure d'un cheval que son cocher vient de fouetter violemment et s'effondre en sanglots. Jusqu'à sa mort, survenue le 25 août 1900, il ne retrouvera jamais pleinement ses esprits. Ce qui a été interprété comme un effondrement soudain est en réalité le résultat du lent travail de modification de son corps vivant par la contraction de la syphilis au contact de prostituées, rongeant peu à peu ses capacités créatives. Mais cette influence n'est pas seulement à comprendre comme une altération des facultés cognitives et affectives, mais aussi à travers ses réflexions sur la maladie morale dans les écrits de 1888-1889 comme *Ecce homo*.

Dans ses *Souvenirs sur Friedrich Nietzsche*, Paul Deussen rapporte, en 1901, qu'en février 1865, son ami s'est retrouvé seul dans Cologne et embarqué dans un bordel :

> Je me vis soudain, me raconta Nietzsche, le lendemain, entouré d'une demi-douzaine d'apparitions tout en paillettes et en gaze qui me regardaient d'un air plein d'espoir. Je restai un instant debout, sans voix. D'instinct je me précipitai sur un piano, comme sur le seul être doué d'une âme dans cette compagnie et je

---

1. M. Orth, M. R. Trimble, « Friedrich Nietzsche's mental illness – general paralysis of the insane vs. frontotemporal dementia », *Acta Psychiatr Scand* 114(6), 2006, p. 439-44.

2. O. G. Bosch, F. X. E. Höfer 2010, « "La Gaya Dementia". Nietzsche als Patient. Weimar-Jena : Die Grosse Stadt. » *Das kulturhistorische Archiv.*, 4(1) : 6-17.

plaquai quelques accords. Ils dissipèrent ma torpeur et je gagnai l'air libre »[1].

Nietzsche avait confessé aux médecins avoir été « infecté » par des prostituées :

En 1865, alors qu'il était encore étudiant, Nietzsche se rendit à Cologne où il fut emmené par des amis dans un bordel. Les détails, et même la probabilité, de cette visite ont longtemps été contestés, mais il est maintenant admis que c'est à cette occasion qu'il a contracté la syphilis. En 1867, F. Nietzsche eut soigné pour une infection syphilitique qui finit par.. Pourtant, comment ne pas savoir qu'il souffrait de la syphilis, avec une cicatrice proche du prépuce et une histoire, même brève, de traitement? …La syphilis contractée chez les prostituées à l'époque de son séjour universitaire était compliquée par la diphtérie et la dysenterie contractée comme médecin de garde lors de la guerre franco-prussienne de 1870. Nietzsche restait avec un estomac délicat, une mauvaise digestion et une migraine récurrente, avec des vomissements constants et des haut-le-cœur qui maximisaient la douleur à la tête et la perturbation du travail. Pendant des jours, il ne pouvait que mentir dans une pièce sombre…[2].

La sœur de Nietzsche, Elisabeth, qui avait tenté avec son mari le Docteur Förster de créer une communauté *Nueva Germania* en 1886-1889[3], a voulu le protéger

1. Cite par D. Astor, *Nietzsche*, Paris, Gallimard, 2011, p. 65. P. Deussen, 1901, *Souvenirs sur Friedrisch Nietzsche*, trad. fr. J.-F. Boutout, Paris, Gallimard, 2002, p. 44-45.

2. J. Bainville, « The Last Days of Nietzsche », *New York Review*, 13 August 1998, trad. fr. B. Andrieu.

3. C. Prince, N. Prince, *Nietzsche au Paraguay*, Paris, Flammarion, 2019, p. 88. *Cf.* B. Mcintyre, *Elisabeth Nietzsche ou La folie aryenne* Paris, Robert Laffont, 1993 : au Paraguay, en 1886, la sœur du célèbre philosophe fonde Nueva Germania, la première colonie aryenne de l'histoire.

de tout soupçon de dégénérescence en manipulant les textes[1], malgré la confirmation par le docteur Paul Juluis Möbuis de l'infection syphilitique :

> Elle décidera donc d'imposer sa propre version : à l'époque de Sils-Maria, Friedrich aurait abusé d'un certain « thé javanais » (du haschisch ?) qui aurait progressivement altéré ses fonctions cérébrales[2].

Nietzsche souffre de migraine et reconnaît dans sa lettre à Carl von Gersdorff (1844-1904) du 16 janvier 1876 qu'il était « victime d'une affection cérébrale ». Pour autant une incubation de 20 ans, même dans une infection syphilitique, pourrait être un cas d'évolution et de latence de la phase secondaire, laquelle peut durer jusqu'à 30 ans, alors que l'incubation des 2 premières phases est effectivement courte. Une évolution sur 20 ans d'une syphilis qui finit en neurosyphilis n'est donc pas surprenante pour la période pré-antibiotique. Même si Nietzsche ne parle jamais de la syphilis explicitement dans sa correspondance, il en décrit les symptômes : à son médecin Otto Eiser, début janvier 1880 il parle de

> douleurs constantes, pendant plusieurs heures de la journée, une sensation pareille au mal de mer, un état de demi-paralysie qui me rend la parole difficile, avec, pour changer, des attaques furieuses (la dernière m'a fait vomir trois jours et trois nuits, j'appelais la mort)[3].

S'instaure ainsi une lutte entre la maladie et l'écriture.

---

1. M. De Launay, « Les archives Nietzsche et la Reich », *Nietzsche et la race*, Paris, Seuil, 2020, p. 32-33.

2. D. Astor, *Nietzsche*, Paris, Gallimard, 2011, p. 360.

3. F. Nietzsche, Lettre au Dr. Otto Eiser, début janvier 1880, *Correspondance*, t. 4, trad. fr. J. Lacoste, Paris, Gallimard, 2015, p. 7.

Paralysie créatrice de l'homme nu

À ce moment-là, Nietzsche est au stade tertiaire de la syphilis. Il est atteint d'une démence, témoignant pour ses détracteurs de l'irrationalité de son œuvre. Est-ce si certain ? Le diagnostic de la clinique psychiatrique de Bale (17 janvier 1889) puis de Iéna (18 janvier 1890) est très clair et penche en faveur d'une paralysie syphilitique : « Du point de vue sensoriel assez fortement amoindri », consigne le premier bulletin du malade. Le rapport « prétend qu'il s'est infecté spécifiquement deux fois », ce qui signifie dans la langue médicale allemande d'autrefois « infection syphilitique »[1].

À la lecture des rapports, joints dans la thèse d'Arnaud Vicard, le diagnostic psychiatrique de l'état de fatigue cérébrale prime sur celui de la contamination par syphilis. À Turin, le Dr Bettmann – chirurgien-dentiste ayant une certaine expérience avec les patients atteints de folie – rédige le certificat, reproduit ici intégralement, qui fait office de document d'admission, le 10 Janvier 1889, à la clinique psychiatrique Friedmatt de Bâle :

> Les premiers symptômes de la maladie remontent peut-être assez loin, mais n'existent en toute certitude que depuis le 3 janvier 1889. Avant cette date, a souffert durant des mois de violents maux de tête accompagnés de vomissements. De 1873 à 1877 déjà, fréquentes interruptions dans le professorat à cause de violents maux de tête. Situation pécuniaire très modeste. Le désordre mental actuel est le premier dans la vie du malade. Causes provoquant ces désordres : plaisir ou déplaisir excessif. Symptômes de la maladie actuelle,

---

1. A. Vicard, *Approche psychiatrique des troubles mentaux de Nietzsche*, Thèse de Médecine, Lyon, Université de Lyon, 2004, p. 20.

diminution de la mémoire et de l'activité cérébrale. Selles régulières. Urines fortement sédimenteuses. Le patient est habituellement agité, mange beaucoup, réclame continuellement de manger, n'est cependant pas capable de fournir un effort et de pourvoir à ses besoins ; prétend être un homme illustre, ne cesse de réclamer des femmes. Diagnostic : faiblesse du cerveau[1].

Un médecin aliéniste procède aussi à la réalisation de l'examen clinique et mène un premier entretien :

Status praesens : Homme de bonne mine, bien proportionné, d'une musculature et d'une ossature assez fortes : le thorax est profond. Rien d'anormal à la percussion des poumons ni à l'auscultation. Sonorité obtenue à la percussion, à l'endroit du cœur, normale ; bruits du cœur faibles, nets. 70 pulsations régulières. Asymétrie des pupilles, la droite plus grande que la gauche et réagissant très paresseusement. Strabisme convergent. Myopie prononcée. Langue très chargée ; ni déviation, ni tremblement. Innervation faciale peu troublée ; pli naso-labial un peu moins marqué à droite. Réflexes patellaires accentués, réflexes de la plante des pieds normaux. Urine claire, aigre, ne contenant ni sucre ni albumine[2].

L'usage du chloral, et de nombre de stupéfiants et de calmants, seraient la cause d'une montée progressive de symptômes graves, comme la paralysie : « Nietzsche

---

1. L. Perogamvros, S. Perrig, J. Bogousslavsky, P. Giannakopoulos, « Friedrich Nietzsche and his Illness : a neurophilosophical approach to introspection », *J. Hist Neurosci* 22(2), 2013, p. 174-82. Nous traduisons.

2. *Ibid.*

aurait été victime d'une intoxication par le haschisch combinée avec un empoisonnement dû au choral »[1].

En restant presque un an à la clinique psychiatrique de Iéna jusqu'au printemps 1890, il revient chez sa mère où il passe des heures assis dans la véranda ensoleillée de la maison de Naumburg. En témoignent les photographies de Gustav Adolf Schultze ou celles prises par Hans Olde « Der kranke Nietzsche (The ill Nietzsche) », entre juin et août 1899, où la partie gauche de son bras est paralysée et sa main tordue.

Nietzsche aurait enfin trouvé cette « nudité de Dionysos » que Sarah Kofman comprend comme « l'innocence d'une vie qui n'a rien à se reprocher »[2] : sans costume, livré à son corps vivant, traversé de transe et de paralysie, Nietzsche est au plus près de son corps, au contact même de la vie qu'il n'a eu de cesse de vouloir rejoindre. Pour Georg Lukacs, pourtant, le concept de vie de Nietzsche, notamment dans son rapport au darwinisme mythifié, « ne peut être compris qu'à partir de sa philosophie sociale »[3]. L'exploitation appartiendrait dans la volonté de puissance à « l'essence même du vivant »[4], ce qui se poursuivrait dans le nazisme et le capitalisme industriel. Mais la vie est à nos yeux davantage ce qui est actif dans le corps, malgré les dérèglements biologiques, conséquences chez lui de sa paralysie syphilitique.

1. E. F. Podach, *L'effondrement de Nietzsche*, Paris, Gallimard, 1929, p. 35.

2. S. Kofman, *Nietzsche et la métaphore*, Paris, Aubier, 1972, p. 141.

3. G. Lukacs, *Nietzsche, Hegel et le fascisme allemand*, Paris, Critique, 2017, p. 32.

4. *Ibid.*, p. 37.

L'EFFONDREMENT DE NIETZSCHE

Son effondrement, relaté jour par jour par le Dr E. F. Podach, est autant physique que psychique. Il a en effet engendré non seulement une transmutation de toutes les valeurs, mais également une accélération de la catastrophe tragique de sa vie, dans son corps même. La destruction du christianisme et la chute des idoles seraient la conséquence de cette syphilis qui l'envahit peu à peu, nourrissant moins son ressentiment qu'une révolte dans son propre corps. L'effondrement de la morale s'accompagne donc de la destruction progressive de son propre corps. À Turin, le 3 janvier 1889, « pendant longtemps Nietzsche reste étendu sur le sofa, immobile et muet. Ses visions l'emportent maintenant vers l'accomplissement total ». Toute la « philosophie expérimentale » du triomphe sur soi-même, cette philosophie que Nietzsche a non seulement conçue, mais vécue, a toujours été fondée sur cette volonté « d'expérimenter jusqu'où l'homme peut s'élever »[1]. Giorgi Coli estime que « même le cerveau le plus productif a des passages à vide »[2]. Nietzsche est allé au bout de l'épuisement de son corps en se livrant à la fin à la vie même, sans toujours en avoir conscience. Déjà dans un fragment posthume, écrit en 1884, il décrit ce que Barbara Stiegler appelle une expérience de « sursaturation »[3] :

---

1. E. F. Podach, *L'effondrement de Nietzsche*, *op. cit.*, p. 92.
2. G. Coli, *Après Nietzsche*, Paris, Éditions de l'éclat, 1974, p. 127.
3. B. Stiegler, *Nietzsche et la critique de la chair. Dionysos, Ariane, le Christ*, Paris, P.U.F., 2005, p. 258.

À la place de l'état de péché, j'ai fait l'expérience d'un phénomène beaucoup plus plein [1].

Le 17 décembre 1888, il écrit à Jean Bourdeau que la maladie le détache des derniers liens, le livrant à une solitude qui n'est pas tant morbide ou arbitraire, mais qui est « au contraire comme une inestimable distinction, comme une manière de purification » [2]. La lecture d'*Ecce Homo*, rédigé en 1888, mais qui paraît après la mort de Nietzsche en 1908, peut d'ailleurs être mortelle, précise son auteur à Heinrich Koselitz le 30 décembre. « Qui le lit sans préparation meurt » [3]. Le 1 er janvier 1889, deux jours avant sa crise fatale, il signe sa lettre à Catulle Mendes d'un « Dionysos », et annonce le jour même à Cosima Wagner, seconde femme du compositeur, que sa trans-mutation en Dionysos est accomplie :

> J'ai été Bouddha chez les Hindous, Dionysos en Grèce – Alexandre et César sont mes incarnations, de même que le poète de Shakespeare, Lord Bacon. Enfin je fus encore Voltaire et Napoléon, peut-être Richard Wagner… Mais cette fois, j'arrive tel le Dionysos vainqueur qui va transformer la terre en jour de fête… Non pas que j'aurai beaucoup de temps… Les cieux se réjouissent que je sois là [4].

1. F. Nietzsche, *Fragments posthumes*, 1884, *op. cit.*, 25 [78], p. 327.

2. F. Nietzsche, À Jean Bourdeau à Paris (Brouillon), Turin autour du 17 décembre 1888, *Dernières lettres*, trad. fr. C. Perret, Paris, Payot Poche, 2019, p. 118.

3. F. Nietzsche, Lettre à Heinrich Koselitz à Berlin, 30 décembre 1888, *Dernières lettres, op. cit.*, p. 125.

4. F. Nietzsche, À Cosina Wagner à Bayreuth, le 3 janvier 1889, *Dernières lettres, op. cit.*, p. 135.

Il confirme le 5 janvier à Heinrich Koselitz, mais en signant cette fois « Le crucifié », que « le monde est transfiguré et tous les cieux se réjouissent »[1].

Est-ce le fruit de la folie ou d'un trouble bipolaire, rejetant ainsi l'explication de la syphilis[2] ? Ou est-ce la conséquence du délire nerveux après la dégradation neurologique[3] provoquée par le dernier stade de la syphilis ? Nietzsche reste en tout cas bien conscient le 4 janvier qu'il est en train de se perdre, de perdre la raison, ou de perdre pied, en témoigne sa lettre à Georg Brandes :

> Après que tu m'as découvert, ce n'était pas compliqué de me trouver : la difficulté maintenant est de me perdre…[4].

La lettre du 6 janvier à Jacob Burckardt va pourtant dans le sens de ceux et celles qui verront en Nietzsche un fou. Ainsi Warzed précise que :

> soutenir que la syphilis devient active dès 1888 est, à mon sens, une position intenable. Car en 1888, Nietzsche évolue sur une terre qui nous est familière, ses propos nous passionnent, sa voix nous atteint : il ne s'agit jamais des sons inarticulés de la démence. Au contraire, du point de vue philosophique, les textes de

---

1. F. Nietzsche, À Heinrich Koselitzn le 5 janvier 1889, *Dernières lettres, op. cit.*, p. 141.

2. E. M. Cybulska, « The madness of Nietzsche : A misdiagnosis of the millennium ? », *Hospital Medicine* 61(8), 2000, p. 571-575. E. M. Cybulska, 2019, « Nietzsche : Bipolar Disorder and Creativity », *IndoPacific Journal of Phenomenology* 19, 1, 2019, p. 53-65.

3. C. Koszka, « Friedrich Nietzsche (1844-1900) : a classical case of mitochondrial encephalomyopathy with lactic acidosis and stroke-like episodes (MELAS) syndrome ? », *Journal of Medical Biography* 17(3), 2009, p. 161-164.

4. F. Nietzsche, À Georg Brandes, le 4 janvier 1889, *Dernières lettres, op. cit.*, p. 137.

cette période sont extraordinairement significatifs, ce qui suffit à les laver du soupçon d'être les lubies d'un cerveau malade. Sa philosophie a jailli du dedans ; la syphilis l'a rongé du dehors. Bref, pour ma part, je me refuse à surinterpréter la folie de Nietzsche. Je m'en tiens à l'idée d'une destruction du cerveau, provoquée par un agent *extérieur*, qui éclate le 3 janvier 1889 (laissant donc indemne l'œuvre philosophique) [1].

Ainsi il s'agit dans un profil plutôt psychotique, estime Warzed, « moins d'une "dépersonnalisation" invalidante que d'une "régression contrôlée", d'une aptitude à desserrer la bride du moi pour accéder à des matériaux inconscients (expériences que connaissent tous les grands créateurs) » [2].

CONCLUSION : VERS UNE TRANSMUTATION DIONYSIAQUE

Nous proposons donc de comprendre cette transmutation comme un accomplissement de la figure de l'homme dionysiaque, moins métaphorique qu'incarné dans son cerveau et corps vivant. Car il devient, par l'état de son corps, et au travers de ses lettres, l'incarnation de sa propre philosophie dionysiaque. Dans une lettre à Carl Spitteler à Bâle le 4 janvier 1889 Nietzsche se réclame lui-même de sa divinité, Dionysos : « appartenu à ma divinité. J'aurais l'honneur comme cela de me venger de moi. Dionysos » [3].

---

1. E. Vartzbed, « Quelques considérations cliniques sur la folie de Nietzsche », *Psychothérapies*, 1, vol. 25., 2005, p. 26. Notre traduction.
2. *Ibid.*
3. *Ibid.*

Comme Gilles Deleuze le précise, la transmutation est une preuve de l'achèvement du nihilisme « en passant au service d'un excédent de la vie : c'est là seulement qu'elle trouve son achèvement »[1]. Mourir, dans les conditions que nous avons décrites, révèle dans le corps vivant de Nietzsche une vivacité qui n'a cessé de témoigner d'une vitalité créatrice.

Nietzsche est au plus près de son vivant, en décrivant ce qui a pu être sa syphilis, du moins dans la perception qu'il en avait. Mais la syphilis serait aussi la maladie de la culture, niant la force du vivant pour une maîtrise du corps par l'esprit.

---

1. G. Deleuze, *Nietzsche et la philosophie* [1962], Paris, P.U.F., 1983. p. 198.

CHAPITRE VIII

UNE ÉMERSION ÉCOLOGIQUE [1]

> *La pensée du vivant doit tenir du vivant*
> *l'idée du vivant.*
>
> G. Canguilhem, *La connaissance*
> *du vivant*, Paris, Vrin, 1965

Nous ne dominons plus le vivant. Nous avions cru pouvoir faire de la nature notre environnement, mais nous sommes redevenus une espèce en danger parmi d'autres, soumis à la sélection naturelle et aux mutations des conditions du milieu vivant. Nous pouvons disparaître, moins en raison du risque atomique que des conséquences de l'Anthropocène sur les équilibres naturels. Pourtant, le vivant est déjà en nous, et non pas seulement autour de nous, dans ce que nous avions cru être un environnement maîtrisé : un constat qui nous invite à remettre en cause notre conception des limites du corps [2].

---

1. Ce chapitre reprend en partie l'article publié sous le titre « Le corps en première personne : une écologie pré-motrice », *Movement & Sport Sciences* 2013/3 (n° 81), p. 1-3, et une partie d'un article co-écrit avec Sylvain Hanneton, « De l'énaction à l'émersion : la voie du corps vivant. Introduction au dossier », *Intellectica* 71, 2019, p. 7-20.

2. *Cf.* A. Cambier, *Le corps sans limites*, Lille, Septentrion, 2016.

Dans le contexte de la pandémie du Covid-19, se toucher comme avant n'est plus possible. Les poignées de main, embrassades ou autres gestes sont devenues dangereuses, mais d'un danger invisible et pas immédiatement connu. Or être touchant et touché définit dans la vie ordinaire un échange et parfois une réciprocité. Ne plus pouvoir se toucher et manifester son empathie revient à priver le corps de ce qui constitue sa chair : les sensations internes, les émotions essentielles, la texture de la peau d'autrui, les manifestations tactiles et la rémanence des affects. Ce contact animé a déjà été analysé par les philosophes du vivant dans une réflexion sur l'animation du vivant, son évolution téléologique et son intégration dans le cosmos, montrant ainsi que le corps vécu ne suffit pas à contenir l'activité du vivant dans notre corps.

Mais la présence vitale en nous est-elle une preuve suffisante pour démontrer l'émersion du vivant dans la perception du vécu ?

ANTICIPATION PAR LE VITALISME DE L'ÉMERSIOLOGIE

Au XIXᵉ siècle, des philosophes-médecins ont voulu apporter avec le vitalisme ce que nous voudrions démontrer avec l'émersion écologique. Vers 1859, Georg Ernst Stahl écrit et invente dans sa théorie médicale une forme d'animisme, contre le mécanisme cartésien. Le problème était posé en ces termes : y a-t-il une « force conservatrice » œuvrant contre la destruction des corps ?

> Il est donc évidemment nécessaire qu'il y ait en nous une force conservatrice ; sa présence est même

indispensable pour empêcher que la mixtion corporelle de l'agrégat ne tombe actuellement en corruption [1].

La question est de savoir s'il y a une substance non métaphysique permanente dans ce qui est vivant et dont nous pourrions faire l'expérience du contact. Pour qu'il y ait conservation, il faut présupposer organisation, qu'il y ait donc une force qui soit à l'abri de toute corruption.

Les corps forment ici un agrégat qui peut se désagréger par la corruption de ses composants. Mais qu'est-ce qui assure une cohérence dans l'organisme ? Il doit y avoir une sorte de tension physique qui fait que le corps est vivant et maintenu tel. Ce n'est pas une raison métaphysique pour Stahl. Qu'est-ce alors que cette « âme » ? C'est celle qui organise les mouvements volontaires et végétatifs du corps. Les mouvements volontaires sont ceux que nous accomplissons lors de la motricité. Les mouvements végétatifs sont ceux de la digestion, de la transpiration, entre autres. L'âme est un principe vital auquel la conscience est subordonnée. Elle se sert des mécanismes du corps pour réparer et maintenir ces mouvements, comme l'horloger se sert d'instruments mécaniques pour réparer une montre.

Pourtant, il faut distinguer la finalité du corps qui est de se maintenir en vie, des moyens qui sont mécaniques. On ne peut admettre pour Stahl la simple décomposition mécanique du corps, car l'âme lui donne une finalité organique. L'âme, c'est ce sans quoi le corps ne pourrait pas fonctionner. Elle agit sur le corps directement sans passer par la conscience. Les sens sont la preuve que nous

---

1. E. G. Stahl, « Vraie théorie médicale » [1959], *Œuvres médico-philosophiques et pratiques III*, 1re partie, « Physiologie », Paris, Hachette, p. 42-43.

pouvons recueillir des sensations corporelles directement par l'âme.

L'argument de la finalité du corps vient ici expliquer la conservation du corps, sa motricité, sa réparation.

> L'âme est un être actif tout aussi bien que la matière est une substance passive[1].

L'animiste n'est pas métaphysicien, mais n'est pas mécaniste non plus. Stahl a en quelque sorte laïcisé la notion d'âme.

> L'âme est un être généralement moteur, parce qu'elle est une puissance capable de mouvoir le corps[2].

L'âme peut s'épuiser et se renforcer par des variations qualitatives. Elle répare ses pertes par le sommeil. Dans cette conception, le corps humain est simplement organique et il est l'instrument de l'âme. La différence avec l'émersiologie, c'est que celle-ci n'admet pas la présence d'une âme vitale ; l'émersion est plutôt le résultat de l'activation du vivant par des réactions endogènes ou des actions exogènes. L'émersion ne retient du vitalisme que le mouvement d'émergence.

Pour autant, il ne faut pas comprendre l'animisme comme une téléologie naturelle. Le mouvement de la vie est certes ce grâce par quoi l'âme agit sur le corps. Tous les modèles finalistes sont construits par l'homme à partir d'une intuition interne et d'une finalité externe. Il y aura toujours un écart, comme pour l'émersiologie, entre le modèle qui réfléchit le mouvement et le mouvement réel. Pour le montrer, il nous faut revenir sur la distinction

---

1. E. G. Stahl, « Vraie théorie médicale », *op. cit.,* p. 42-43.
2. *Ibid.*

kantienne entre jugement déterminant et jugement réfléchissant.

LE JUGEMENT TÉLÉOLOGIQUE [1]

Pour comprendre le jugement téléologique, il convient pour Kant de distinguer le jugement déterminant du jugement réfléchissant. Le risque, pour l'émersiologie, est de croire qu'en réfléchissant sur le rapport entre les données du corps vivant et la perception, des mécanismes déterminants l'action du corps seraient ainsi découverts. Mais établir une correspondance entre les deux séries revient à admettre qu'une discontinuité cognitive existe entre ce qui est actif dans notre vivant et ce que nous en percevons à travers le filtre du vécu. Le concept des liaisons et des formes de la nature d'après des fins doit rester un principe régulateur et non constitutif de la nature. Kant dit à ce propos :

> Si au contraire nous voulions attribuer à la nature des causes agissant intentionnellement, mettre au fondement de la téléologie par conséquent, non seulement un simple principe régulateur pour juger des phénomènes, auxquels la nature peut être conçue comme soumise d'après ses lois particulières, mais encore, ce faisant, un principe constitutif de la dérivation de ses produits à partir de leurs causes, le concept d'une fin naturelle n'appartiendrait plus à la faculté de juger réfléchissante, mais à la faculté de juger déterminante [2].

1. Nous reprenons ici une partie de notre T.E.R., *La causalité selon Kant dans les trois critiques*, Bordeaux, Université de Bordeaux III, sous la dir. du Professeur J. C. Fraisse, 1982, p. 157-180.

2. E. Kant, *Critique de la faculté de juger*, § 69, trad. fr. A. Philonenko, Paris, Vrin, 1993, p. 200.

À la différence de l'émersiologie, Kant s'intéresse davantage aux relations du sujet à l'objet qu'à la formation épigénétique de l'organisme. Il va jusqu'à adresser un interdit à l'histoire : « on peut dire hardiment qu'il est absurde pour les hommes de former un tel dessein ou d'espérer, qu'il surgira un jour quelque Newton, qui pourrait faire comprendre ne serait-ce que la production d'un brin d'herbe »[1]. Le jugement réfléchissant orientera la recherche sur les modes de représentation que l'esprit introduit dans le monde. Le problème est de savoir si c'est l'objet qui m'instruit empiriquement de cette finalité, ou si c'est le sujet qui la constitue dans sa perception sous le mode de la représentation de soi. La finalité comme problème ne peut surgir que dans la rencontre du sujet connaissant et du monde.

La finalité, en tant que principe régulateur et concept philosophique, affirme la possibilité d'une relation causale autre que celle du pur mécanisme dans la chaîne linéaire et continue des causes et des effets. Mais alors, que veut dire le terme de loi pour le jugement réfléchissant si celui-ci ne détermine rien ?

> Mais la faculté de juger réfléchissante doit subsumer sous une loi, qui n'est pas encore donnée et n'est, en fait, qu'un principe de la réflexion sur les objets, pour lesquels objectivement nous manquons complètement d'une loi ou d'un concept de l'objet, qui suffirait comme principe pour les cas qui se présentent[2].

Pour résoudre ce problème de la téléologie interne, le généticien Lucien Cuénot se réfère à Kant plutôt qu'à Stahl dans son ouvrage *Invention et finalité en biologie*,

---

1. E. Kant, *Critique de la faculté de juger*, § 75, *op. cit.,* p. 215.
2. *Ibid.*, § 69, p. 202.

publié en 1941. La distinction entre jugement déterminant et jugement réfléchissant, pourtant centrale comme nous l'avons rappelé dans l'argumentation de Kant dans la seconde partie de la *Critique de la faculté de juger* de 1791, n'est pas directement abordée ; mais Cuénot entérine la différence entre réalité phénoménale et le Réel nouménal. Il ne croit pas que la réalité phénoménale soit une illusion, parce que la science de l'être-accident correspond à une espèce de vérité par la méthode des recoupements :

> La science n'est vraie que dans les limites de la technique utilisée [1].

Pour Cuénot, il s'agit moins de douter de l'existence du monde extérieur ou d'admettre une non-permanence de la représentation, que de décrire la réalité biologique.

L'émersiologie rejoint donc ici la philosophie du généticien Lucien Cuénot [2], pour qui l'invention biologique ne doit pas exclure la finalité. L'invention biologique du vivant n'est pas une interprétation théorique car la finalité naturelle est « le plus incontestable des faits » [3]. Cuénot applique un jugement déterminant en rejetant par avance les critiques d'anthropomorphisme de la nature. Il reconnaît que le vivant peut faire émerser des formes finalisées par l'effet de l'adaptation. Cuénot ne doute jamais de l'existence d'une finalité naturelle même

---

1. L. Cuénot, *Invention et finalité en biologie*, Paris, Flammarion, « Bibliothèque de Philosophie Scientifique », 1941, p. 14.

2. B. Andrieu, « Cuénot et la finalité », *Les collections scientifiques des universités : Actes des 2ᵉ Journées Cuénot, 21-22 septembre 2006*, P.-A. Gérard (dir.), Nancy, Presses universitaires de Nancy, 2008, p. 43-62.

3. L. Cuénot, *Invention et finalité en biologie, op. cit.*, p. 40.

si elle n'est jamais confondue par lui avec une finalité intentionnelle. Si « une pince de crabe est tout de même une pince »[1], c'est par l'effet de la dénomination par le langage humain de la technique du vivant en comparaison avec la technique humaine. Est-ce la nature biologique qui a inspiré la technique humaine ou plutôt l'homme qui imite dans ses outils l'invention biologique ? L'utilisation de la métaphore organiciste (« organes » d'une machine, « ailes » d'un avion) n'est pas perçue comme telle par Cuénot, la finalité de fait « n'est aucunement souscrite à une métaphysique ou un finalisme quelconque », on reste dans « le domaine de la pure observation »[2].

L'invention biologique doit remplacer les mots de fin, de finalisme et de cause finale qui sont « tout à fait désuets »[3]. La finalité organique est « un pouvoir spirituel d'invention, immanent au vivant qui agit sur la matière comme l'idée de l'artisan sur les matériaux qu'il utilise »[4]. L'exemple de l'adaptation et de la cohérence structurelle de « toutes les coaptations anatomo-fonctionnelles sembl[e] exiger le plan »[5].

LA PUISSANCE CRÉATRICE DU VIVANT

Plutôt que de se réfugier dans le domaine métaphysique pour attribuer un principe « immatériel » sur le modèle du principe vital des vitalistes (comme l'entéléchie de Hans Driesch[6] et l'élan vital d'Henri Bergson[7]),

1. L. Cuénot, *Invention et finalité en biologie*, op. cit.,
2. *Ibid.*
3. *Ibid.*, p. 44.
4. *Ibid.*, p. 240.
5. *Ibid.*
6. H. Driesch, *La philosophie de l'organisme* [1909], trad. fr. M. Kollmann, préface J. Maritain, Paris, Marcel Rivière, 1922.
7. H. Bergson, *L'évolution créatrice*, Paris, Alcan, 1907.

Cuénot interroge plutôt, par la science biologique et de manière rationnelle, « la succession des évènements sensoriels déterminés en nous par les phénomènes du monde extérieur »[1]. Quelle est la part de nous-mêmes dans la mise en ordre en lois et règles de phénomènes extérieurs que nous connaissons à travers nos perceptions sensorielles ?

Si Cuénot « préfère croire que l'oiseau est fait pour voler », c'est faute de pouvoir fonder sa croyance en raison de l'inconcevabilité du principe directeur de l'Univers. C'est faute de pouvoir décrire l'architecture et le plan providentiel de la Nature que la biologie apparaît comme le seul moyen d'en livrer l'architecture chez les animaux. Le démontage du mécanisme ontogénétique qui conduit à la formation de l'œil ne décrit que des déterminismes élémentaires dont l'assemblage et la complexité des relations produisent une fonction : « il n'en restera pas moins que l'œil sert à voir : c'est sa fonction (= fin) »[2]. Mais la découverte des véritables causes efficientes ne consiste pas à réduire la fonction à des éléments, même fondamentaux. Cuénot refuse la finalité interne qui confondrait la finalité organique avec des inspirations finalistes.

Partant de la science biologique, Cuénot commence à chercher à délimiter respectivement connaissance positive, histoire et métabiologie[3]. L'exemple de l'orthogénèse pose bien le problème de l'interprétation de la sériation dans le temps et dans l'espace. Faut-il se contenter de cette « biologie historique »[4] pour

---

1. L. Cuénot, *Invention et finalité en biologie, op. cit.*, p. 15.
2. *Ibid.*, p. 57.
3. *Ibid.*, p. 17.
4. *Ibid.*

admettre une relation de descendance entre les espèces disparues et actuelles ? La question plus fondamentale, celle d'une philosophie biologique, est celle de la cause de l'orthogenèse : cause externe ou cause interne ? Entre externalisme lamarckien, darwinien ou delagien, et internalisme chimique de la substance germinale d'ordre nécessairement téléologique, Cuénot voudrait interroger le recours à la métaphore de la « puissance créatrice »[1] utilisée par les biologistes. Le vitalisme est présenté par Cuénot comme un procédé de l'esprit pour expliquer l'organisme dans un rapport structure-fonction :

Par l'assimilation[2], qui nous fait saisir la nécessité de l'organisation du vivant.

Par la convergence[3], qui repose sur une ressemblance frappante, tant pour la conformité extérieure que pour le fonctionnement des organes internes.

Par l'invention[4], qui est attribuée de manière anthropomorphique selon un parallélisme avec les outils d'homme et qui est comprise comme une capacité des êtres vivants.

Par le mécanisme a-téléologique[5], qui proclame qu'aucune différence de nature n'existe entre les phénomènes.

Par la téléologie[6], qui pose le problème de la validité scientifique de la finalité intentionnelle.

Faut-il dès lors utiliser le vitalisme si l'emploi de la méthode expérimentale physico-chimique rend inutile

---

1. L. Cuénot, *Invention et finalité en biologie*, *op. cit.*, p. 23.
2. *Ibid.*, p. 23.
3. *Ibid.*, p. 25.
4. *Ibid.*, p. 27.
5. *Ibid.*, p. 28.
6. *Ibid.*, p. 29.

l'hypothèse de la force vitale? Cuénot, face aux deux thèses du mécanicisme et du non-mécanicisme, estime ne voir

> aucun inconvénient à conserver le mot de vitalisme pour toute théorie de la vie qui n'est pas strictement mécaniciste et a-téléologique, par exemple pour celle qui admet que la Biologie est une science autonome, ayant sa légalité particulière (*Eigengesetzlichkeit*), combinée avec la légalité physico-chimique de son substratum matériel[1].

Cuénot reconnaît le problème de « l'élargissement » et de « la déviation du sens » à l'intérieur même de l'œuvre de Claude Bernard[2], qui serait ainsi passé du positivisme le plus expérimental au vitalisme physique.

Utilisant l'analyse du hasard par le mathématicien Henri Poincaré, la prévisibilité statistique[3], si elle interdit la définition d'une causalité précise, autorise « dans l'esprit de l'Homme »[4] une distinction entre le hasard mathématique (qui pour Cournot en 1851 n'était qu'une rencontre de séries causales indépendantes[5]) et le hasard biologique :

> Mais dans la nature, il apparaît autre chose que du fortuit; à tort ou à raison, on croit que certains phénomènes révèlent une intention, une volonté, tout

1. *Ibid.*, p. 31.

2. A. Prochiantz, *Claude Bernard, la révolution physiologique*, Paris, « Philosophie », P.U.F., 1990.

3. H. Poincaré, *Science et méthode*, Livre I, chap. IV, Paris, Flammarion, 1908.

4. L. Cuénot, *Invention et finalité en biologie, op. cit.*, p. 35.

5. A. A. Cournot, *Essai sur les fondements de nos connaissances et sur les caractères de la critique philosophique*, Paris, Hachette, 1851.

au moins une sorte de direction ; on dit alors qu'ils sont
finalisés[1].

Cuénot introduit ici, plutôt que la finalité interne
du vitalisme, l'intentionnalité, c'est-à-dire l'attribut
par « l'activité consciente de l'Homme »[2]. Comme
l'invention de l'outil remplit une fonction finalisée par
une intention, l'invention biologique repose moins
sur la causalité finale (qui suppose une représentation
consciente d'un but en vue duquel s'accomplit un acte)
que sur des causes efficientes.

ÉMERSION ÉCOLOGIQUE DU VIVANT

Une nouvelle éducation plus émersive et écologique
doit se mettre en place pour nous sensibiliser à ce
vivant dans lequel nous vivons et qui vit en nous sans
que nous ne nous en rendions compte. Pas de retour à la
situation d'avant les confinements si aucune conscience
écologique, cette fois-ci vécue, ne modifie notre relation
au milieu. Comme le rappelle Vladimir Jankélévitch,
à propos de l'intérêt de Georg Simmel pour la vie[3],
« la vie exige un sujet, une conscience qui la vive »[4].
Sans une écologie corporelle[5] qui décrit les processus
d'interaction du vivant avec le monde, la compréhension
vécue de ce qui émerse de la nature en nous, comme les

---

1. L. Cuénot, *Invention et finalité en biologie*, *op. cit.*, p. 36.
2. *Ibid.*
3. G. Simmel, *Les grandes villes et la vie de l'esprit* [1903]. Suivi
de « Sociologie des sens », trad. fr. J.-L. Vieillard-Baron et G. Joly,
Paris, Payot, « Petite Bibliothèque Payot », 2013.
4. V. Jankelevitch, « Georg Simmel, philosophe de la vie », *Revue
de Métaphysique et de Morale*, 1925, p. 213-257.
5. B. Andrieu, P. T. da Nobrega, *Emergir na Natureza - ensaios de
ecologia corporal*, Sao Paulo, Liber Ars, 2020.

coronavirus, ne sera pas incarnée par le corps vivant des humains. Nous pourrions continuer à vivre comme avant et poursuivre l'Anthropocène, mais la fin de l'homme, plus que de la Terre, est désormais envisagée par les scientifiques.

La vivacité du vivant va de pair avec une vitalité écologique. Parler de *vitalité* du vivant ne renvoie pas seulement au vivant dont l'âge[1] serait advenu, mettant enfin au jour « notre corporéité et notre dépendance à l'égard des écosystèmes » ; avec la vitalité du vivant, et avec la vivacité, les philosophes Andreas Weber et Hildegard Kurt, dont nous partageons les thèses, démontrent que la politique du vivant rattache désormais davantage chacun et chacune d'entre nous à « une culture de la responsabilité qui soit capable de prendre conscience de sa propre vitalité »[2]. Ces philosophes allemands retrouvent la veine ouverte par Ludwig Klages dans son appel sur *L'homme et la terre* dès 1913 : « car une chose est claire, c'est que, quel que soit le paysage, le jeu des nuages, les eaux, la profusion des plantes et l'agitation des animaux produisent un Tout profondément émouvant qui embrasse l'individu vivant comme au sein d'une arche, l'incorpore en l'entrelaçant dans le grand devenir cosmique »[3].

Il conviendrait de se libérer de la pensée technoïde et de l'idéologie mortifère de l'ambiance de fin du monde prophétisée par les collapsologues : la collapsologie,

1. C. Pelluchon, *Les lumières à l'âge du vivant*, Paris, Seuil, 2021, p. 291-292.

2. A. Weber, H. Kurt, 2021, *Ré-ensauvagez-vous!*, Paris, Le Pommier, 2021, p. 45-46.

3. L. Klages, *L'homme et la terre* [1913], La Murette, Éditions R&N, 2016, p. 4.

ce néologisme issu des travaux de Pablo Servigne, de Raphaël Stevens et de Gauthier Chapelle[1] entérine la fin du monde, sans possibilité de réversibilité. Pourtant, en se débarrassant de l'impuissance supposée à agir face la dismose technologique, il faudrait « dispenser à tous les êtres – tous sans exception ! – le droit de vivre la vitalité, c'est-à-dire d'être pleinement eux-mêmes tout en restant profondément liés au reste du monde »[2].

Mais ce droit à la vitalité est-il possible face à la vivacité du vivant en nous et hors de nous ? Il conviendrait moins de redevenir vivant que de le devenir, simplement : notre être au monde serait un « être-en-résonance. Chaque fibre de notre être vibre »[3]. Soulignons que l'émergence du nouveau paradigme épistémique, celui de l'organique comme corps vivant, ne conduit pas obligatoirement à une naturalisation scientifique : car la prise en compte des « aspects communicationnels, sensoriels et affectifs »[4] nous permet de développer un modèle plus holistique. Les œuvres elles-mêmes relèvent désormais d'un art vivant au sens d'un art *du* vivant, visant à « mettre en valeur, dans le sensible, le vivant en tant que tel, dans ses champs de force et d'énergie et dans les transformations qu'il opère »[5]. Face au déploiement

1. P. Servigne, R. Stevens, 2015, *Collapsologie : comment tout peut s'effondrer*, Paris, Seuil, 2015 ; P. Servigne, G. Chapelle, *L'entraide, l'autre loi de la jungle*, Paris, Les Liens qui libèrent, 2017 ; P. Servigne, R. Stevens, G. Chapelle, *Une autre fin du monde est possible. Vivre l'effondrement (et pas seulement y survivre)*, Paris, Seuil, 2018.

2. A. Weber, H. Kurt, *Ré-ensauvagez-vous !*, *op. cit.*, p. 44.

3. S. Kodjo-Grandvaud, *Devenir vivants*, Paris, Philippe Rey, p. 126.

4. R. Brabant, L. Verner (éd.), *Les limites du vivant*, Paris, Dehors, 2016, p. 15.

5. *Ibid.*, p. 28.

illimité de sa puissance, le vivant par son contact avec les autres est *inter*-lié ; il peut tout à la fois s'adapter et muter. Il convient d'être « de retour dans la nature »[1].

La différence entre écologie superficielle et écologie profonde analysée par Arne Naess repose notamment sur les principes de diversité et de symbiose : la survie des plus adaptés doit être comprise « dans le sens d'une capacité à coexister et à coopérer en nouant des relations complexes »[2]. Ainsi la cosmicité doit aller contre la décosmisation mise en œuvre par l'Anthropocène. Augustin Berque décrit ce processus comme une « décosmisation », ce que nous nommons dismose[3], « qui tend à priver nos valeurs de tout fondement dans la nature »[4] : cette décosmisation serait la conséquence de l'imposition du modèle technique qui transforme, même au nom de sa conservation, la nature en environnement[5]. Augustin Berque se réfère ici à Rem Koolhass, dans « The cosmetic is the new cosmic »[6] : il faut désormais développer une mésologie urbaine pour dépasser cet

1. K. Perlongo, « De retour dans la nature », dans J. Bächle, *Lebensformen. Formes de vie*, Paris, Mediapop Éditions, 2018, p. 9-12.
2. A. Naess, « Le mouvement d'écologie superficielle et le mouvement d'écologie profonde de longue portée. Une présentation » [1973], trad. fr. D. Afeissa, dans H. D. Afeissa (éd.), *Textes clés d'éthique de l'environnement. Nature, Valeur, respect*, Paris, Vrin, 2007, p. 52-60, ici. p. 53.
3. B. Andrieu, *La vivacité. Impacts de la dismose dans le corps*, Montréal, Éditions Liber, 2022.
4. A. Berque, *Recosmiser la terre. Quelques leçons péruviennes*, Paris, Éditions B2, 2018, p. 23.
5. K. Jacob, *Crimes contre la nature. Voleurs, Squatters et braconniers : l'histoire cachée de la conservation de la nature aux États-Unis*, trad. fr P. Rocheron, Toulouse, Anacharsis, 2021.
6. R. Koolhass, *Junkspace – Repenser radicalement l'espace urbain*, Paris, Payot, 2011.

espace « foutoir » qui « remplace la hiérarchie par l'accumulation, la composition par l'addition »[1].

Pourtant rappelons-le, le vivant, par sa vivacité, est déjà en nous, même si nous ne parvenons jamais à l'exprimer entièrement. En confondant l'apparence avec le vivant, la représentation n'est que partielle, pour qui voudrait construire une philosophie au contact du vivant et pas seulement du vécu. L'empathie a pu être considérée comme un moyen plus direct de communiquer avec le vivant[2], mais le risque est grand de confondre le ressenti interne avec son image vécue :

> La vision instantanée d'un fragment de vie est bouleversante pour qui s'éloigne de la vie en brisant ses élans d'appropriation, et, se déversant hors de soi, se fond dans l'image reconnue illusoire[3].

La *vivacité* est la capacité du vivant à réagir face à la mise en cause de son intégrité. Le vivant reste vivace tant que sa viabilité, comme le prouve la stratégie vaccinale ARNm des nouveaux vaccins, n'est pas définitivement altérée, comme dans le cas de la déstabilisation immunitaire, par exemple avec les rétrovirus ou dans la phase terminale du cancer. La *vitalité* est le résultat de la vivacité objective du vivant du point de vue de la perception du corps vécu : se sentir bien, en forme et avoir une bonne estime de soi sont des états ressentis en fonction de l'évaluation des sensations internes. Ce qui

1. A. Berque, « Pouvons-nous dépasser l'espace foutoir (Junkspace) de la basse modernité ?, *Mésologie urbaine*, Paris, Terre Urbaine, 2021, chap. VI, p. 111.
2. P. J. Walsh, « Empathy, Embodiment, and the Unity of Expression », *Topoi* 33 (1), 2014, p. 215-226.
3. G. Colli, *Philosophie de l'expression* [1969], trad fr., Paris, Éditions de l'Éclat, 1998, p. 20.

est *inviable* remet en cause toute possibilité de rémission, en raison de l'altération structurelle ou fonctionnelle du corps vivant. Ce qui est *invivable*, du point de vue de la perception du corps, c'est le sentiment subjectif du caractère insupportable : ainsi la douleur ressentie peut être à la limite du vivable alors qu'elle n'est pas obligatoirement l'effet d'une cause d'un état inviable de son corps vivant.

L'ENTAME DE NOTRE VIABILITÉ

Paradoxalement, les crimes perpétrés contre la nature [1] ont été réalisés à l'intérieur même des politiques de la conservation de la nature. L'invention du colonialisme vert [2] aura créé des parcs touristiques pour faire croire en une nature sauvage. Les maîtres de l'environnement [3] s'appuient sur l'empreinte de l'homme plutôt que sur celle du vivant.

Pour Baptiste Morizot, nous descendons « de ceux qu'on éradique » [4]. Le vivant peut se passer de nous, mais pourrions-nous nous passer de lui ? Alors même que nous pensions dominer la nature, la crise de l'Anthropocène nous révèle avec la grande extinction actuelle des espèces combien tout est lié. En perdant le lien avec les vivants, nous avions cru les dominer par une éducation technocide, au point de devoir « bifurquer », comme

1. K. Jacoby, *Crimes contre la nature*, Paris, Anacharsis, 2021, p. 45

2. G. Blanc, *L'invention du colonialisme vert. Pour en finir avec le mythe de l'Éden africain*, Paris, Flammarion, 2020, p. 54.

3. M. Nicholson, *La révolution de l'environnement. Guide à l'usage des nouveaux maîtres du monde*, Paris, Gallimard, 1973, p. 169.

4. B. Morizot, *Manières d'être vivant*, Arles, Actes Sud, 2020, p. 153.

le programme Bernard Stiegler[1]. Car en l'absence des activités humaines, les animaux reprennent leur place dans la nature[2].

Claude Lévi-Strauss a déjà décrit combien cette relation animal-homme s'inscrivait dans une croyance totémique, que nous avons perdue. Ainsi le totem animal

> était librement tué et mangé, sous réserve de précautions rituelles : permission de chasse, sollicitée au préalable de l'animal et excuses rétrospectives. Les ojibwas affirmaient même que l'animal s'offrait plus volontiers aux flèches des chasseurs de son clan, et qu'il convenait donc de l'interpeller du nom de « totem » avant de l'abattre[3].

Cette relation entre le sauvage et le domestique, que Philippe Descola a su si bien décrire, est encore présente chez les Achuar, qui ne mangent pas les animaux de compagnie, « tanku » se traduisant par « apprivoisé » ou « acclimaté aux humains »[4]. Dans la médecine traditionnelle chinoise ce lien entre le sauvage et le domestique est au cœur de la circulation des animaux dans les marchés et de leur découpe élémentaire en fonction des qualités thérapeutiques, comme l'a établi Frédérick Keck[5].

---

1. B. Stiegler (éd.), *Bifurquer. Il n'y a pas d'alternative*, Paris, Les liens qui libèrent, 2020.

2. V. Despert, *Habiter en oiseau*, Arles, Actes Sud, 2019, p. 141.

3. Cl. Lévi-Strauss, *Le totémisme aujourd'hui*, Paris, P.U.F., 1962, p. 34.

4. Ph. Descola, *Par-delà nature et culture*, Paris, Gallimard, 2005, p. 85

5. F. Keck, *Les Sentinelles des pandémies : Chasseurs de virus et observateurs d'oiseaux aux frontières de la Chine*, Paris, Zones sensibles, 2020.

Aujourd'hui, la disparition des forêts sauvages et la mise en culture agro-industrielle favorisent l'émergence des virus et leur communication au monde humains par les maladies zoonoses. Comme l'analyse Emanuele Coccia :

> Il n'y a aucune opposition entre le vivant et le non-vivant. Tout vivant est non seulement en continuité avec le non-vivant, mais il en est le prolongement, la métamorphose, l'expression la plus extrême[1].

La forme actuelle de notre corps vivant n'est donc que le masque provisoire de ce que nous pourrions devenir. À l'instar de la reproduction, qui transforme de l'intérieur le corps de la femme, la métamorphose met en jeu les limites de la viabilité mais active également des vivacités nouvelles. La vitalité de la puissance du végétal[2] peut ainsi être révélée par la technique, dès lors qu'on s'attache à porter le regard sur son animation interne. La philosophie du végétal[3] a établi combien la tradition botanique décrit la façon dont la plante s'auto-organise, dans une logique différente de l'organisme humain.

Ainsi pour Donna J. Haraway, « vivre avec le trouble » doit être le moyen d'une « sympoïèse en matière de biologie écologique évolutive et développementale et d'activisme artistique-scientifique »[4]. La vie végétale

---

1. E. Coccia, *Métamorphoses*, Paris, Rivages, 2020, p. 17.
2. T. Castro, P. Pitrou, P. Rebecchi (éd.), *Puissance du végétal et cinéma animiste – La vitalité révélée par la technique*, Dijon, Les presses du réel, 2020.
3. Q. Hiernaux (éd.), *Philosophie du végétal. Botanique, Epistémologie, Ontologie*, Paris, Vrin, 2021.
4. D. J. Haraway, *Vivre avec le trouble*, trad. fr. V. Garcia, Paris, Les éditions des mondes à faire, 2020, p. 13.

des plantes prouve qu'elles « ne sont pas des choses »[1] et que les réseaux hybrides des arbres communiquent entre eux et sans nous. Dans son *Manifeste du tiers paysage*, Gilles Clement quant à lui nous demande de « considérer le non-aménagement comme un principe vital »[2] – le nombre d'espèces vivantes, notamment les arthropodes[3], étant toujours si important que dresser l'inventaire du vivant est devenu une tâche infinie.

La recherche de cette microperformativité du vivant a attiré l'attention de certains sur la résistance minimale des lichens, chez qui « le support fait en quelque sorte parte intégrante de leurs corps »[4] ou sur la dynamique des larves « qui contredit violemment tout ce qui n'est pas stable, durable et uniforme »[5], démontrant toute la vivacité de l'informe. Avec les manifestations artistiques molles et autonomes de la matière, depuis les années 1960-1970 le mou est une présence corporelle de « nouvelles formes élastiques, énergétiques ou indolentes »[6], selon trois modalités que sont entasser, laisser pendre et nouer. Cette nouvelle esthétique du contact dans l'art

---

1. F. Burgat, 2020, *Qu'est-ce qu'une plante ? Essai sur la vie végétale*, Paris, Seuil, 2020, p. 11.

2. G. Clément *Manifeste du tiers paysage*, Paris, Éditions du commun, 2020, p. 63.

3. T. L. Erwin « *Tropical Forests : Their Richness in Coleoptera and Other Arthropod Species* », *The Coleopterists Bulletin*, vol. 36, n° 1, mars 1982, p. 74-75.

4. V. Zonca, *Lichens. Pour une résistance minimale*, Paris, Le Pommier, 2021, p. 51.

5. M. Zilio, *Le livre des larves. Comment nous sommes devenus nos proies*, Paris, P.U.F., 2020, p. 90.

6. M. Fréchret, *Le mou et ses formes. Essai sur quelques catégories de la sculpture du XXᵉ siècle*, Paris, École nationale supérieure des Beaux-Arts, 1993, p. 175.

contemporain pose le liant entre les corps et les objets par
« l'entrelacement perceptif entre optique et haptique »[1].

ÊTRE À L'ÉCOUTE DE SON VIVANT

Le contact avec le vivant est d'abord intime, de vivant
à vivant par une sorte d'empathie. Cette intelligence
émotionnelle est émersive et produit des résonances
sensibles, y compris dans les pratiques extrêmes comme
nous l'analysons ici. Être attentif à l'activité de son
corps vivant rend consciente une nouvelle connaissance
des autres en soi. Ainsi les techniques d'*awareness* en
relation dynamique sont utilisées dans le cadre du soin,
comme en psychomotricité auprès des personnes victimes
d'AVC[2], afin de se reconnecter avec le monde. D'une
autre manière, le recueil des données du corps vivant
(comme la fréquence cardiaque) offre une connaissance
des activités du corps vivant qui demeuraient invisibles
au sujet lui-même jusque-là.

Cependant ce recueil des *data* par des outils
connectés fait croire en une connaissance directe et *in
vivo* de l'activité du corps vivant, qui demeure presque
illusoire car elle ne repose pas sur un processus émersif
interne passant par le corps vécu. Or le temps d'arrivée
des données du corps vivant à sa conscience par le corps
vécu, ce que nous appelons ici l'émersion, n'est pas

1. S. Coëllier, « Contact! Contact! ! », dans S. Coëllier, *Histoire
et esthétique du contact dans l'art contemporain*, Aix en Provence,
Presses Universitaires de Provence, 2005, p. 24.

2. M. Agostinucci, C. Liné, J. Lachal, G. Dietrich, S. Hanneton,
B. Andrieu, 2019, « L'impropréité du corps vivant. De l'énaction
capacitaire à son émersion vécue », dans S. Hanneton et B. Andrieu
(éd.), « L'activation du corps vivant. Émersions, Hybridations,
Remédiations », *Intellectica* 71, 2, 2019, p. 39-66.

contrôlable. Pourtant, être à l'écoute de son vivant est devenu un moyen de prévention contre la Covid-19 par exemple, dans les pratiques de respiration, de méditation et d'immersion. La prévention n'est plus un contrôle externe mais une connaissance régulée par l'autoexamen quotidien. Cette écoute doit conduire à une « autosanté »[1].

S'activer, c'est provoquer volontairement l'émersion involontaire de nouvelles informations des données du vivant. L'information activée émerse involontairement dans le champ de la conscience, provoquant ainsi un éveil de la conscience du corps propre. Ce qui était impropre va devenir ainsi propre, progressivement. Cet éveil (*awareness*) est différent de la conscience de soi (*consciouness*) par son émersion involontaire et le remplissement des contenus sensoriels. L'activité du corps vivant est continuellement écologisée par ses interactions entre le milieu intérieur et l'environnement externe. L'activation peut être volontaire, notamment lors de sollicitations et stimulations, mais son résultat émerse involontairement sans le contrôle de la conscience. L'activation favorise l'émersion sans que celle-ci soit toujours consciente. L'éveil traverse lors de l'émersion différentes couches sans parvenir toujours jusqu'à la pleine conscience. L'analyse du vécu de conscience a certes pu trouver dans la phénoménologie une méthode suffisante pour décrire les contenus perçus[2]. Avec les

1. B. Andrieu, *L'Autosanté. Vers une médecine réflexive*, Paris, Armand Colin, 2014.
2. M. Ollagnier-Beldame, et C. Coupé, « Meeting you for the first time : Descriptive categories of an intersubjective experience ». *Constructivist Foundations* 14(2), 2019, p. 167-180.

vécus pré-réflexifs[1], le contact est rendu plus sensible par la double expérience du touchant/touché décrite par Maurice Merleau-Ponty : cette auto-réflexivité vivant/vécu favorise le contact à la fois avec ce qui émerse de l'activité interne du vivant jusqu'à la conscience, et avec ce que la perception consciente peut appréhender par une focalisation attentive.

CONTACT ET L'INTENTION DANS L'ACTION

Pour autant, la conscience de l'intention ne peut-il faire obstacle au contact du vivant, dès lors que se représenter une intention est déjà une mise à distance de l'objet ? Car si le vivant nous contacte à notre insu, l'intention dans l'action voudra savoir ce que nous faisons pendant que nous le faisons. Il faut bien reconnaître « une possibilité de décalage » entre la connaissance de mon action et ce que je fais effectivement, car ce décalage « est en fait inhérent à tout type de connaissance, c'est la possibilité que nous avons de nous tromper au sujet de ce que nous savons ou plutôt de ce que nous croyons savoir »[2]. De plein droit, je ne peux dire que je sais ce que je fais puisque mon corps accomplit des mouvements automatiques sans

1. C. Balzani, J. A. Micoulaud-Franchi, N. Yunez, A. Fagot, A. S. Mariaud, C. Y. Chen, Cl. Maury-Rouan, M. L. Martin-Sentinelli, J. Naudin, J. Vion-Dury, « L'accès aux vécus pré-réflexifs : quelles perspectives pour la médecine en général et la psychiatrie en particulier ? » *Annales Médico-Psychologiques* 171, 2013, p. 118-127. https://doi.org/10.1016/j.amp. 2013.01.008 ; C. Petitmengin, « La dynamique pré-réfléchie de l'expérience vécue », *Alter – Revue de Phénoménologie* 18, 2010, p. 165-182.

2. V. Aucuturier, *L'intention en action*, Paris, Vrin, 2018, p. 198.

que je le sache et que je ne peux contrôler, mais « je sais ce que j'ai l'intention de faire en faisant ce que je fais »[1].

Être à l'écoute de son corps vivant, en situation d'équilibre et de déséquilibre, engage la possibilité d'une pleine conscience du présent et de la présence. Le corps vivant, par son activité interne, par son rythme cardiaque, par sa proprioception posturale et par sa sensibilité dermique fournit des éléments d'information pour dresser une cartographie de sa vivacité. Cette carte, moins du tendre que du ventre et du pied, vient dresser les chemins et les appuis sur le fil du monde par une connaissance tactile et sensorielle. En aveugle, l'imagerie mentale s'appuie sur les sensations internes, les cales de pied ou encore les gestes automatiques, pour privilégier cette écoute de l'air, de l'espace et du vide. Nous montrons dans ce volume comment écouter ses sensations, en distinguant les émotions émersives du corps vivant des ressentis de la perception du corps vécu. Traverser le fil du monde, c'est être sur le fil sans tomber ni au sol, ni en soi-même.

Cette différence entre le corps vivant[2] et le corps vécu, entre l'organisme et la perception consciente, entre *Leib* et *Körper*[3], a été au centre de la phénoménologie cognitive : la naturalisation de l'intentionnalité[4], avec le risque de réductionnisme, aura précipité la phénoménologie

---

1. V. Aucuturier, *L'intention en action*, *op. cit.*, p. 199.

2. , « Lived Body and Intentional Embodiment », *Dialogue and Universalism* 28, 2018, p. 245-259.

3. H. Berry, « Flesh and Body : The Phenomenology of Husserl », *Journal of the British Society for Phenomenology* 50 (3), 2018, p. 278-279.

4. E. Pacherie, *Naturaliser l'intentionnalité. Essai de philosophie de la psychologie*. Paris, P.U.F., 1993.

vers une analyse de ce qui est véritablement actif dans le corps vivant indépendamment de l'intentionnalité consciente. La nouvelle compréhension de l'œuvre de Merleau-Ponty[1] à partir de l'anticipation corporelle du vivant aura favorisé le passage de la passivité matérielle du corps à la découverte de son activation sous l'effet de son esthésiologie et son écologisation.

Car la kinesthésie[2], si elle a pu placer la proprioception au centre de cette nouvelle analyse de l'activation du vivant, peut aujourd'hui être complétée par ce qu'Alphonse de Walhens appelait dès 1950, avec Jean-Paul Sartre, Gabriel Marcel, Maurice Merleau-Ponty et Henri Bergson, la « phénoménologie du corps »[3], en posant déjà la nécessité d'une analytique du corps propre; mais si « les organes physiologiques n'appartiennent pas au corps-pour-moi »[4] la distinction des champs sensoriels avec la conscience thétique n'empêche pas de s'interroger, comme nous le faisons ici, sur l'acte de voir, de sentir ou encore de toucher. L'activation du corps vivant dépasse la question de la localisation réductionniste des fonctions dans le cerveau par le biais de modèles dynamiques et interactionnistes.

La perception du corps vécu peut venir occuper tout le champ de la conscience au point de nous rendre insensibles, sinon aveugles, à l'activité de notre corps

1. J. Tudio « Merleau-Ponty's Refinement of Husserl : Bodily Anticipation of Reflexive Thought », *Philosophy Today* 29 (2), 1985, p. 99-109.

2. M. Sheets-Johnstone, « Kinesthesia : An extended Critical Overview and a Beginning Phenomenology of learning », *Continental Philosophy Review* 52 (2), 2019, p. 143-169.

3. A. de Wahlens, « La Phénoménologie du corps », *Revue Philosophique de Louvain* 19, 1950, p. 371-397, ici p. 384-385.

4. *Ibid.*, p. 388.

vivant. En effet si la perception porte son attention sur le seul contenu mental de l'intention d'agir, elle perdrait le contact avec ce qui l'aura rendu percevante. Selon la philosophe Elisabeth Anscombe dans son livre *L'Intention*, il y a trois cas où nous utilisons un concept d'intention :

a) l'expression d'intention pour le futur ;

b) l'action intentionnelle dite intention *de* faire (*intention of doing*) ;

c) L'intention dans l'action (*in acting*, *in action* ou *in doing*) appelée aussi « intention dans laquelle on agit »[1].

En mettant l'accent sur le lien entre action et perception, comment délimiter ce qui dans l'action relèverait de l'intention ou de ce qui est actif dans cette action ?

L'intention dans l'action favorise l'émersion car le corps vivant peut s'engager dès son activation dans une pré-action motrice, comme nous le soulignions dans nos travaux sur le corps en première personne :

> La mémoire, la sensibilité et la perception du corps produisent des informations que nous transmettons sans une compréhension consciente. Car le corps vivant s'écrit de lui-même en première personne avant que par l'émersion de ses sensations ressenties notre conscience ne les traduise dans un récit par une première personne incarnée[2].

---

1. E. Anscombe, *L'intention* [1957], trad. fr. M. Maurice et C. Michon, Paris, Gallimard, 2001, § 16, p. 20, 26, 30.

2. B. Andrieu, « Le corps en première personne : une écologie pré-motrice », *Movement & Sport Sciences* 81, 3, 2013, p. 1-3, ici p. 1.

La performativité[1] du corps vivant s'oppose à une intentionnalité consciente pour laisser l'action s'accomplir.

L'envahissement de la perception du corps vécu peut ainsi venir perturber l'écoute des informations qui émersent du corps vivant. La perception est ainsi non optimale là où la cognition restaure la forme dans toute sa dimension. Comme Alva Noé l'a démontré en 2012 dans *Varieties of Presence*, la perception n'est pas la production ou la contemplation d'une représentation interne du monde[2]. Noé distingue ainsi deux espèces de présence : la présence perceptuelle et la présence de pensée[3], afin de distinguer ce qui dans l'expérience du monde proviendrait d'une perception du monde, de ce qui serait seulement une projection mentale sur le monde. Accepter que le dispositif expérientiel de la perception ne puisse nous fournir qu'une connaissance par les *qualia* (« *qualities in consciousness* »), c'est admettre que « nous énactons le monde perçu par une exploration sensori-motrice »[4].

Pour l'actioniste direct réaliste, la compréhension sensori-motrice de la conscience (*awareness*) perceptuelle des objets est un accomplissement immédiat, qui est pourtant le résultat d'un ajustement « nécessaire pour réaliser et maintenir le contact perceptuel avec le

---

1. A. Poli, B. Andrieu, 2021, « Against Academic performance, a rebellious creativity' by emersion », *in* P. Burnard, E. Mackinlay, D. Rousell, T. Dragovic, (eds.), *Doing Rebellious Research in and beyond the Academy*, The Netherlands, Brill Publishers, 2021.

2. A. Noe, *Varieties of Presence*, Cambridge (Mass.), Harvard University Press, 2012.

3. *Ibid.*, p. 44.

4. *Ibid.*, p. 59.

monde »[1]. Même si cet ajustement est inconscient, son action directe favorise un réalisme perceptif pour le cerveau en première personne, dont le sujet ne se rend pas compte. Le corps vivant accomplit le travail de contact avec le monde parce qu'il est par sa porosité « en contact ». La perception est ainsi définie comme une

> relation non intentionnelle avec le monde mais ce n'est pas non plus une relation brute et externe. Notre cerveau et notre esprit la réalisent ensemble avec un effort considérable[2].

Avec ce relationnisme, contre les intentionnalistes, « les objets sont une partie d'un état de choses relationnel qui correspond à l'expérience perceptive »[3]. Ainsi le contact avec le fil, dans la pratique de la *slackline* ou du funambulisme, est aussi le moyen d'être sensibilisé par les pieds. Le double contact, touchant-touché, par le fil sur le pied et par le pied sur le fil, produit une gravité ressentie. Le contact est émersif quand une information sensorielle survient autant de la tension de la corde que de la résonance activée des sensations tactiles dans son corps vécu.

Ouverture

Ainsi en allant du contact corporel à l'expérience du contact, l'humanité post-Anthropocène doit se mettre au contact du vivant, à partir de ses sensations internes et intimes, tant dans son écologie corporelle interne que dans la coopération collective avec tous les vivants. En acceptant l'émersion plutôt que la domination du

---

1. *Ibid.*, p. 67.
2. *Ibid.*, p. 73.
3. P. Steiner, « Perception incarnée, (anti)représentationnalismes et science incarnée », *Recherches sur la philosophie et le langage* 33, 2017, p. 89-145, p. 135.

vivant, le contact révèle la porosité de nos corps. Plutôt que de craindre la fin du monde[1] et l'effondrement[2], l'émersiologie propose de partir du vivant en nous et hors de nous et des expériences que nous pouvons en faire avec modestie.

Car au contact du vivant, nulle expérience mystique d'une Nature que nous pourrions retrouver comme avant. Il n'y a pas de paradis à retrouver mais une communauté à construire avec les vivants. La tentation de rejouer le vivant[3] dans des jeux immersifs comme *Second Life* ou des téléréalités sont des tentatives illusoires de *re-enactment* du vivant. Il faudrait plutôt selon Nastassia Martin « croire aux fauves »[4] et « qu'il est possible de "faire vie" dans nos montagnes sans être uniquement dépendants de l'industrie des loisirs »[5]. Merleau-Ponty l'analysait déjà dès les conférences de Mexico, la nature n'est pas extérieure au corps qui la perçoit :

> Quel est donc sujet de la perception ? Le corps comme (familiarité) avec le monde des couleurs, des distances, interprétation non intellectuelle. Entre moi spirituel et chose perçue il y a le corps[6].

1. P. Servigne, R. Stevens, *Comment tout peut s'effondrer : Petit manuel de collapsologie à l'usage des générations présentes*, Paris, Seuil, 2015.

2. J. Diamond, *Effondrement : Comment les sociétés décident de leur disparition ou de leur survie*, Paris, Gallimard, 2006.

3. A. Benichou, *Rejouer le vivant – Les reenactments, des pratiques culturelles et artistiques (in)actuelles*, Dijon, Les presses du réel, 2020.

4. N. Martin, *Croire aux fauves*, Paris, Verticales, 2019.

5. N. Martin, « Nous vivons une crise du récit », *Le Monde*, 9-10 août 2020, p. 25.

6. M. Merleau-Ponty, « Le monde perçu, Conference à Mexico » [1949], Deuxième version, dans M. Merleau-Ponty, *Conférence en Amerique, notes de cours et autres textes*, éd. M. Dalissier et S. Maatsuba, Paris, Mimesis, 2022. p. 289.

CHAPITRE IX

DE LA LENTEUR À LA PROFONDEUR
LE CONTACT ÉMERSIF

LE LIÈVRE ET LA TORTUE

Les paradoxes de Zénon, rapportés dans la *Physique* par Aristote, analysent la doctrine de Parménide, selon laquelle toute évidence des sens est fallacieuse, et le mouvement est impossible [1] :

> Le plus lent à la course ne sera jamais rattrapé par le plus rapide ; car celui qui poursuit doit toujours commencer par atteindre le point d'où est parti le fuyard, de sorte que le plus lent a toujours quelque avance [...] on conclut qu'on ne peut arriver à la limite, la grandeur étant divisée d'une façon ou d'une autre ; mais, ici, on ajoute que même ce héros de vitesse, dans la poursuite du plus lent, ne pourra y arriver [2].

Aristote estime contre Zénon que le plus lent sera rattrapé, « pour peu qu'on accorde que c'est une ligne finie qui est parcourue ».

1. W. C. Salmon, *Zeno's Paradoxes*, New York, The Bobbs-Merrill Company, Inc., 1970.
2. Aristote, *Physique*, trad fr. H. Carteron, Paris, Les Belles Lettres, VI, 9, 239b.

Reprenant ce thème dans ses *Fables*, Jean de La Fontaine tire toutefois une morale de la persévérance et de la modestie conte l'orgueil du lièvre : « Rien ne sert de courir ; il faut partir à point. Le Lièvre et la Tortue en sont un témoignage »[1]. La tortue est le symbole de cette lenteur heureuse et de l'effort constant : la lenteur est un mouvement continu dont le pas de la marche est la mesure humaine.

Car la lenteur est une expérience de la relativité du temps, là où la vitesse et la performance nous habituent à agir de manière multiple et sans prendre toujours le temps de réfléchir. La dilatation du temps, analysée par Bergson à propos de l'expérience de Michelson-Morley de 1881-1905, est une préfiguration de la relativité, ce qu'il appelle une demi-relativité : « par l'effet du mouvement, un temps plus long, étiré, dilaté vient remplir l'intervalle entre deux positions de l'aiguille »[2]. La dilatation du temps repose sur ce que « j'entraîne avec moi dans le mouvement de mon système »[3]. Le rétrécissement les équations fonctionne grâce « à la contraction de mes longueurs, à la dilatation de mon temps, à la dislocation de mes simultanéités »[4].

Le corps est ainsi un système en mouvement dans lequel je me trouve, et le point de vue immobile de la lenteur fait accroire en une construction d'une représentation globale : ainsi se déplace « la contraction des corps en mouvement, la dislocation de leur temps,

---

1. La Fontaine, *Fables*, Paris, Le livre de poche, 1968, Livre VI, 10
2. H. Bergson, *Durée et Simultanéité*, Paris, P.U.F., 1968, p. 8-9.
3. *Ibid.*, p. 17.
4. *Ibid.*

la dislocation de la simultanéité en succession »[1]. Par la lenteur le temps enfle en dilatant la conscience. Cette différence entre « la relativité du mouvement perçu par nos yeux »[2] et « le sentiment profond que nous avons d'accomplir des mouvements » prouve qu'il y a des mouvements très lents et invisibles du dehors « qui sont perçus du dedans, mais qui, considérés du dehors n'apparaissent plus à l'œil que comme une réciprocité de déplacement »[3].

Cette conscience des « êtres vivants » se trouve dans le fait qu'ils accomplissement des mouvements qui sont bien d'eux, qui se rattachent uniquement à eux et « qui sont perçus du dedans »[4]. Saisir le mouvement « du dedans [...] dont la trace seule est visible »[5] suppose qu'une activité sous-jacente aura été mise en œuvre. Ici, le risque est de verser l'émersiologie dans une métaphysique, faute de parvenir à qualifier l'état de ce qui est actif dans notre vivant par rapport à la connaissance que nous en avons par la conscience perceptive :

> Notre connaissance de l'intérieur des choses ; c'est-à-dire qui se prolonge en métaphysique[6].

Comment cette lenteur, sans être une langueur, se diffuse-t-elle en nous au point de nous approfondir et de laisser émerser de la profondeur du vivant une activité ? Car « la propagation doit se distinguer profondément du

---

1. *Ibid.*, p. 25.
2. *Ibid.*, p. 29.
3. *Ibid.*
4. *Ibid.*
5. *Ibid.*, p. 30.
6. *Ibid.*, p. 32.

transport »[1] : en effet si la lenteur ralentit la vitesse du transport, elle éveille pourtant en nous des informations, jusque-là insensibles, qui parviennent jusqu'à la surface de notre conscience. Elle nous fait percevoir un mouvement qui provient du dedans de nous sans que nous l'ayons provoqué, nous en ressentons l'effort accompli pour qu'il parvienne jusqu'à nous :

> Il n'y a qu'un mouvement, disions-nous, qui soit perçu du dedans [...] c'est le mouvement qui traduit à nos yeux notre effort[2].

Ainsi la durée elle-même que nous découvrons au cours de la lenteur possède un prolongement qui va au-delà du ralentissement :

> Cette transition est la durée même, mémoire intérieure au changement lui-même, qui prolonge l'avant dans l'après[3].

La difficulté tient à l'expérience de l'approfondissement de cette durée intérieure dont l'homogénéité n'est pas assurée, tant il y a de « durées différentes »[4] avec des versants rythmés différents.

MÉTHODOLOGIE

Nous allons par où la vie nous indique notre état perçu et vécu comme un moment d'une dynamique plus continue qui nous anime. Apprendre de son corps[5]

---

1. H. Bergson, *Durée et Simultanéité*, *op. cit.*, p. 37.

2. *Ibid.*

3. *Ibid.*, p. 41.

4. *Ibid.*, p. 43.

5. B. Andrieu (éd.), *Manuel d'Émersiologie. Apprends le langage de ton corps*, Paris, Mimesis, 2020.

implique de décrire la carte vivante de notre relation au cosmos, aux autres, aux éléments pour comprendre dans notre corps son activité, sa mutabilité et son énergie propre.

L'obstacle du vécu, hypostasié par l'examen solipsiste de la conscience de soi, tend à nous priver de cette connaissance de la vie, la manière dont la vie se donne à connaître à nous par ses émersions. Le vécu voudrait limiter cette connaissance de la vie par elle-même en tenant seulement compte du récit du ressenti, de la conscience. Le récit conscient est-il ce que vit notre vivant ou seulement ce que comprend la conscience des émersions ?

Les indices corporels émersent dans la conscience sans le contrôle de la volonté. Nous interprétons les bruits du corps internes (pression de l'urètre, mal d'intestin, accélération cardiaque, rougissement, refroidissement ou chaleur, érection…) comme des indices d'une langue du corps vivant[1] qui s'exprimerait en nous par-devers nous. Le corps vivant nous enverrait des signes jusqu'à la conscience, argument qui supposerait une téléologie interne selon Kant, sans que nous puissions toujours en établir le dictionnaire, sinon le lexique.

L'émersiologie naît de ce « gap » ontologique :

L'activité du corps vivant est aveugle pour la conscience jusqu'à son éveil par son émersion.

Le retard de la perception corporelle sur l'activité de son corps vivant définit une phénoménologie du vécu.

---

1. B. Andrieu, *La langue du corps vivant. Émersiologie 2*, Paris, Vrin, 2018.

Le corps vivant est actif avant que j'en aie conscience : il a mal avant que je ne sente sa douleur comme la mienne.

Pour « *mind the gap* » nous pouvons nous livrer, par une méthode *down-top*, à la transe, à l'orgasme, l'abandon corporel, au vertige, ou à l'art immersif, pour nous mettre sous la dictée de ce qui serait la langue du vivant de notre corps. Soit nous prêtons attention en nous-mêmes à nos contenus émersifs au moment même où ils s'éveillent, avant que la pleine conscience ne s'en fasse une représentation ; soit nous maintenons cet écart entre ce qui émerse et ce qui est représenté, pour laisser passer le vivant dans le vécu tel quel, dans une sorte de spontanéité créatrice, comme le geste de Pollock, l'écriture automatique ou autre transe dansée.

L'indice corporel n'aboutit pas à ce qui serait la langue du corps vivant. Il faut moins renoncer à ce qui serait la langue phénoménologique, qui décrirait les subtilités de notre expérience inédite, qu'admettre que ce qui devient visible n'est qu'une traduction d'une activité du corps vivant qui a commencé bien avant notre compréhension. Prendre le phénomène vécu pour la réalité vivante pourrait suffire à combler une connaissance par la prise de conscience de soi. Car l'attention cherche à identifier comme soi tous ces signes qui lui apparaissent à la conscience, qui sont en fait des indices d'une activité du corps vivant qui s'émersent en elle.

Grâce à la méthode émersiologique, nous pouvons à présent distinguer trois niveaux d'expérience de la lenteur.

Experience	Cognition	Methodo-logy	Time	Degree of Conscious-ness
Slowness	*Attention*	*Micro-Phenome-nology*	*Expansion*	*Mind-fulness*
Slow-down	*Ecologisa-tion*	*Body Ecology*	*Length*	*Holism*
Deepening	*Emersion*	*Emersio-logy*	*Depth*	*Awareness*

Tableau 1 : Trois niveaux d'expérience de la lenteur

LA LENTEUR MICROCOSMIQUE

La lenteur est la condition de l'attention et de la précision. Manuelle, analytique et technique, elle trouve dans la précaution une méthodologie précise. Prêter attention à ce qui se passe en soi définit une présence à soi. La lenteur est ici méthodologique, là où le ralentissement est ontologique. Pierre Sansot définit ce qui serait pour lui un bon usage de la lenteur par la flânerie, qui développe « un regard curieux, avisé, mobile »[1]. Contre l'excès de vigilance, la lenteur est moins contemplative que libre, en n'accordant du prix « qu'à la merveille de l'instant »[2]. La respiration libre de la marche est écoute et ouverture à ce qui vient sans anticipation ni représentation préalable de ce qu'il faudrait faire. À l'inverse de l'attente et de l'ennui qui allongent le temps, la lenteur est une suspension de la longueur.

1. P. Sansot, *Du bon usage de la lenteur*, Paris, Payot, 1998, p. 33.
2. *Ibid.*

La lenteur microphénoménologique est une méthode pour favoriser le travail d'une attention à la présence et au présent. *Top-down*, elle focalise le contenant de la conscience sur un contenu qui se remplit indépendamment de ma volonté. Cet accueil à ce qui vient ou à ce qui nous revient en mémoire est une reprise par la conscience d'images, de ressenti et de pensées. Le cogito ne domine pas comme dans la méditation cartésienne, pour douter de toute réalité extérieure et intérieure. Le sens interne se révèle ici efficace, sans référence au monde extérieur.

La lenteur est ici une pratique douce dans la conscience, afin de respecter les différentes étapes de la descente en soi-même. Car brusquer la conscience interdit cette mobilité douce qui, étape par étape, concentre l'attention vers ses contenus :

a) la mise entre parenthèses du monde extérieur pour débrancher toute connexion nuisible à la concentration ;
b) la désynchronisation de la conscience avec le flux des pensées parasites ;
c) isoler un instant présent en le concentrant dans l'intensité de sa présence ;
d) accueillir ce qui vient sans représentation cognitive.

Ralentir sa conscience ne suffit pas à ralentir son cerveau, qui continue à activer ses réseaux. C'est seulement en privant la pensée de la reprise représentationnelle, que celle-ci peut s'arrêter de penser et contempler ce qui vient depuis sa sensibilité nerveuse : « s'abandonner à vivre »[1] ce qui vient est une ataraxie qui vise à partage la présence du monde dans son corps même. Être sans passion, conformément à l'idéal stoïcien, favorise l'impression du monde dans une conscience

1. S. Tesson, *S'abandonner à vivre*, *op. cit.*

évidée de ces objets. L'absence de trouble passe par le calme de l'esprit, pour être à l'écoute du présent et de la présence, comme l'ont recherché des figures célèbres.

Henry D. Thoreau décrit dans *Walden* comment la lenteur de son installation dans la solitude de sa cabane en pleine forêt était aussi une façon de « prendre si clairement conscience de la présence d'une chose qui m'était apparentée »[1] : ainsi « la moindre petite aiguille de pin s'allongeait et se dilatait de sympathie et d'amitiés pour moi »[2]. L'extension du champ de conscience n'est pas un approfondissement mais une augmentation de la présence par une intensification du microcosme. Mais

> nous ne sommes pas complètement impliqués dans la nature. Je suis tantôt le bois flotté dans le cours d'eau, tantôt Indra qui du ciel le regarde[3].

Point de cosmose ici dans la nature, mais une prise de temps, dans le temps qui passe pour saisir l'instant présent dans toute sa densité. Dans son journal en 1839, Thoreau précise cette différence entre ce désir de « couler par les pores de la nature » et le fait que hélas « je ne tinte ni ne m'évapore »[4].

L'observation pendant un an de la vie d'une forêt a été le moyen pour le biologiste David G. Haskell de développer « une observation silencieuse des mandalas vivants dans la forêt primaire »[5]. Le point de vue microcosmique fait découvrir avec lenteur les différents

1. H. D. Thoreau, *Walden*, trad. fr. B. Matthieussent, Paris, Le mot et le reste, 1854, p. 140.

2. *Ibid.*

3. *Ibid.*, p. 142.

4. H. D. Thoreau, *Journal*, 11 janvier 1839, vol. 1, *1837-1840*, Paris, Finitude, 2012.

5. D. G. Haskell, *Un an dans la vie d'une forêt*, Paris, Seuil, 2012, p. 332.

niveaux de l'organisation du vivant dans un mètre carré. L'enchâssement de l'écosystème n'est compréhensible que par la lente observation des déplacements des différentes espèces que nous ignorons d'habitude en raison de la taille de notre corps.

À travers une marche de quinze cents kilomètres en direction du golfe du Mexique via le Kentucki en 1867, avant son été dans la Sierra en 1869, le botaniste John Muir note et tient un journal de cette traversée :

> Mon projet était simplement d'aller droit devant moi, approximativement au sud, par le chemin le plus sauvage, le plus noyé dans la végétation, le moins battu que je pourrais trouver et promettant la plus vaste étendue de forêt vierge[1].

La marche, comme philosophie[2] immersive de la lenteur, permet au fur et à mesure d'entrer en contact à pied avec les éléments. C'est

> un moyen de se pénétrer de la nature traversée, de se mettre en contact avec un univers inaccessible aux modalités de connaissance ou de perception de la vie quotidienne[3].

De nos jours, faire le tour du monde à pied est devenu à la fois un défi et un sport durable :

– soit pour soutenir une cause comme la maladie du cancer : ainsi, Rosie Swale-Pope[4], âgée de 57 ans, s'est mise à courir dans le monde entier, recueillant des fonds en mémoire de l'homme qu'elle aimait ; Polly Letofsky

1. J. Muir, *Un été dans la* Sierra, Paris, Corti, 2017, p. 19.
2. F. Gros, *Marcher*, Paris, Flammarion, 2015.
3. D. Le Breton, *Éloge de la marche*, Paris, Métailié, 2000, p. 34.
4. R. Swale-Pope, *Just a Little Run Around the World : 5 Years, 3 Packs of Wolves and 53 Pairs of Shoes*, London, Harper True, 2009.

(2014)[1] a quitté son Colorado et s'est dirigée vers l'ouest à travers 4 continents et plus de 14 000 miles – à pied – pour la cause du cancer du sein.

– Soit pour se perdre lentement dans la nature, en s'immergeant entièrement comme Christopher Johnson McCandless[2]. Il s'enfonça en Alaska sans préparation en 1992 en coupant tout lien avec sa famille et ne put parvenir à survivre[3].

La marche extrême en solitaire, comme celle de Sarah Marquis, vient exalter en elle la nature dans son ensemble : « il faut être conscient de son environnement à tout instant[4] », en découvrant les limites de son propre corps en pleine nature. La marche stimule, comme dans la marche nordique, le bien-être par un effort long mais calme : la régularité cardiaque et le rythme régulier du pas favorisent un effet fitness mais sans la surcharge nerveuse qui épuise. Inventée en 1966 par Leena Jääskaläinen à Helsinski en tant que professeure d'éducation physique, la marche nordique (marcher avec des bâtons) est venue modifier la position du corps et la cadence par un appui au sol plus dynamique. Mauri Repo (1945-2002) enfin, dans son essai de 1974, va définir le lien entre le ski nordique et la marche nordique comme technique d'entrainement avant que la discipline ne soit développée dans les années 1980. La lenteur développe ici l'ensemble du corps.

1. P. Letofsky, *3 MPH : The Adventures of One Woman's Walk Around the World*, New York, Global Walk, Incorporated, 2014.

2. C. Mc Candless, *The Wild Truth : The Secrets That Drove Chris McCandless into the Wild*, London, Harper Element, 2014.

3. J. Krakauer, *Into the Wild*, New York, Anchor, 1997.

4. S. Marquis, *Sauvage par nature. De Sibérie en Australie, 3 ans de marche extrême en solitaire*, Paris, Michel Lafon, 2014, p. 109.

LE RALENTISSEMENT COSMOTIQUE

Le ralentissement n'est pas seulement une lenteur méthodologique mais une synchronisation avec le rythme du monde. Là où la lenteur cherche dans la méditation la synchronisation de la conscience avec ses rythmes corporels (respiration, rythme cardiaque, sensation) dans un but de contrôle de soi, le ralentissement cherche à s'immerger dans l'expérience du monde au point de recosmoser[1] son corps.

La décélération ne suffit pas à ressentir le ralentissement. Son rythme est par trop brusque et le point d'arrêt peut se transformer en une répression non seulement temporelle mais spatiale. Sous l'effet de la décélération, le corps est bousculé dans son occupation spatiale mais aussi par les à-coups qu'il ressent de l'intérieur par le déplacement soudain des organes internes : comme lorsque le métro décélère pour freiner, tout le corps est transporté. Le ralentissement implique un contact avec la chose, là où la décélération nous y fait accéder soudainement pour nous en détacher dès le repos. Ralentir engage le corps dans une présence plus régulière de la chose et de prendre le temps d'expérimenter, d'embrasser et de comprendre.

La décélération, contre ce qui serait l'accélération[2], s'oppose à la vitesse et l'accélération technologique. Une théorie systématique de l'accélération sociale au XXe siècle permet de penser ensemble l'accélération technique (celle des transports, de la communication, etc.), l'accélération des transformations sociales (des

---

1. A. Berque, *Recosmiser la terre. Quelques leçons péruviennes*, Paris, Éditions B2, 2018.

2. H. Rosa, *Accélération*, trad. fr D. Renaut, Paris, Payot, 2013.

styles de vie, des structures familiales, des affiliations politiques et religieuses), et l'accélération du rythme de vie. L'accélération supprimerait tout contrôle sur la gestion des *data* et nous priverait de la saveur des choses comme dans la marche, objet d'un éloge de la lenteur par David Le Breton[1]. En allant moins vite, la production trouverait[2] dans la qualité le moyen de contenir les modes de travail et leurs agents dans un développement durable.

En fusionnant avec la nature, le loisir émersif cherche à ralentir le rythme de l'action pour faire corps avec l'élément. En cosmose[3], la perception du corps s'écologise en adoptant le rythme de la nature. Vivre au rythme de la nature exige d'abandonner toute référence au temps de la rapidité afin de respecter les cycles, les saisons, les météorologies et les géographies. Ce ralentissement est mis en œuvre par exemple dans le *slow sport*, par la résistance des éléments à l'action motrice du corps, par le corps à corps avec le vent, par les variations de température. Aux limites de la viabilité du corps vivant, l'expérience vivifie ou revivifie par le contact direct avec l'élément.

Arne Naess, inventeur de l'écologie profonde, décrit ce ralentissement cosmotique à travers son immersion dans les montagnes de Hallingskarvet en Norvège où le philosophe va construire et vivre dans une cabane, « Tvergastein », en 1937. La réduction à un minimum d'espace, la température froide et les activités comme

---

1. D. Le Breton, *Éloge de la marche*, *op. cit.*
2. P. Sansot, *Du bon usage de la lenteur*, Paris, Payot, 1998.
3. B. Andrieu, *Se fondre dans la nature. Figures de la cosmose*, Montréal, Liber, 2017.

« écouter le vent et d'autres formes de musique »[1] le conduisent à entretenir une relation privilégiée avec le lieu, qui « exerce nécessairement une influence déterminante sur les moindres aspects de notre vie »[2]. Le style de vie écologiquement responsable consiste en « anti-consumérisme en général, utilisation des bases énergies, défense du slogan "ce qui est fait soi-même est bien fait", déplacement à bicyclette ou en transports collectifs »[3].

Le corps vivant n'est pas le corps naturel, au sens d'une réduction naturaliste à sa biologie. Comme un devenir bio-culturel, le corps est composite et son unité est dynamique. Constamment immergé dans son milieu, il s'écologise et produit des réponses en fonction des nécessités de l'interaction. L'Interculturalité est constituée du corps vivant qui doit composer de son corps organique, de sa relation à un cosmos et ses productions émersives. Plonger dans la nature implique un renoncement à l'identité permanente de soi pour se transformer.

La découverte de la chronobiologie par les expériences de ralentissement du temps a été établie par le spéléologue Michel Siffre[4], claustré lors de son immersion de deux mois au fond du gouffre de Scarasson dans le Marguareis, sans repères temporels, sur un glacier, à partir du

---

1. A. Naess, « Un exemple de lieu : Tvergasten », dans *La réalisation de soi*, trad. fr P. Madelin, Marseille, WildProject, 2013, p. 9-35, ici p. 23.

2. *Ibid.*, p. 30

3. A. Naess, *Écologie, Communauté et style de vie*, trad. fr. C. Ruelle, Paris, Dehors, 2008, p. 302.

4. M. Siffre, *Hors du temps. L'expérience du 16 juillet 1962 au fond du gouffre de Scarasson par celui qui l'a vécue*, Paris, Julliard, 1963.

17 juillet 1962. Se mettre hors du temps, c'est effectuer une cosmose avec le rythme naturel qui vient s'imposer par le ralentissement de l'alternance du jour et de la nuit. Le temps psychologique ayant fortement évolué[1], à la fin de l'expérience, le 14 septembre, Michel Siffre pensait être le 20 août. Les informations transmises en surface à l'équipe de recherche ont montré que ses cycles de veille-sommeil se décalaient chaque jour d'environ 30 minutes :

> À la fin de sa première expérience « hors du temps », il prenait son petit-déjeuner vers 19 h et se couchait en fin de matinée[2].

Avec l'apnée, une même modification de la conscience du temps apparaît sous l'effet du ralentissement cosmotique induit par la profondeur de l'eau. Outre la respiration bloquée et l'effet de la pression sur le corps, la descente lente dans l'eau repose aussi sur le ralentissement cardiaque, avec un seuil descendant à 20 pulsations par minute au cours d'une apnée prolongée. Selon Marry Schirer et sa recherche sur les savoir-faire perceptifs[3], de nouvelles compétences se forment avec la lenteur dans l'élément aquatique. Ce ralentissement peut conduire à la perte de conscience[4] sous l'effet de

---

1. G. Oléron, P. Fraisse, M. Siffre, N. Zuili, « Les variations circadiennes du temps de réaction et du tempo spontané au cours d'une expérience "hors du temps" », *L'année psychologique*, Paris, P.U.F., vol. 70, 1970, p. 347-356.

2. http://souterweb.free.fr/speleologues/siffre.htm.

3. M. Schirrer, « Construire des savoir-faire perceptifs en apnée. Une méthode de réflexivité en action coach-pratiquant », Revue *Science et Motricité* 99, 2018, p. 35-46.

4. M. Schirrer, « The emersion of blackout in freediving », *in* B. Andrieu, J. Parry, A. Porrovecchio, O. Sirost (eds.), *Body Ecology and Emersive Leisure*, London, Routledge, 2018, chap. XVI.

la narcose dans une progression soudaine de la perte de capacité physique.

L'APPROFONDISSEMENT

L'approfondissement fait découvrir la durée, comme une dimension de la conscience du temps. S'approfondir, c'est découvrir en soi d'autres rythmes, comme celui de sa respiration et de son rythme cardiaque en dehors de l'effort physique par l'attention en pleine conscience. Le *scanning* corporel est une exploration intérieure qui active par l'attention des sensations internes inactives jusque-là. C'est moins l'attention qui active que le corps vivant qui émerse au point de la localisation de l'attention. L'éveil favorise l'émersion lente et progressive au fur et à mesure de l'accueil de la conscience. Avec vigilance et attention, la focalisation de la conscience peut se coordonner avec le temps du corps vivant.

Ce synchronisme n'est pas cosmotique comme dans le ralentissement qui favorise la cosmose du corps vivant avec les éléments naturels. Être synchrone avec ses rythmes intérieurs est une écologie corporelle ; être désynchronisé au point d'être dans le *burn-out*, la dépression ou l'apathie nous oblige à apprendre la temporalité du vivant de notre corps. Comme activeurs, les techniques de méditation et de relaxation trouvent dans le vivant du corps une adéquation nouvelle qui correspond davantage au rythme lent.

Le cerveau propre, comme le corps propre, est devenu un objet de connaissance, par le dispositif d'une expérience en seconde personne au cours d'entretiens conduits notamment par Claire Petitmengin, qui visent à aider le sujet à prendre conscience de sa propre activité cérébrale. Le mouvement et l'action motrice sont les preuves visibles d'une efficacité des circuits et réseaux neuronaux. Chacun peut ainsi reconnaître son cerveau par ce dédoublement de l'entretien et de son *verbatim*. Cette médiation symbolise aussi l'écart temporel et elle est irréductible entre le cerveau et sa conscience. Il est impossible d'avoir un accès direct et immédiat à son propre cerveau. Pour cela, la vacuité[1] favorise la relation entre les différentes parties du corps vivant et du monde sans plus distinguer ce qui proviendrait séparément du cerveau, de l'esprit et du corps :

> L'attention est à la fois défocalisée et réceptive : défocalisée, car elle n'est pas concentrée sur un contenu particulier, mais panoramique, périphérique, « holistique » …Cette attention est aussi réceptive, car il ne s'agit pas de se tendre vers la source du son pour l'identifier, ni vers le son lui-même pour en explorer les caractéristiques, mais de se rendre disponible au son, de l'accueillir, de s'en laisser imprégner[2].

Le développement de ce vivant cérébral, qui a été évalué par les programmes de neuro-bouddhisme[3], repose sur des techniques d'éveil corporel comme la relaxation,

---

1. C. Petit-Mengin, *Le chemin du milieu : Introduction à la vacuité dans la pensée bouddhiste indienne*, Paris, Dervy, 2007.

2. C. Petit-Mengin, « Le dedans et le dehors : une exploration de la dynamique pré-réflechie de l'expérience corporelle », *Travail et Apprentissages* 7, M. Récopé (éd.), « Activité, Expérience, Incorporation », 2011, p. 105-120, ici p. 111.

3. R. J. Davidson, S. Begley, *The emotional life of your brain : How its unique patterns affect the way you think, feel, and live – and how you can change them.* New York, Hudson Street Press, 2012 ; J. Kabat-Zinn, R. J. Davidson (eds.), *The mind's own physician : A scientific dialogue with the Dalai Lama on the healing power of meditation*, Oakland (CA), New Harbinger Publications, 2012.

le yoga et autres méditations susceptibles d'abaisser la focalisation de la conscience sur des objets. Le but de ces pratiques corporelles est d'avoir un moyen de faire tomber les barrières de la conscience pour accéder aux sensations internes et se rendre sensible à ce qui provient du cerveau à travers le corps.

L'approfondissement ouvre la conscience du corps à des dimensions du vivant jusque-là cachées. Faute d'attention, le vivant ne nous est connu qu'à travers la perception vécue. Ce qui émerse du vivant dans le vécu manifeste la profondeur du vivant. Celle-ci est intense. Rappelons que pour Héraclite l'écoulement est selon un mobilisme universel :

> Nous descendons et nous ne descendons pas dans le même fleuve » (Fragment 49). L'approfondissement n'est une immobilité contemplative mais « une expédition vers l'intérieur »[1].

Lors de sa remontée de la Marne, Jean Paul Kaufman découvre qu'aller dans le sens inverse du courant c'est aussi refuser le sens irréversible et aller vers la source. J. H. Speke et Richard Burton marcheront en 1858 jusqu'à l'épuisement avec l'obligation d'approfondir à la fois le territoire géographique mais aussi leur propre détermination à poursuivre face aux obstacles, maladies et autres fatigues. Burton est partiellement paralysé. Speke est momentanément aveugle.

Peut-être le corps vécu par la conscience n'est-il qu'un extrait du corps vivant qui l'englobe et le contient ? Une émersion devient consciente par l'éveil du corps vivant activé par son écologisation au milieu qu'il traverse et qui le pénètre. Cette extraction est le résultat de l'émersion. Ce qui est vif de l'intérieur traverse le

---

1. J. P. Kaufman, *Remonter la Marne*, Paris, Fayard, 2013, p. 87.

seuil de la conscience pour se rendre conscient à nous c'est-à-dire au sujet.

Non seulement la conscience est en retard sur ce qui est activé par le vivant de son corps, mais le contact du vivant est transformé par le franchissement du seuil de vitalité en vécu (une forme au participe passé) tandis que le vivant participe au présent de l'activité écologique du corps.

Quand j'ai mal, je ressens la douleur mais mon vivant souffre déjà depuis longtemps, en produisant une activité pour s'adapter aux nouvelles conditions du déséquilibre homéostasique. Ou plutôt la conscience de la douleur est plus lente car elle est seulement une émersion visible et vécue d'une reconfiguration rapide du vivant à ses nouvelles conditions d'existence. Cette vivacité du vivant trouve sa vitalité dans ce que Bergson appelle « l'élan vital » qu'il procure à son corps pour faire émerser des informations nouvelles à la conscience.

> L'approfondissement favorise ce contact avec la vivacité de notre vivant à travers la respiration, l'examen des parties du corps, l'appréciation de la vitalité et des variations de l'humeur. En laissant le vivant advenir au contact, même lent, du vécu, la conscience doit être seulement éveillée et non possessive, en voulant retenir ou contenir. Accepter ce qui vient, parfois de manière soudaine, vive et inédite, comme un signe de vitalité et non de passivité, comme le résultat de l'activité du vivant en nous. Comme un indicateur de vie.

L'exemple de la *slackline*[1], qui consiste à se déplacer lentement sur une corde tendue, démontre que l'approfondissement repose sur un équilibre attentif : le

---

1. L. Chavaroche, « The emersion of sensation in slacklining », in *Body Ecology and Emersive Leisure*, *op. cit.*, chap. XVII.

déplacement au-dessus du vide favorise une écoute des indices du corps vivant comme autant de repères pour cartographier l'espace d'action corporelle. La perception interne du corps propre est intensifiée pour comprendre la relation à la corde. Le *slackeur* progresse en passant d'une standardisation de l'environnement accompagnée d'une concentration profonde à une ouverture attentionnelle pour réagir sur la sangle, grâce à un travail en pleine conscience.

CONCLUSION

Avec la lenteur et son approfondissement, modéliser la relation entre l'émersion du corps vivant et la perception qu'en a la conscience comme corps vécu est devenu possible. Si l'écologie corporelle pré-motrice décrivait les influences de l'affordance de la nature dans le corps vivant[1], la perception corporelle décrit ici comment ces affordances émersent par le traitement de l'information au niveau de la conscience de l'action.

Il convient dès lors, recommande Michel Collot, pour une pensée-paysage, de mettre en œuvre « un cogito corporel pré-réflexif et ancré dans les mouvements qui animent le corps et le paysage »[2]. La lenteur par sa dimension attentive laisse à la fragilité du moi[3] de pouvoir éprouver l'immensité de la nature.

---

1. A. Berque, *Le sauvage et l'artifice. Les Japonais devant la nature*, Paris, Gallimard, p. 177.

2. M. Collot, *La pensée-paysage*, Arles, Actes Sud, 2011, p. 47.

3. J.-L. Guichet, *Figure du moi et environnement naturel au XVIIIᵉ siècle*, Paris, Éditions de la Sorbonne, 2020, p. 53.

ORIGINE DES ARTICLES

BANVOY J. C., BOURIAU C., ANDRIEU B. (éd.), *Schopenhauer et l'Inconscient. Approches historiques, métaphysiques et épistémologiques*, Nancy, Presses Universitaires de Nancy, 2011.

ANDRIEU B., « Carnap 2022. Du Chaos au corps », *Revue de métaphysique et de morale*, n° 71, 2011/3, p. 355-369.

ANDRIEU B., « Deleuze, la biologie et le vivant des corps », dans S. Leclercq (éd.), *Deleuze*, numéro spécial de *Concepts*, Mons, Sils Maria, 2002 p. 94-113.

ANDRIEU B., « Le toucher chez M. Foucault et G. Deleuze », *Percepts 2, Foucault / Deleuze*, Liège, Sils Maria-Fonds G. Deleuze, 2005.

ANDRIEU B., « Intelligence Artificielle : la tentation des sciences sociales. Des neurosciences sociales ? », *Technologie Idéologies Pratiques TIP, Sciences sociales et Intelligence artificielle*, Université de Provence, vol. X., n°2-4, 1991, p. 223-237, et « Vers l'homme artificiel. Chronologie commentée de l'intelligence artificielle », *La Pensée*, n°299, Paris, 1994, p. 103-118.

ANDRIEU B., « Le corps en première personne : une écologie pré-motrice », *Movement & Sport Sciences* 2013/3 (n° 81), p. 1-3, et B. Andrieu, S. Hanneton, « De l'énaction à l'émersion : la voie du corps vivant. Introduction au dossier », *Intellectica* 71, 2019, p. 7-20.

Je remercie Émilie Brusson et Gaël Kervoas pour leurs relectures et conseils.

BIBLIOGRAPHIE

ACKERKNECHT E. H., « Contribution of Gall and the Phreno-logists to Knowledge of Brain Function », in *The History and Philosophy of Knowledge of the Brain and Its Functions*, Oxford, Blackwell, 1958.

AFEISSA H. S., *Nouveaux fronts écologiques Essais d'éthique environnementale et de philosophie animale*, Paris, Vrin, 2012.

AGAMBEN G., « Non au tatouage biopolitique », *Le Monde*, 10 janvier 2004.

ALLIEZ E., « Deleuze avec Masoch », dans *Multitudes* 25, « Masoch avec Deleuze », 2006.

ANDRÉ C., RANGEL RIOS A., « Furious Frederich: Nietzsche's neurosyphilis diagnosis and new hypotheses », *Arquivos de Neuro-Psiquiatria*, vol. 73 n°.12, 2015. https://doi.org/10.1590/0004-282X20150164

ANDRIEU B., « L'avènement du corps entier », *Dédales*, n°25, Bordeaux, ADIP, 1988, p. 13-17.

– « Le corps malade dans la Recherche », Mémoire DEA Littérature comparée, Université Bordeaux 3, 1989, Publié sous le titre *Proust : le corps, malade d'amour*, Paris, Kimé, 2021.

– « M. Foucault, une éthique de l'acte », Actes. *Psychanalyse et société* 3, 1989, p. 15-27.

– « Intelligence Artificielle : la tentation des sciences sociales », TIP, *Technologies, Idéologies Pratiques*, vol. X, n°2-4, « Sciences sociales et intelligences artificielle », 1991, p. 223-238.

– « Une théorie évolutionniste de l'intelligence », dans M. Belit (éd.), *Les Intelligences, Animal, Homme, Machine*, Mont de Marsan, InterUniversitaires-Le Parvis, 1992, p. 97-118.

– « H. Dreyfus », « H. Feigl », « S. Stich », *Dictionnaire des philosophes*, Paris, P.U.F., 1993.

– « H. Feigl », « J. J. Smart », « Monisme », « Neuro-philosophie », *Dictionnaire d'histoire et de philosophie des sciences*, Paris, P.U.F, 1999.

– *Le corps dispersé. Une histoire du corps au XXᵉ siècle*, Paris, L'Harmattan, 1993.

– « Vers l'homme artificiel. Chronologie commentée de l'intelligence artificielle », *La Pensée* 299, 1994, p. 103-118.

– « Les réductions et les sciences de la vie », *Revue Internationale de Psychopathologie* 23, Paris, P.U.F., 1996, p. 649-673.

– « Wittgenstein et la grammaire du cerveau », *Philosophie* 49, mars 1996, p. 50-67.

– *La neurophilosophie*, « Que sais-je ? », Paris, P.U.F., 1998.

– *Médecin de son corps*, préf. F. Dagognet, Paris, P.U.F, 1999.

– *Le cerveau. Essai sur le corps pensant*, Paris, Hatier, 2000.

– *Un corps à soi – Critique du masochisme*, Mont de Marsan, Euredit, « Figures de l'art corporel », 2000.

– *La chair du cerveau. Philosophie de la biosubjectivité*, Mons, Sils Maria, 2001.

– « Le médecin de soi-même », dans Ph. Artières et E. Da Silva (éd.), *Actes du Congrès International « Michel Foucault et la médecine, Lectures et Usages »*, Paris, Kimé, 2001, p. 84-100.

– *Le laboratoire du cerveau psychologique. Histoire et modèles*, Paris, CNRS, « Histoire des sciences », 2002.

– « Cerveau et glande pinéale chez Descartes », dans B. Andrieu, *L'invention du cerveau, Anthologie des neurosciences*, Paris, Press Pocket, 2002, p. 43-64.

– « Deleuze, la biologie et le vivant des corps », dans S. Leclercq (éd.), *Deleuze*, nunméro spécial de *Concepts*, Mons, Ed. Sils Maria, 2002 p. 94-113.

– articles « Corps », « Epistemê », « Hercule Barbin », « Hermaphrodite », « Hôpital », « Médecin », « Psychologie », *Abécédaire Michel Foucault*, Sils Maria-Vrin, Liège, 2004.

– *Le seul crime réel de l'homme serait de troubler l'ordre de la nature (Sade)*, Nantes, Pleins feux, 2004.

– « Le toucher chez M. Foucault et G. Deleuze », *Percepts 2, Foucault / Deleuze*, Liège, Sils Maria-Fonds G. Deleuze, 2005.

– « De la biopolitique à la biosubjectivité : le corps vivant chez M. Foucault », dans J.-F. Bert (éd.), *M. Foucault et les sociologies*, « Le Portique », Metz, Université de Metz, 2005.

– « In the Flesh. Prospects for a neurophenomenology », *Janus Head. Journal of Interdisciplinary Studies in Literature, Continental Philosophy, Phenomenology, Psychology and Arts*, New York, 2006, p. 129-149.

– « Révolution et Hybridité : Le transcorps », *Le portique* 20, « Gilles Deleuze et Felix Guattari, Territoires et devenirs », 2007, p. 34-43.

– *Devenir hybride*, Nancy, Presses Universitaires de Nancy, 2008.

– « Quelle pragmatique pour un cerveau transcendantal », dans N. Franck, Chr. Hervé et J. Rozenberg (éd.), *Psychose, langage et action*, Bruxelles, De Boeck, 2009, p. 47-63

– *L'écologie corporelle*, Biarritz, Atlantica, 2009-2011, 4 tomes.

– « Les neurosciences du développement de l'action : Vers une agentivité de la pensée », dans Chr. Sorsana (dir.) « Le rôle de l'action dans le développement de la pensée », *Enfance*, Paris, P.U.F., 2011, p. 54-68.

– *Malade encore vivant*, Dijon, Éditions Le Mumure, 2016.

– *Sentir son corps vivant. Émersiologie 1*, Paris, Vrin, 2017.

– *La langue du corps vivant*, *Émersiologie 2*, Paris, Vrin, 2018.
– *Bd-SM ? Comment s'agenrer*, Dijon, Le Murmure, 2019.
– *Avant moi. Les idées de mon corps, 1959-1969*, Paris, L'Harmattan, 2020.
– *Être vif, être à vif. Le corps face à la dismose*, Montréal, Liber, 2022.
– (éd.), *L'invention du cerveau*, Paris, Press Pocket, 2002,
– (éd.), *Le dictionnaire du corps en SHS*, Paris, CNRS, 2006.
– (éd.), *Alfred Binet. De la suggestion à la cognition 1857-1911*, Lyon, Chronique sociale, 2009.
– (éd.), *Le corps du chercheur. Une méthodologie immersive*, Nancy, P.U. de Nancy, 2011
– (éd.), *Manuel d'émersiologie. Apprends le langage de ton corps*, Paris, Mimésis, 2020.
— et BUREL N., « La communication directe du corps vivant. Une émersiologie en première personne », *Hermès* 68, « L'Autre n'est pas une donnée. Altérités, corps et artefacts », 2014, p. 46-52.
ARMSTRONG D. M., « Recent work on the relation of mind and brain », *Contemporary philosophy. A new survey*, The Hague-Boston-London, Nijhoff, 1989, vol. 4, p. 45-79.
ANZIEU D., *Le moi peau*, Paris, Denoël, 1984.
ARNAUD P., *Le corps a sa raison. De la finalité de l'éducation physique*, Thèse de 3e cycle, Université de Lyon II, 28 novembre 1978.
– (éd.), *Le corps en mouvement. Précurseurs et pionniers de l'éducation physique*, Toulouse, Privat, 1981.
ASTOR D., *Nietzsche*, Paris, Gallimard, 2011.
BAIN A., *The Emotions ad the Will*, London, Parker, 1859, trad. fr. P.-L. Monnier, *Les Émotions et la volonté*, Paris, Alcan, 1885.
– *The Senses and the Intellect*, London, Longman's, 1864, trad. fr. E. Cazelles, *Les sens et l'Intelligence*, Paris, Baillière, 1874.

BAINVILLE J., « The Last Days of Nietzsche », *NY Time Review*, August 13, 1998.

BARTHES R., *Le degré zéro de l'écriture*, Paris, Seuil, 1953.

BECKER J., « Le corps humain et ses doubles », *Gradhiva* 15, 2012, p. 102-119.

BENATOUÏL T., « Foucault stoïcien ? », dans F. Gros et C. Lévy (éd.), *Foucault et la philosophie antique*, Paris, Kimé, 2003.

BERGSON H., *L'évolution créatrice*, Paris, Alcan, 1907.

– *Durée et Simultanéité* [1922], Paris, P.U.F., 1968.

BERQUE A, *Le sauvage et l'artifice. Les japonais devant la nature*, Paris, Gallimard, 1986, p. 177.

– *Recosmiser la terre. Quelques leçons péruviennes*, Paris, Éditions B2, 2018.

BILHERAN A., *La maladie, critère des valeurs chez Nietzsche : Prémices d'une psychanalyse des affects*, Paris, L'Harmattan, 2005.

BOURCIER M. H., « Savoirs-pouvoirs sont partout. Comment résister ? », *Zoo* 1, « Q comme Queer », 1997, p. 76-83.

BREAZEAL C., *Designing Sociable Robots*, Cambridge (Mass.), The MIT Press, 2002.

BUTLER J., *Défaire le genre*, Paris, Amsterdam, 2006.

CABANE J.-L., « Invention(s) de la syphilis », *Romantisme* 94, vol. 96, 1996, p. 89-109.

CABANIS P. J. G., *Du degré de certitude de la médecine* [1798], éd. Corpus général des philosophes français, Paris, P.U.F., 1956.

– *Rapports du physique et du moral chez l'Homme*, Paris, Crapart, Caille et Ravier, 1802.

CANGUILHEM G., *Études d'Histoire et de Philosophie des sciences*, Paris, Vrin, 1962.

– *Résistance, philosophie biologique et histoire des sciences 1940-1965 des Œuvres complètes*, Paris, Vrin, 2015.

CARNAP R., 1922, *Du chaos à la réalité*, trad. fr. F. Shang et F. Felix, dans *Construction et réduction*, Lausanne, L'Âge d'Homme, 2011.

– *La construction logique du monde* [1928], trad. fr. Th. Rivain, Paris, Vrin, 2002.

– *The Unity of Science*, London, Trubner & Company, Limited, 1934.

CARRIQUE P., *Rêve, Vérité. Essai sur la philosophie du sommeil et de la veille*, Paris, Gallimard, 2002.

CHAMBERLAIN L., *Nietzsche in Turin: An Intimate Biography*, London, Picador, 1996.

CHANGEUX J. P., *L'homme neuronal*, Paris, Fayard, 1983.

– *L'homme de vérité*, Paris, Odile Jacob, 2002.

CHAPELLE G., DECOUST M., Le *vivant comme modèle comme un biomimétisme radical*, Paris, Albin Michel, 2020.

CHAVAROCHE L, « The emersion of sensation in slacklining », in Body Ecology and Emersive Leisure, London, Routledge, chap. XVII.

CHURCHLAND P. S., « Is Determinism Self-refuting », *Mind*, vol. XC, 1981, p. 99-101.

– *Neurophilosophie. L'esprit-cerveau* [1986], trad. fr. M. Siksou, Paris, P.U.F., 1999.

– *Brain-Wise. Studies in Neurophilosophy*, Cambridge (Mass.), The MIT Press, 2002.

– *Touching a Nerve: Our Brains, Our Selves*, New York, W. W. Norton & Company, 2013.

– *Conscience : The Origins of Moral Intuition*, New York, Norton & Compagny, 2019.

CLARKE E., O'MALLEY C. D.,*The Human Brain and the Spinal Cord. A Historical Study Illustrated*, Berkeley, University of California Press, 1968.

CLEMES S., DEMENT W., « The effect of REM sleep deprivation on psychological functionning », *Journal of Nervous and Mental Disorders* 144, 1967, p. 485-491.

Collectif NCNM, *Notre corps, nous-mêmes*, Marseille, Hors d'atteinte, 2020.

COLLI G., *Philosophie de l'expression* [1969], trad. fr. M.-J. Tramuta, Paris, Éditions de l'éclat, 1998.

– *Après Nietzsche*, Paris, Éditions de l'éclat, 1974.

COLLOT M., *La pensée-paysage*, Arles, Actes Sud, 2011, p. 47.

COMMENGE B., *La danse de Nietzsche*, Paris, Gallimard, « L'infini », 1988.

CRAWFORD M., *Prendre la route. Une philosophie de la conduite*, Paris, La Découverte, 2021.

DAGOGNET F., *À l'écoute des philosophes*, *Le vivant*, Paris, Bordas, 1988.

DARLING K., « Extending Legal Protection to Social Robots: The Effects of Anthropomorphism, Empathy, and Violent Behavior Towards Robotic Objects », *We Robot Conference 2012*, University of Miami, 2012, rééd. *in* R. Calo, A. M. Froomkin, I. Kerr (eds.), *Robot Law*, Cheltenham, Edward Elgar, 2016.

— et BEGLEY S., *The emotional life of your brain : How its unique patterns affect the way you think, feel, and live -- and how you can change them*, New York, Hudson Street Press, 2012

— et KABAT-ZINN J. (eds.), *The mind's own physician : A scientific dialogue with the Dalai Lama on the healing power of meditation.* Oakland (CA), New Harbinger Publications, 2012.

DEFRANCE J., *La fortification des corps, essai d'histoire sociale des pratiques d'exercice corporel*, EHESS, Thèse 3ᵉ cycle, Paris, 1978.

– *L'excellence corporelle. La formation des activités physiques et sportives modernes (1770-1994)*, Paris, Presses Universitaires de Rennes, 1987.

DELEUZE G., *Empirisme et Subjectivité*, Paris, P.U.F., 1953.

– *Nietzsche et la philosophie*, Paris, P.U.F., 1962.

– *Proust et les signes*, Paris, P.U.F., 1964.

– *Le bergsonisme*, Paris, P.U.F., 1966.

– *Présentation de Sacher-Masoch*, Paris, Minuit, 1967.

– *Logique du sens* [1969], Paris, 10/18, 1973.

– *Foucault*, Paris, Minuit, 1986.

– *Francis Bacon, Logique de la sensation* [1981], Paris, Seuil, 2002.
– *Le pli*, Paris, Minuit, 1988
– *Cinéma 1. L'image-mouvement*, Paris, Minuit, 1983.
– *Pourparlers*, Paris, Minuit, 1990.
– *Critique et Clinique*, Paris, Minuit, 1993.
– *L'île déserte et autres textes*, Paris, Minuit, 2002.
– *Lettres et autres textes*, Paris, Minuit, 2015.
— et GUATTARI F., *L'Anti-Œdipe, Capitalisme et schizophrénie*, Paris, Minuit., 1972.
— et GUATTARI F., *Rhizome*, Paris, Minuit, 1976.
— et GUATTARI F., *Politique et psychanalyse*, Alençon, Des Mots perdus, 1977.
— et GUATTARI F., *Milles Plateaux*, Paris, Minuit, 1980.
— et GUATTARI F., *Qu'est-ce que la philosophie?*, Paris, Minuit, 1991.
DESPRES V., *Autobiographie d'un poulpe*, Arles, Actes Sud, 2021.
DEUSSEN P., *Souvenirs sur Friedrich Nietzsche* [1901], Paris, Gallimard, 2002.
DOMINEY P. F., « Conceptual Grounding in Simulation Studies of Language Acquisition », *Evolution of Communication* 4(1), 2001, p. 57-85.
DREYFUS H. L., *What Computers Still Can't Do*, New York, The MIT Press, 1972.
– *Intelligence Artificielle, mythes et limites*, Paris, Flammarion, 1984.
— et RABINOW P. (éd.), *Michel Foucault. Un parcours philosophique*, Paris, Gallimard, 198.4
DUPONT J. C., *Histoire de la neurotransmission*, Paris, P.U.F., 1999.
ENGEL P., *Philosophie et psychologie*, Paris, Folio-Gallimard, « Folio », 1996.
ERIBON D., *Michel Foucault*, Paris, Flammarion, 1989.

ESPINEIRA K., « Les corps trans : disciplinés, militants, esthétiques, subversifs », *Revue des sciences sociales*, 2018, p. 89-95.

FASSIN D., MEMMI D., *Le gouvernement des corps*, Paris, Éditions de l'EHESS, 2004.

FECHNER T. G., *In Sachen der Psychophysik*, Leipzig, Beitkopf-Härtle, 1877.

FEEST U., « Science and Experience/Science of Experience: Gestalt Psychology and the Anti-Metaphysical Project of the Aufbau », *Perspective on science*, vol. 15, n° 1, 2007, p. 1-25.

FEIGL H., « The "Mental" and the "Physical" », *Minnesota Studies in the Philosophy of Science* 2, 1958, p. 370-497, trad. fr. B. Andrieu, C. Lafon, H. Feigl, *Le mental et le physique*, Paris, L'Harmattan, 2002.

FELIX F., *Schopenhauer ou les passions du sujet*, Lausanne, L'Âge d'homme, 2007.

FEYERABEND P. K., « Mental events and the Brain », *Journal of Philosophy* 60, 1963, p. 295-296.

– « Materialism and the Mind-Body Problem », *Review of metaphysics* 17, 1963, p. 49-66.

FOSSEY D., *Treize ans chez les gorilles*, Paris, Presses de la cité, 1983.

FOUCAULT M., *Maladie mentale et personnalité*, Paris, P.U.F., 1954.

– « Introduction », dans L. Biswanger, *Le rêve et l'existence*, trad. fr. J. Verdeaux, Paris, Desclée de Brouwer, 1954, p. 9-128.

– *La psychologie de 1850 à 1950*, dans D. Huisman, A. Weber, *Histoire de la philosophie européenne*, t. 2 : *Tableau de la philosophie contemporaine*, Paris, Fischbacher,1957 p. 591-606, rééd. *Dits et Écrits*, 1954-1988, t. 1, 1954-1969, Paris, Seuil-Gallimard, p. 120-136.

– « La recherche scientifique et la psychologie », dans E. Morère (éd.), *Des chercheurs français s'interrogent. Orientation et organisation du travail scientifique en France*, Toulouse,

Privat, n° 13, 1957, p. 173-201, rééd. *Dits et Écrits*, 1954-1988, t. 1, 1954-1969, Paris, Seuil-Gallimard, p. 137-158.

– *Folie et déraison. Histoire de la folie à l'âge classique*, Paris, Plon, 1961.

– *Maladie mentale et psychologie*, Paris, P.U.F., 1962.

– *Histoire de la folie à l'âge classique*, Paris, Gallimard, 1972.

– *Surveiller et Punir, Naissance de la prison*, Paris, Gallimard, 1975.

– *La volonté de savoir, Histoire de la sexualité*, t. 1, Paris, Gallimard, 1976.

– *L'usage des plaisirs, Histoire de la sexualité*, t. 2, Paris, Gallimard, 1984.

– *Le souci de soi, Histoire de la sexualité*, t. 3, Paris, Gallimard, 1984.

– *Résumés des cours, 1970-1982*, Paris, Julliard, 1989.

– *Il faut défendre la société*, Paris, Gallimard-Seuil, 1997.

– *Dits et Écrits*, 4 tomes, Paris, Gallimard-Seuil, 2001.

– *L'Herméneutique du sujet* [1981-1982], Paris, Gallimard-Seuil, 2001.

– *Le beau danger* [1968], Paris, EHESS, 2011.

– *Phénoménologie et psychologie*, Paris, Gallimard, 2021.

FLOURENS P., *Recherches expérimentales sur les propriétés et les fonctions du système nerveux*, Paris, Crevot, 1824.

GENETTE G., *L'œuvre de l'art*, Paris, Seuil, 1997.

GRISON B., *Les portes de la perception animale*, Paris, Delachaux et Niestlé, 2021.

GROS F., *Marcher*, Paris, Flammarion, 2015.

GUATTARI F., *La révolution moléculaire*, Paris, 10/18, 1973.

– *Les trois écologies*, Paris, Galilée, 1989.

GUICHET J.-L., *Figure du moi et environnement naturel au XVIIIe siècle*, Paris, Éditions de la Sorbonne, 2020, p. 53.

HARAWAY D., *Des singes, des cyborgs et des femmes. La réinvention de la nature*, trad. fr. O. Bonis, préf. M.-H. Bourcier, Paris, Jacqueline Chambon, 2009.

HASKELL D. G., *Un an dans la vie d'une forêt*, Paris, Seuil, 2012.

HEAMS T., *Infravies. Le vivant sans frontières*, Paris, Seuil, 2019.

HECAEN H., LANTERI-LAURA G., *Évolution des connaissances et des doctrines sur les localisations cérébrales*, Paris, Desclée de Brouwer, 1977.

HIERNIAUX G. (éd.), *Textes clés de philosophie du végétal. Botanique, épistémologie, ontologie*, Paris, Vrin, 2021.

HILMGREN D., *Permaculture. Principes et pistes d'action pour un mode de vie soutenable* [2002], trad. fr. A. El Kaïm, Paris, Rue de l'Échiquier, 2014.

JAKOB M., *Architecture et violence. La cabane de Unabomber*, Paris, Eterotopia, 2021.

JACKSON J. H., « Croonian Lectures on the Evolution and Dissolution of the Nervous System », *The Lancet*, 29 mars, 5 et 12 avril 1884.

JANET P., *Les obsessions et la psychasténie* (en coll. avec F. Raymond), 2 vol., Paris, Alcan, 1903.

– *Les Névroses*, Paris, Flammarion, 1909

– *De l'Angoisse à l'extase. Etudes sur les croyances et les sentiments*, Paris, Alcan, 1926.

JOUVET M., *Le sommeil et le rêve*, Paris, O. Jacob, 1992.

KAMBOUCHNER D., *L'Homme des passions, Commentaires sur Descartes*, Paris, Albin Michel, 1995.

KAUFMAN J. P., *Remonter la Marne*, Paris, Fayard, 2013.

KECK F., « Des biotechnologies au biopouvoir, de la bioéthique aux biopolitiques », *Multitudes* 12, 2003, p. 179-187.

KIM J., *Mind in a Physical World. An Essay on the Mind-Body Problem and Mental Causation*, Cambridge (Mass.), Massachusetts Institute of Technology, 1998.

KLOSSOWSKI P., « Le monstre », *L'Acéphale* 5-6, 1936, rééd. *Dans Tableaux vivants*, Paris, Le promeneur, 2007.

KOFMAN S., *Nietzsche et la métaphore*, Paris, Aubier, 1972.

KRAKAUER J., *In to the Wild*, New York, Anchor, 1997.

LE DOUARIN N., *Des chimères, des clones et des gènes*, Paris, Odile Jacob, 2000.

LAGACHE D., « Le normal et le pathologique d'après G. Canguilhem », *Revue de métaphysique et de morale*, 1946, rééd. dans Œuvres, t. 1, Paris, P.U.F., 1977, p. 439-456.

– *L'unité de la psychologie* [1949], Paris, P.U.F., 1990.

LAGRANGE F., *Physiologie des exercices du corps*, Paris, Alcan, 1888.

— *Hygiène de l'exercice chez les enfants et les jeunes gens*, Paris, Alcan, 1890.

LAPOUJADE D., *Deleuze, les mouvements aberrants*, Paris, Minuit, 2014.

LE BLANC G., TERREL J., *Foucault au Collège de France : un itinéraire*, Bordeaux, P. U. de Bordeaux, 2003.

LE BRETON D., *Éloge de la marche*, Paris, Métailié, 2000.

LEGEE G., *Pierre Flourens, physiologiste et historien des sciences*, Abbeville, Paillart, 1992.

LEWIS D. K., « Psychophysical and Theoretical Identifications », *Australian Journal of Philosophy* 50, 1972, p. 249-258.

– « An argument for the Identity Theory », *Journal of Philosophy* 43, 1966, p. 17-25.

LETOFSKY P., *3 MPH: The Adventures of One Woman's Walk Around the World*, New York, Global Walk, Incorporated, 2014.

LUKACS G., *Nietzsche, Hegel et le fascisme allemand* [1943], Paris, Critique, 2017.

MACHEREY P., *De Canguilhem à Foucault, la force des normes*, Paris, La Fabrique, 2009.

MARDER M., *La plante du philosophe. Un herbier intellectuel*, Paris, Mimesis, 2020.

MARQUIS S., *Sauvage par nature. De Sibérie en Australie, 3 ans de marche extrême en solitaire*, Paris, Michel Lafon, 2014.

MAURIES P., *Nietzsche à Nice*, Paris, Gallimard, 2009.

MC CANDLESS C., *The Wild Truth: The Secrets That Drove Chris McCandless into the Wild*, Harper Element., 2014.

MILL J.S., , A System of Logic Ratiocinative and Inductive, London, Parker, 2 vol., 1851, trad. fr. L. Peisse, *Système de logique déductive et inductive*, Paris, Ladrange, 1866.

MILLER J., *La passion Foucault* [1993], Paris, Plon, 1995.

MOREL G., *Nietzsche. Genèse d'une œuvre*, Paris, Aubier, 1970

MORIZOT B., *Sur la piste animale*, Arles, Actes Sud, 2018.

– *Manières d'être vivant, Enquêtes sur la vie à travers nous*, Arles, Actes Sud, 2020.

MUIR J., *Un été dans la Sierra*, Paris, Corti, 2017.

NACCACHE L., *Le cinéma intérieur, Projection privée au cœur de la conscience*, Paris, Odile Jacob, 2020.

NAESS A., « Le mouvement d'écologie superficielle et le mouvement d'écologie profonde de longue portée. Une présentation » [1973], trad. fr. D. Afeissa, *in* H. D. Afeissa (éd.), *Textes clés d'éthique de l'environnement. Nature, Valeur, Respect*, Paris, Vrin, 2007, p. 52-60.

– *Écologie, Communauté et style de vie*, trad. fr. Charles Ruelle, Paris, Dehors, 2008.

– *La réalisation de soi*, trad. fr Pierre Madelin, Marseille, WildProject, 2013

NANCY J.-L., *L'intrus*, Paris, Galilée, 2000.

NICOLAS S., *Histoire de la psychologie française. Naissance d'une nouvelle science*, Paris, In Press, 2002.

NICOT S., AUGUST-MERELLE A., *Changer de sexe, Identités transexuelles*, Paris, Cavalier Bleu, 2006.

NIETZSCHE F., *Platon. Écrits philologiques* VIII, Paris, Les Belles lettres, 2019.

– *Rhétorique et langage*, textes traduits, présentés et annotés par Ph. Lacoue-Labarthe et J.-L. Nancy, Paris, La transparence, 2017.

– *Vérité et mensonge au sens extra-moral* [1873], trad. fr N. Gascuel, Paris, Babel, 1997.

– *Le cas Homère* [1869], trad. fr. G. Fillion et C. Santini, Paris, Éditions de l'EHESS, 2017.

– *Fragments posthumes*, [1882-1883], trad.fr. A.-S. Astrup et M. De Launay, Paris, Gallimard, 1997,

– *Crépuscule des idoles ou Comment philosopher à coups de marteau, Œuvres philosophiques complètes*, t. 8, trad. fr. J.-Cl. Hemery, Paris, Gallimard, 1988.

– *Dernières lettres*, trad. fr. C. Perret, Paris, Payot Poche, 2011.

NIINILUOTO I., « Carnap on truth », *in* T. Bonk (ed.), *Language, Truth and Logic: Contributions to the Philosophy of Rudolf Carnap*, Dordrecht, Kluwer, 2003.

OLERON G., FRAISSE P., SIFFRE M., ZUILI N., « Les variations circadiennes du temps de réaction et du tempo spontané au cours d'une expérience "hors du temps" », *L'année psychologique*, Paris, P.U.F., vol. 70, 1970, p. 347-356.

ORTEGA F., « De la ascesis a la bio-ascesis, o del cuerpo sometido a la sumisión al cuerpo », *Er, Revista de Filosofia* 31, 2002, p. 29-67.

PARE Z., *L'Âge d'or de la robotique japonaise*, Paris, Les Belles Lettres, 2016.

PETITMENGIN C., « La dynamique pré-réfléchie de l'expérience vécue », *Alter – Revue de Phénoménologie* 18, 2010, p. 165-182.

– *Le chemin du milieu : Introduction à la vacuité dans la pensée bouddhiste indienne*, Paris, Dervy, 2007.

– « Le dedans et le dehors : une exploration de la dynamique pré-réflechie de l'expérience corporelle », *Travail et Apprentissages* 7, M. Récopé (éd.), « Activité, Expérience, Incorporation », 2011, p. 105-120.

PIERON H., *La psychologie expérimentale* [1926], 8e ed. Paris, Armand Colin, 1960.

PLACE U. T., « Is Consciousness a Brain Process ? », *British Journal of Psychology* 47, 1957, p. 44-50.

PODACH E. F., *L'effondrement de Nietzsche*, trad. fr. J. R. Kuckenburg et A. Vaillant, Paris, Gallimard, 1929.

POGLIANO C., *F.J. Gall, L'organo dell'anima. Fisio logia cerebrale e disciplina dei comporta menti*, Venise : Marsilio, 1985.

POINCARE H., « Objectivité de la science » [1905], *La valeur de la science*, Paris, Champs Flammarion, 1999.

PUTNAM H., *Dimensions of Mind*, New York University Press, 1960.

– « Robots: machines or Artificially Created Life? », *Philosophy of the Mind*, New York, Harper and Row, 1966.

– « The Mental Life of Some Machines », *Intentionality Minds and Perception*, Detroit, Wayne State University Press., 1967, p. 177-200.

– « Reductionism and the Nature of Psychology », *Cognition* 2, 1973, p. 131-146.

– « La nature des états mentaux » [1967], trad. fr. J. M. Roy, *Les Études philosophiques* 3, 1992, p. 323-335.

– *Raison, Vérité, et Histoire* [1981], trad. fr. A. Gerschenfeld, Paris, Minuit, 1984.

PROCHIANTZ A., *Claude Bernard : la révolution physiologique*, Paris, P.U.F., 1990.

RAABE P., *Sur les pas de Nietzsche à Sils-maria*, trad. fr. F. Autin, . Paris, Les trois platanes, 1994.

REVEL J., « Sur l'introduction à Binswanger » [1954], dans L. Giard (éd)., *Michel Foucault. Lire L'œuvre*, Grenoble, Jérome Million, 1992, p. 51-56.

ROSENBERG J. F., « Wilfried Sellars' philosophy of mind », *Contemporary philosophy. A new survey*, vol. 4, 1983, p. 417-439.

RIBOT T., *Les maladies de la mémoire*, Paris Baillière, 1878.

– *Les maladies de la volonté*, Paris, Baillière, 1883.

– *Les maladies de la personnalité*, Paris, Alcan, 1885.

– *La psychologie des sentiments*, Paris, Alcan, 1897.

ROGOZINSKI J., « De la caresse à la blessure outrance de Levinas », *Les Temps Modernes* 3, n° 664, 2011, p. 119-136.

RORTY R., « Mind-Body Identity, Privacy, and Categories », *Review of Metaphysics* 19, 1965, p. 24-54.

– « Incorrigibility as the Mark of the Mental », *Journal of Philosophy* 67, 1970, p. 24-54.

– « In the defense of Eliminative Materialism », *Review of Metaphysics* 19, 1970, p. 24-54.

ROSA H., *Accélération*, trad. fr. D. Renaut, Paris, Payot, 2013.

RUSSELL B., *La méthode scientifique en philosophie* [1914], trad. fr. Ph. Devaux, Paris, Payot, 2002

SABAN R., *Le cerveau dans tous ses états*, Paris, CNRS, 1991.

SANSOT P., *Du bon usage de la lenteur*, Paris, Payot, 1998.

SCHIRRER M., « Construire des savoir-faire perceptifs en apnée. Une méthode de réflexivité en action coach-pratiquant », *Revue Science et Motricité* 99, 2018, p. 35-46.

– « The emersion of blackout in freediving », *in* B. Andrieu, J. Parry, A. Porrovecchio, O. Sirost (eds.), *Body Ecology and Emersive Leisure*, London, Routledge, 2018, chap. XVI.

SCHOPENHAUER A. (1813, 1847). *De la quadruple racine du principe de raison suffisante*, trad. fr. F.-X. Chenet, Paris, Vrin, 1997.

– *Le monde comme volonté et comme représentation* [1819, 1844], trad. fr. A. Burdeau [1889} revue et corrigée par R. Roos, Paris, P.U.F., 1966.

– *De la volonté dans la nature* [1836], trad. fr. E. Sans avec introduction et notes, Paris, P.U.F., 1969.

– *Le fondement de la morale* [1840], trad. fr. A. Burdeau, Paris : Le Livre de Poche, 1991.

– *Parerga et Paralipomena* [1851], trad. fr. J.-P. Jackson, Paris, Coda, 2005.

SELLARS W., « The identity approach to the Mind-Body Problem », The Review of Metaphysics 18, 1964-1966, p. 430-451.

SERRES M., *Œuvres complètes Cahiers de formation*, t. 1, Paris, le Pommier, 1960.

– *La distribution*, Hermès III, Paris, Minuit, 1977.

– *La naissance de la physique dans le texte de Lucrèce. Fleuves et turbulences*, Paris, Minuit, 1977.

– *Le passage Nord-Ouest. Hermès V*, Paris, Minuit, 1980.

– *Genèse*, Paris, Grasset, 1982.

– *Rome. Le livre des fondations*, Paris, Grasset, 1983.

– *Les cinq sens*, *Philosophie des corps mêlés*, Paris, Grasset, 1985.

– *L'Hermaphrodite*, *Sarrasine sculpteur*, Paris, Flammarion, 1985.

– *Statues*, *Le second livre des fondations*, Paris, François Bourin, 1987.

– *L'interférence*, **Hermès II**, Paris, Minuit, 1992.

SIFFRE M., *Hors du temps. L'expérience du 16 juillet 1962 au fond du gouffre de Scarasson par celui qui l'a vécue*, Paris, Julliard, 1963.

SMART J. J. C., « Sensations and Brain Processes », *Philosophical Review* 58, 1959, p. 141-156.

SMITH M., MORRA J., *The Proesthetic Impulse: From a Posthuman Present to a Biocultural Future*, Cambridge (Mass.), The MIT Press, 2005.

SOULEZ A., (éd.), *Manifeste du Cercle de Vienne et autres écrits*, Paris, P.U.F., 1985.

SPENCER H., *The Principles of psychology*, London, Longman's [1855], trad. fr. A. Espinas et Th. Ribot, *Principes de psychologie*, 2 vol., Paris, Baillière, 1875, 2ᵉ éd.

STIEHL W. D., *Sensitive Skins and Somatic Processing for Affective and Sociable Robots Based upon a Somatic Alphabet Approach*, Cambridge (Mass.), The MIT Press, 2005.

STIEGLER B., *Nietzsche et la biologie*, Paris, P.U.F., 2001.

– *Nietzsche et la critique de la chair. Dionysos, Ariane, le Christ*, Paris, P.U.F., 2005.

SWAIN G., *Le sujet de la folie. Naissance de la psychiatrie*, Toulouse, Privat, 1977.

– *Dialogue avec l'insensé, précédé de « À la recherche d'une autre histoire de la folie » de M. Gauchet*, Paris, Gallimard, 1994.

SWALE-POPE R., *Just a Little Run Around the World : 5 Years, 3 Packs of Wolves and 53 Pairs of Shoes*, London, HarperTrue, 2009.

TESSON S., *S'abandonner à vivre*, Paris, Gallimard, 2017.

THOREAU H. D., *Walden*, trad. fr. B. Matthieussent, Paris, Le mot et le reste, 1854.

– *Journal*, vol. 1, 1837-1840, Paris, Finitude, 2012.

THUMSER J. D., *La vie de l'ego. Au carrefour entre phénoménologie et sciences cognitives*, Paris Zeta, 2018.

TORDO F., *Le moi-cyborg. Psychanalyse et neurosciences de l'homme connecté*, Paris, Dunod, 2019..

TURKLE S., « Relational Artifacts / Children / Elders :The Complexities of CyberCompanions », *Proceedings of the CogSci Workshop on Android Science*, Stresa, Italy, 2005, p. 62-73.

ULLERN I., « Sarah Kofman Souvenirs d'archives », dans G. Michaud, I. Ullern, Sarah Kofman et Jacques Derrida. *Croisements, écarts, différences*, Paris, Hermann, 2018, p. 300-354.

YOUNG R. M., *Mind, Brain and Adaptation in the Nineteenth Century* [1970], Oxford, Clarendon Press, réimpr. New York, Oxford University Press, « History of Neuroscience Series », 1990, p. 135-140.

VARELA F.G., MATURANA F. H. & URIBE F., « Autopoiesis: The organization of living systems, its characterization and a model », *BioSystems*, vol. 5, 1974, p. 187-196.

VERLEY X., « La théorie de la science unitaire comme conséquence de l'ontologie symbolique », *Carnap, Le symbolique et la philosophie*, Paris, L'Harmattan, 2003.

VICARD A., *Approche psychiatrique des troubles mentaux de Nietzsche*, Thèse de Médecine, Lyon, Université de Lyon, 2004.

VINCENT J. D., *Biologie des passions*, Paris, O. Jacob, 1986.

WADE. S., *Foucault en Californie*, trad. fr. G. Thomas, Paris, Zones, 2021

WAGNER. P., « Le contexte logique de l'Aufbau, Russell et Carnap« , dans S. Laugier (éd.), *Carnap et la construction logique du monde*, Paris, Vrin, 2001.

WALSH P. J., « Empathy, Embodiment, and the Unity of Expression », *Topoi* 33 (1), 2014, p. 215-226.

WARZED E., « Quelques considérations cliniques sur la folie de Nietzsche », *Psychothérapie*, I, 25, 2005, p. 21-27

WEBER A. *Invitation au vivant*, trad. fr. C. Le Roy, Paris, Seuil, 2021.

WEIDMAN N. M., *Construction de la psychologie scientifique. Karl Lashley et la controverse sur l'esprit et le cerveau* [1999], trad. fr. F. Parot, Bruxelles, De Boeck, 2001.

WUNDT W., *Grundzüge der Physiologischen Psychologie*, Leipzig, W. Engelmann, 1874, trad. fr. E. Rouvier, *Éléments de psychologie physiologique*, 2 vol, Paris Alcan, 1886, 2ᵉ éd.

ZHONG MENGUAL E., *Le point de vue du vivant, Apprendre à voir*, Paris, Actes Sud, 2021.

ZYLINSKA J., *The Cyborg Experiments: Extension of the Body in the Media Age*, New York, Continues, 2003.

LEXIQUE

biopolitique/biopouvoir :	le gouvernement de la vie et des corps
biosubjectivité :	désigne le fait que le corps est à la fois biologique et subjectif
contact corporel :	désigne le fait que le corps est en contact avec les vivants
corporéisation :	l'activité mentale prend corps
CoS :	le corps sans organes
décosmisation :	le fait de perdre le contact avec le cosmos
détraction :	le refus de toute réduction
dismose/cosmose :	la cosmose est la fusion dans la nature, la dismose est l'envahissement du corps
écologie corporelle :	la microécologie du corps immergé dans ses milieux
écologisation :	façon dont le corps vivant s'informe depuis son environnement
éliminativisme/physicalisme/réductionnisme :	différents niveaux de réduction de l'esprit à sa matière et son cerveau
émersion :	un mouvement involontaire d'émergence
métabiologie :	une réflexion sur la biologie

neurophilosophie :   une philosophie éliminativiste du cerveau

neuropsychologie :   une psychologie du cerveau
prosthétique :   qui porte une prothèse
rhizome :   un réseau et un flux
somatechnie :   une technique interne du corps
torique :   qui a la forme d'un cercle
transcorps :   un corps qui dépasse les limites naturelles

viabilité :   propre de ce qui reste vivant
vitalisme :   propre de ce qui tend vers la vie
vitalité :   propre de ce qui agit de manière vivante

vivacité :   propre de ce qui résiste par son énergie

TABLE DES MATIÈRES

INTRODUCTION 5

INTRODUCTION DE LA PREMIÈRE PARTIE : À L'ORIGINE
DU VIVANT 25

CHAPITRE PREMIER : LA CORPORÉISATION DU RÊVE
CHEZ SCHOPENHAUER 28
    Le modèle du bulbe rachidien dans les racines
    cérébrales de la volonté 32
    Substitution des nerfs cérébraux aux nerfs de la
    moelle épinière 37
    Le modèle interne de la sécrétion 42
    Cerveau et fonctions transcendantales 51
    L'anticipation cérébrale de la volonté 58
    Cerveau, inconscient, sommeil et rêve 60
    Conclusion 63

CHAPITRE II : CARNAP 1922. DU CHAOS AU CORPS 67
    Construction et réalité 72
    Le domaine de l'expérience vécue 75
    La question de la classe 84
    Passage à la réalité (corporelle) 86
    Conclusion 91

CHAPITRE III : LE CONTACT CORPOREL
    CHEZ MICHEL SERRES... 93
    Le corps continu.. 98
    Le corps communicateur 103
    Les corps difformes 106
    Les cinq sens 112
    Les corps mêlés 119
    Quelle âme ? 122
    L'écoulement des fluides 126
    Conclusion.. 130

INTRODUCTION DE LA 2ᵉ PARTIE : FACE AUX SCIENCES
    DU VIVANT 132

CHAPITRE IV : LE SUJET VIVANT CHEZ M. FOUCAULT . 137
    L'analyse existentielle 139
    De la personnalité à la psychologie................................ 142
    Contradictions de la psychologie 145
    L'unité de la psychologie : L'influence de
        Daniel Lagache 148
    La recherche psychologique.. 153
    La folie, histoire des conditions de possibilité de la
        psychologie.. 156
    Le corps vivant de l'anatomo-politique 160
    De la biopolitique au bio-pouvoir ....
    Du gouvernement des corps au gouvernement de
        soi-même 165
    Des technologies non disciplinaires aux techniques de
        soi-même 168
    Vers une biosubjectivité 172
    Le tactile visuel du contact clinique............................... 176
    Ne plus toucher, le tactile incorporé............................... 180
    Le toucher intangible torique du pli 182

CHAPITRE V : DELEUZE / GUATTARI : LE CONTACT
MOLÉCULAIRE 185
Les mouvements du corps vivant 185
Ce que peut le corps : Spinoza et Nietzsche............ 189
Le plissement... 192
Le désir vivant des corps sans organes.................... 196
Le trans-corps 199
Devenir hybride... 203
Décorporer l'organisme... 205
Produire le moléculaire en nous 207
Sade versus Masoch 209
Le froid 214
Une attente contractuelle... 215
Une reconquête sensorielle...................................... 218
Un corps agenré 220

CHAPITRE VI : AU CONTACT DE SA MATIÈRE
CÉRÉBRALE 225
Le contact cérébral avec soi-même 228
Formaliser le contact 232
Traduire le contact par l'identité 237
Les limites d'un cerveau désincarné 240
Les limites du contact analogique 250
La détraction interne.. 258
Conclusion pour l'émersiologie ? 261

INTRODUCTION DE LA 3ᵉ PARTIE : L'EXPÉRIENCE DU
VIVANT 263

CHAPITRE VII : NIETZSCHE-ARTAUD : AU CONTACT
DE LA MALADIE 269
L'osmose entre la parole et le squelette même......... 270
L'évolution du corps.. 274
Le souffle de l'acteur 277
Nietzsche : au contact de la syphilis....................... 279

L'attrait pour le vivant 280

Malade encore vivant 283

Une morale syphilitique 286

La syphilis de Nietzsche 290

Paralysie créatrice de l'homme nu 294

L'effondrement de Nietzsche 296

Conclusion : vers une transmutation dionysiaque 300

CHAPITRE VIII : UNE ÉMERSION ÉCOLOGIQUE 303

Anticipation par le vitalisme de l'émersiologie 304

Le jugement téléologique 307

La puissance créatrice du vivant 310

Émersion écologique du vivant 314

Lentame de notre viabilité 319

Être à l'écoute de son vivant 323

Contact et l'intention dans l'action 325

Ouverture 330

CHAPITRE IX : DE LA LENTEUR À LA PROFONDEUR :
LE CONTACT ÉMERSIF 333

Introduction : Le lièvre et la tortue 333

Méthodologie 336

La lenteur microcosmique 339

Le ralentissement cosmotique 344

L'approfondissement 348

Conclusion 352

ORIGINE DES ARTICLES 353

BIBLIOGRAPHIE 355

LEXIQUE 375

TABLE DES MATIÈRES 377

Achevé d'imprimer en juin 2023
La Manufacture - Imprimeur – 52200 Langres – Tél. : (33) 325 845 892
Imprimé en France – N° 230436 – Dépôt légal : juin 2023